COLLECTION

ALESSANDRO CASTELLANI

Prix du Catalogue non illustré . . . . . . **5** fr.

Prix du Catalogue illustré de 51 planches hors texte . **25** fr.

ROME

1884

COLLECTION ALESSANDRO CASTELLANI

OBJETS D'ART

ANTIQUES

DU MOYEN-AGE ET DE LA RENAISSANCE

PARIS. — IMPRIMERIE DE L'ART

J. ROUAM, IMPRIMEUR-ÉDITEUR, 41, RUE DE LA VICTOIRE, 41

CATALOGUE

DES

OBJETS D'ART

ANTIQUES

Du Moyen-Age et de la Renaissance

DÉPENDANT DE LA SUCCESSION

ALESSANDRO CASTELLANI

ET DONT LA VENTE AURA LIEU

A ROME

PALAIS CASTELLANI, 88, VIA POLI·

Du Lundi 17 Mars au Jeudi 10 Avril 1884

A UNE HEURE

PAR LES SOINS DE :

M. H. HOFFMANN	**M. CHARLES MANNHEIM**
EXPERT	EXPERT
1, rue du Bac, à Paris, et 88, Via Poli, à Rome.	7, rue Saint-Georges, à Paris, et 88, Via Poli, à Rome.

Représentant des héritiers Castellani : **M. FILIPPO DELFINI**, notaire, Piazza S. Eustacchio, 83, à Rome.

EXPOSITIONS

PARTICULIÈRES	PUBLIQUE
Les Vendredi 14 et Samedi 15 Mars 1884	Le Dimanche 16 Mars 1884

DE UNE HEURE A CINQ HEURES

CONDITIONS DE LA VENTE

Elle sera faite au comptant en *lire* italiennes.

Les acquéreurs paieront cinq pour cent en plus du prix d'adjudication.

Les lots pourront être réunis ou divisés et l'ordre du catalogue interverti au gré de l'expert.

Les lots adjugés devront être retirés le lendemain du jour de l'adjudication, avant onze heures du matin.

En cas de contestation sur deux enchères, l'objet sera remis immédiatement en vente.

Les expositions mettant le public à même de se rendre compte de l'état et de la nature des objets, aucune réclamation ne sera admise une fois l'adjudication prononcée.

N. B. — Il y aura chaque matin, de 9 heures à 11 heures, exposition des objets qui seront vendus dans la journée.

ORDRE DES VACATIONS

ANTIQUITÉS

Le Lundi 17 Mars 1884.

Médailles . . . . Nᵒˢ   1319 à 1324

Le Mardi 18 Mars 1884.

Vases peints . . . . —   1 à   158

Le Mercredi 19 Mars 1884.

Bronzes . . . . —   159 à 285

Le Jeudi 20 Mars 1884.

Bronzes, Verrerie . . . . —   286 à 435

Le Vendredi 21 Mars 1884.

Terres cuites . . . . —   436 à 583

Le Samedi 22 Mars 1884.

Terres cuites . . . . —   584 à 717

Le Lundi 24 Mars 1884.

Ivoires, Bois, Ambres, Argenterie, Orfèvrerie . . . . —   718 à 817

Le Mardi 25 Mars 1884.

Orfèvrerie, Bagues . . . . —   818 à 916

Le Mercredi 26 Mars 1884.

Bagues, Pierres gravées . . . . —917 à 1018. 1325

Le Jeudi 27 Mars 1884.

Pierres gravées et Marbres antiques . . . . —   1019 à 1118

N.-B. — La seconde vente aura lieu à Paris, Hôtel Drouot, salle nᵒ 8, le lundi 12 mai et jours suivants, par le ministère de Mᵉ Paul Chevallier, commissaire-priseur, 10, rue de la Grange-Batelière, assisté de M. H. Hoffmann, expert, 1, rue du Bac, et de M. Charles Mannheim, expert, 7, rue Saint-Georges. Le catalogue de cette vente paraîtra prochainement.

OBJETS D'ART DU MOYEN AGE

DE LA RENAISSANCE ET DES TEMPS MODERNES

Le Vendredi 28 Mars 1884.

Verrerie vénitienne	N⁰ˢ	405 à	512
— allemande	—	513 à	516
Vitraux	—	517 à	527
Verrerie orientale	—	528 à	539

Le Samedi 29 Mars 1884.

Sculptures en marbre	—	540 à	564
— en terre cuite	—	565 à	571
Manuscrits	—	835 à	853
Livres	—	854 à	876
Tableaux	—	1086 à	1119
Dessins	—	1120 à	1127

Le Lundi 31 Mars 1884.

Faïences italiennes	—	1 à	100
Terres émaillées des Robbia	—	222 à	225
Porcelaines des Médicis	—	951 à	953

Le Mardi 1ᵉʳ Avril 1884.

Faïences italiennes	—	101 à	160
— siculo-arabes	—	226 à	228
— hispano-moresques	—	229 à	256
— de Perse	—	334 à	393

Le Mercredi 2 Avril 1884.

Faïences italiennes	—	161 à	221
— de Perse	—	257 à	333
— diverses	—	394 à	404

Le Jeudi 3 Avril 1884.

Sculptures en ivoire et en os	—	572 à	595
— en bois	—	596 à	605
— diverses	—	606 à	615
Émaux champlevés	—	616 à	625
— peints	—	626 à	628
Cuirs	—	811 à	817
Coffrets et boîtes	—	818 à	834
Objets variés	—	877 à	934

Le Vendredi 4 Avril 1884.

Orfèvrerie.	Nᵒˢ	629 à	704
Cuivres et bronzes d'art.	—	772 à	810

Le Samedi 5 Avril 1884

Anneaux d'investiture	—	705 à	725
Bagues et bijoux.	—	726 à	761
Bijoux italiens.	—		762
Bijoux indiens.	. .		763
Matières précieuses	—	764 à	771
Cuivres de l'Orient	—	935 à	950
Porcelaines de Chine et autres.	. .	954 à	978
Grès et faïences diverses.	—	979 à	990

Le Lundi 7 Avril 1884.

Bronzes d'ameublement.	—	991 à	996
Meubles	—	997 à	1035
Tapisseries	. .	1128 à	1136
Tapis d'Orient	—	1151 à	1160
Étoffes		1181 à	1245

Le Mardi 8 Avril 1884.

Meubles	—	1036 à	1065
Vitrines.	—	1066 à	1085
Tapisseries	—	1137 à	1143
Tapis d'Orient	—	1161 à	1170
Étoffes	—	1246 à	1310

Le Mercredi 9 Avril 1884.

Tapisseries	—	1144 à	1150
Tapis d'Orient	—	1171 à	1180
Étoffes	—	1311 à	1339
Coussins	—	1340 à	1358
Vêtements sacerdotaux et costumes	—	1359 à	1420

Le Jeudi 10 Avril 1884.

Cette vacation comprendra, s'il y a lieu, les objets qui n'auraient pu être vendus
dans les vacations qui précèdent.

Le présent Catalogue se trouve à

Rome . . . . Palazzo Castellani, *88, via Poli.*

— Chez M. Spithœver, *place d'Espagne.*

Florence. . . . . Chez M. Riblet, *Borgognisanti.*

Naples . . . . Chez M. Gabrielli.

Milan. . . . . Chez M. J. Baslini, *11, via Monte Napoleone.*

Turin. . . . . Chez M. Lœscher, libraire, *19, via di Po.*

Venise. . . . . Chez MM. Richetti et Gugenheim.

Londres. . . . . Chez MM. Bernard Quaritch, *15, Piccadilly.*

— Chez M. Edward Joseph, *2, Hanover Square.*

— Chez M. George Donaldson, *106, New Bond Street.*

— Chez M. A. W. Thibaudeau, *18, Green Street, Saint-Martin's Place.*

New-York. . . . . . . Chez M. S. P. Avery, *86, Fifth Avenue.*

Berlin. . . . . Chez MM. Asher et Cie, libraires.

Vienne. . . . . Chez MM. Egger frères.

Munich. . . . . Chez M. S. Drey.

Francfort-sur-Mein. . . Chez MM. J. et S. Goldschmidt, *Zeil.*

— Chez MM. Lœwenstein frères, *Kaiserstrasse.*

— Chez M. F. A. C. Prestel, *Rossmarkt.*

Cologne. . . . . Chez MM. Bourgeois frères.

Amsterdam. . . . . . Chez M. J. Boasberg, *63, Kalverstraat.*

Bruxelles. . . . . . . Chez M. Léon Slaes, *rue Montagne-de-la-Cour.*

Paris. . . . . A la Librairie de l'Art, *33, avenue de l'Opéra.*

— Chez M. Paul Chevallier, *10, rue de la Grange-Batelière.*

— Chez M. H. Hoffmann, *1, rue du Bac.*

— Chez M. Ch. Mannheim, *7, rue Saint-Georges.*

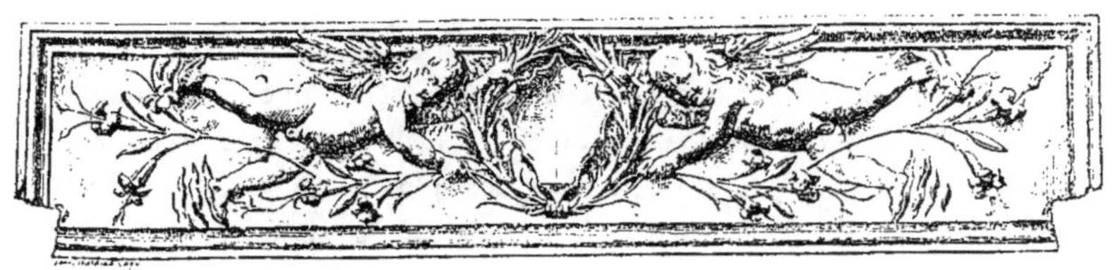

ALESSANDRO CASTELLANI

I

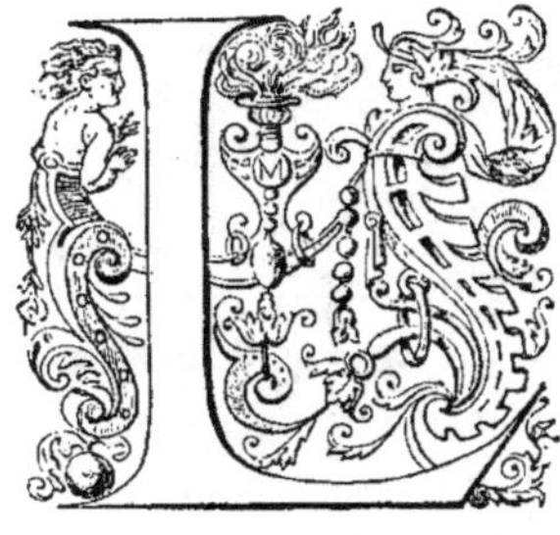'amour des beaux-arts était certaine-
ment en lui à l'état génial, mais c'est
l'éducation et l'exemple paternel qui
le passionnèrent plus particulièrement
pour les restes précieux de l'antiquité.

Son père, orfèvre très artiste qui
a trouvé un digne continuateur de sa
maison dans son autre fils, s'était en-
thousiasmé pour les bijoux étrusques
dont il a fait avec un rare talent de fort remarquables reproductions, et pour les tableaux des primitifs, de son temps si injus-
tement négligés.

Dans ce milieu où le goût, cette qualité exceptionnelle entre
toutes, régnait souverainement, Alessandro développa rapidement
une organisation d'élite. Mais l'érudit, l'archéologue éminent
n'eurent jamais souci de bruyante renommée; il aimait au contraire
à s'effacer derrière ceux à qui sa science rendait le plus service,

et il n'avait réellement à cœur, comme son père, que d'être tenu
pour un homme de goût : il l'était jusqu'à la moelle. Aussi son
savoir revêtait-il toujours les formes les plus élégantes dont on
retrouvait la trace, semblable à une sorte de signature essen-
tiellement personnelle, dans les moindres aussi bien que dans les
plus splendides collections formées par ses constantes et infati-
gables poursuites dans toutes les branches du vaste domaine de la
Curiosité.

Patriote ardent aux convictions demeurées inébranlables, il
connut de bonne heure l'exil, mais l'exil à Naples. Il avait perdu
son père et employa sa part d'héritage à collectionner sur la plus
vaste échelle ; bientôt il réussit à former dans son exil doré un
véritable Musée au milieu duquel il vivait, recevant avec une
exquise courtoisie les savants, les amateurs, les artistes de tous
pays empressés à le visiter, et leur faisant avec autant de tact
que d'érudition sans pédanterie, les honneurs de ses marbres, de
ses bronzes, de ses tableaux, de ses ivoires, de ses émaux, de
ses majoliques, de ses étoffes précieuses.

Cette situation en quelque sorte unique, née de son seul
mérite, grandit encore lorsqu'il put se réinstaller à Rome ; son
palais y devint un lieu de pèlerinage où avaient soin d'aller
faire leurs dévotions, non seulement tous les fidèles de l'antiquité
et de la Renaissance, mais aussi tous ceux qui voulaient paraître
en faire partie ; ces importuns ne recevaient pas un moins aimable
accueil et toujours se retiraient convaincus que leur très fin, très
spirituel et très clairvoyant hôte les avait pris au sérieux.

Ce palais de la *Via Poli* qui aurait droit, tout comme le Palais
Brignole Sale De Ferrari, de Gênes, au titre de *Palazzo Rosso,*
vous disait l'érudit, aussitôt que vous aviez passé le seuil.

Dès l'entrée, des inscriptions, des fragments antiques encastrés
dans les murs et le long de l'escalier.

Tout le monde antique revivait chez Alessandro Castellani.
Quelques vitrines en vue étaient seules accessibles à tous ; les
armoires, les innombrables tiroirs soigneusement fermés ne s'ou-

vraient qu'aux adeptes sous les yeux de qui c'était au contraire sa joie de faire défiler avec un légitime orgueil tout ce que ses persévérantes et sagaces recherches avaient recueilli, sauvé de trésors d'art de l'Égypte, de l'Étrurie, de la Grèce, de l'Apulie, de la Basilicate, de l'Asie Mineure, de la Perse.

A cet égard, ce fut et ce demeurera un honneur pour l'Angleterre de s'être rendu compte de l'homme et, l'ayant apprécié à sa haute valeur, de s'être libéralement adressée à lui afin d'enrichir ses Musées et plus particulièrement le *British Museum* pour lequel il a été ce qu'un autre Italien au goût raffiné, M. Giuseppe Baslini, fut et continue à être pour la *National Gallery*. On me dira qu'en cela le Royaume-Uni s'est borné à appliquer aux choses de l'art ses traditions pratiques; c'est possible, mais ce n'est pas un mince mérite, possédant la maxime : *The Right Man in the Right Place*, de ne laisser échapper aucune occasion de l'appliquer; le mérite est en cette circonstance d'autant plus grand qu'il s'agissait d'abord d'un étranger et qu'ensuite le gouvernement britannique n'est pas de ceux qu'absorbent précisément les préoccupations artistiques.

Ajoutons, et c'est un devoir, que, Castellani mort, on ne lui a, nulle part, plus largement rendu justice qu'en Angleterre; s'il a considérablement contribué à enrichir les collections de l'État, on ne s'est pas cru quitte envers lui parce qu'il a réalisé de la sorte de légitimes bénéfices; on a eu la délicatesse de se montrer à ce point reconnaissant qu'on a proclamé bien haut que la nation demeurerait toujours sa débitrice, tant sont grands les services qu'il lui a rendus en lui réservant toujours ses plus rares, ses plus belles découvertes.

C'est encore ses luttes politiques qui ont été pour Castellani l'origine de ses grandes relations anglaises. Très lettré et poète à ses heures, il avait, pendant son emprisonnement au Château Saint-Ange, traduit Shakespeare en italien, traduction que l'on avait fort appréciée à Londres où l'on goûtait fort aussi la pureté avec laquelle il s'exprimait en anglais. Il était donc tout introduit

par ses écrits et n'avait plus guère besoin de l'être officiellement
et dans les règles mondaines.

Lorsqu'on apprit la mort d'Alessandro Castellani qui était allé
s'éteindre à Portici, près de ce Naples qu'il adorait et où sa pensée
le ramenait sans cesse à ses débuts, aux jours fortunés de ses plus
brillantes conquêtes artistiques, le *Times* du 13 juin dernier lui
consacra l'apothéose d'un premier-Londres, faveur aussi rare
qu'enviée et qui dit mieux que tout ce que je pourrais ajouter
combien le défunt avait été « *of considerable use to the British
Museum* ».

Élargissant ce point de vue intéressé, le *Times* terminait par
ces lignes, auxquelles applaudiront tous ceux qui ont connu Alessandro Castellani :

« *Certainly it is not to be expected that we shall, at least for
a long time to come, see another* CASTELLANI. *We shall hardly
find another man to whom, as it were by a natural attraction,
all the finest discoveries of private hands in Etruria and Southern
Italy will inevitably go, to be by him handed on to the great
European museums. We shall hardly find another who will
combine that diplomatic skill with that fine taste, that adequate
knowledge, and those great opportunities.* »

II

Ce que j'ai dit du goût qu'Alessandro Castellani mettait au
service de son vaste savoir, est irréfutablement démontré par les
collections qu'il a délaissées, à Rome dans son palais de la *Via
Poli*, à Paris dans son hôtel de la rue Taitbout, aimable retraite
qu'il n'a pas eu le bonheur d'habiter.

Si vous interrogez le catalogue de la vente qui va se faire à
Rome en mars et en avril, — celle de Paris aura lieu en mai, —
et que vous l'ouvriez à sa première partie, consacrée aux Antiques,

vous serez, par exemple, immédiatement frappé de la rare intel-
telligence qui a présidé à la composition de la série des poteries,
du choix exquis dont chaque pièce a été l'objet, de manière à
constituer une véritable histoire de « l'art de terre ».

Castellani avait réuni des spécimens de toutes les fabriques,
dans le but de créer, à Rome, une sorte de *Kensington Museum*.
Tous les morceaux de cette suite incomparable sont choisis de
main de maître, et il y en a plusieurs qui, au point de vue du
sujet représenté ou de l'art, sont de tout premier ordre.

Je n'aurais qu'à me répéter si j'abordais l'examen de l'orfèvrerie, des bronzes, de la verrerie, des pierres gravées, des terres
cuites antiques ; partout vous retrouverez le même goût, le même
savoir, la même conscience, le même esprit de méthode. Je ne puis
cependant m'empêcher de m'arrêter à ce joyau, précieux entre
tous, à cette merveilleuse tête de déesse, plus grande que nature,
taillée dans le plus pur Paros ; n'importe quel Musée s'enorgueilli-
rait de pareille conquête.

Si vous passez à la seconde partie, où sont décrits les objets du
Moyen-Age, de la Renaissance et des temps plus modernes, vous
reconnaîtrez que personne n'a su former plus splendide assemblage de majoliques italiennes, — et c'est au moins la quatrième
ou cinquième collection de ce genre qu'ait composée Alessandro
Castellani ! — ni plus remarquable réunion de verres de Venise
et d'autres fabriques, sans parler des ivoires, des bronzes, des
marbres, des terres cuites, des étoffes, des tableaux.

Ces derniers sont dominés, et de très haut, par un nom illustre,
celui d'Antonio Pollajuolo, l'orfèvre, le sculpteur, le peintre florentin, le créateur de cet adorable *Tobie et l'Ange*, que l'on ne
se lasse pas d'admirer à la Pinacothèque de Turin.

Je m'arrête ; l'autorité qui s'attache à la mémoire d'Alessandro
Castellani est trop grande, elle protège trop les trésors d'art
trouvés et conservés par lui *con amore* pour qu'il soit utile de
rien ajouter. Lorsqu'il s'agit d'un tel connaisseur, il faut se garder
d'éloges, si mérités qu'ils soient, que le vulgaire pourrait confondre

avec de la réclame ; nul n'en a moins eu besoin que lui ; nul ne la tenait plus justement en mésestime. Les véritables œuvres d'art se défendent trop bien d'elles-mêmes pour avoir besoin d'aussi banale recommandation.

Paul Leroi.

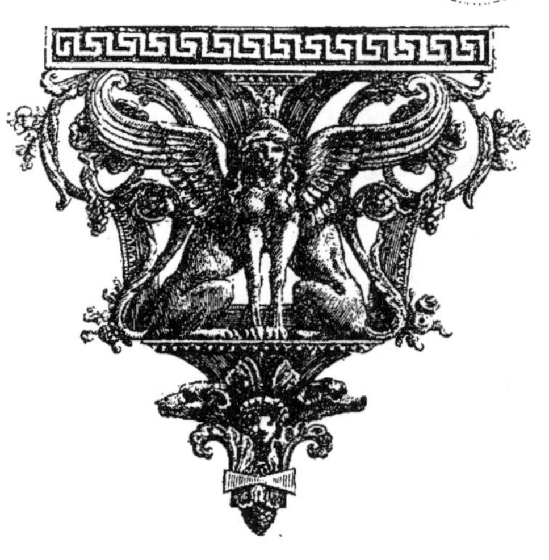

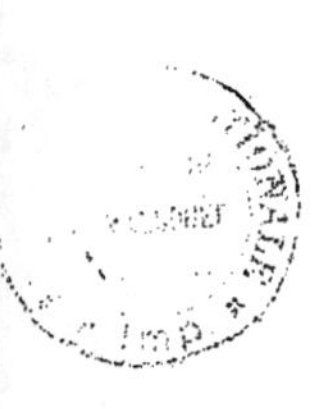

PREMIÈRE PARTIE

MONUMENTS ANTIQUES

POTERIE

I

ÉGYPTE

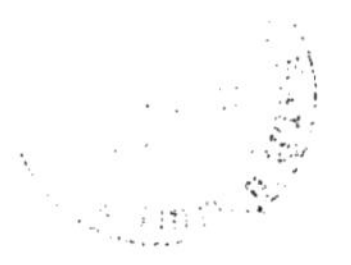

1 — Gourde lenticulaire en terre émaillée bleu tendre. De chaque côté du
goulot, un cynocéphale accroupi. Collier de cinq rangs; sur la tranche,
deux légendes hiéroglyphiques.

Haut., 17 cent.

2 — Grand balsamaire en terre blanche, avec peinture noire, rouge et bleue.
Sujet : deux oiseaux éployés à gauche, séparés par deux bouquets de
lotus. Cercles concentriques.

Rebord fruste. — Haut., 33 cent.

3 — Eulogie chrétienne. Sur chaque face, un médaillon représentant saint
Ménas entre deux chameaux agenouillés et deux étoiles.

Haut., 85 millim.

4 — Vase chrétien, à panse rectangulaire. Sur chaque face, un relief de peu de
saillie, obtenu à l'aide d'un moule : 1) Grande croix pattée au-dessus
de deux croisettes, dans un semis de globules. 2) Légende rétrograde
en quatre lignes : ΚΥΡ‖ΒΟΗ‖ΘΗϹ‖Ο✚, κύριε βοήθησον. 3) Oiseau.
4) Quadrillé orné de globules. — Goulot en entonnoir. Tige cylindrique
formant anse.

Voir la vignette, page 3.

Haut., 12 cent.

II

CHYPRE

5 — Lécythe piriforme à vernis rouge orangé; décor linéaire au trait. Goulot à rebord.

> Cat. Albert Barre, n° 4. — Haut., 14 cent.

6 — Amphorisque à panse sphérique et à ombons. Décor : cercles et, sous chaque anse, une fleur. Terre blanche; peinture noire passée au rouge.

> Haut., 14 cent. — Cat. Barre, n° 5o.

7 — Grande œnochoé à corps sphérique, avec goulot à trois lobes. Sur la panse, quatre disques et une large bande formée de cercles concentriques. Sur le bord du goulot, de chaque côté, un point clos ressemblant à un œil prophylactique. Terre blanche, peinture noire et pourpre.

> Haut., 27 cent. — Cat. Barre, n° 46.

8 — Coupe à deux anses, ornée extérieurement d'une frise de fleurs de lotus, et à l'intérieur de cercles concentriques. Terre rouge pâle; peinture noire et pourpre.

> Haut., 143 millim. Diam., 15 cent. — Trouvée à Karpasso.

9 — Amphore ornée de deux triangles quadrillés, de disques et d'autres dessins linéaires. Anses à double tige. Terre blanche, peinture rouge et noire.

> Haut., 20 cent. — Cat. Barre, n° 53.

10 — Grand *prochous* en terre blanche; au-dessus de l'anse, un poucier droit, et du côté opposé, mais plus bas, un appendice en forme de feuille. Décors linéaires noirs, disposés par bandes verticales et se prolongeant jusque dans l'intérieur du vase. Conservation parfaite.

> Haut., 27 cent. — Coll. Barre, n° 72.

11 — Même forme et même genre d'ornementation, mais sans la feuille sur le devant de la panse.

> Haut., 20 cent. — Cat. Barre, n° 73.

12 — Belle œnochoé piriforme, trouvée à Karpasso. Décor : fleur épanouie, dont les pétales sont peints alternativement en noir et en rouge bordé de noir; bandes de stries avec un nœud, cercles, etc. Anse formée de deux tiges juxtaposées; embouchure trilobée avec un point clos de chaque côté, comme au n° 7. Terre blanche.

Haut., 19 cent. — Cat. Barre, n° 78.

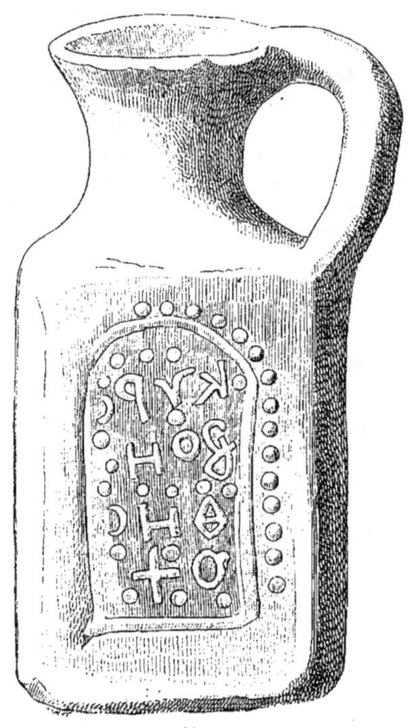

N° 4.

13 — Petite amphore. Panse divisée en plusieurs zones. La frise centrale représente, entre deux treillis, une tête de pavot entourée de petites fleurs et d'oiseaux qui becquètent. Le même sujet se répète sur la face opposée. Dessous, quatre dauphins nageant vers la gauche. Autour du col et sur le haut de la panse, quelques bordures de feuilles et de croisettes. Fleurons au-dessous des anses. Peinture grise et rouge sur terre blanche.

Haut., 20 cent. — Publiée au catalogue Albert Barre, n° 79.

14 — Coupe. Sur chaque face, un grand fleuron symbolique, orné d'une rosace
     (qui ressemble aux rosaces émaillées que l'on trouve en Assyrie et en
     Égypte) et accosté de deux cygnes éployés. Quelques petits fleurons
     dans le champ. Cercles autour du pied et de l'orifice, ainsi qu'à l'inté-
     rieur. Peinture noire et rouge sur terre blanche.

> L'une des anses est brisée. — Haut., 15 cent. Diam., 20 cent.
> Publiée au catalogue Barre, n° 80 ; planche chromolithographiée, I.

15 — Barillet trouvé à Karpasso. Deux femmes, au visage simiesque, se dirigent
     processionnellement vers la droite, chacune portant une fleur de lotus à
     la main gauche levée. Elles sont parées de colliers et drapées dans de
     longues tuniques rouges. Ces tuniques, garnies de franges noires, sont
     couvertes de broderies : disques, triangles quadrillés, carrés et stries. La
     femme qui ouvre la marche tient une couronne à la main droite.
     Dans le champ, une couronne à lemnisques et deux longues bande-
     lettes découpées.
       Au revers, deux oiseaux aquatiques.
       Anse ornée de traits horizontaux, goulot entouré de cercles, les deux
     ombons décorés de disques et surmontés de fleurs.
       Peinture noire et pourpre sur terre blanche.

> Haut., 24 cent. — Ce magnifique spécimen de l'art chypriote a été publié au
> catalogue Barre, n° 84, planche chromolithographique, III.

16 — Lécythe à panse déprimée, goulot à triple tige. Sur le haut de la panse :
     une syrinx, une lyre et trois couronnes à lemnisques. Terre blanche ;
     peinture noire passée au rouge.

> Haut., 16 cent.

17 — Petite amphore à vernis rouge, ornée de cercles et de rondelles peints en
     noir.

> Haut., 135 millim. — Cat. Barre, n° 93.

18 — Vase sphérique à deux anses ; goulot en entonnoir. Même genre de
     décor.

> Haut., 12 cent. — Cat. Barre, n° 94.

19 — Autre à une seule anse.

> Haut., 112 millim. — Cat. Barre, n° 95.

20 — Autre, plus petit. Sur la panse, une croisette symbolique à bras re-
     courbés.

> Haut., 85 millim. — Cat. Barre, n° 99.

III

ÉTRURIE

21 — Tasse à anse surélevée, en pâte noire. Bordure dentelée au trait ; à la naissance de l'anse, intérieurement, un mascaron de femme aux cheveux bouclés.

Haut., 122 millim. Diam., 96 millim.

22 — Coupe en pâte noire. Frise estampée d'hommes et de femmes se dirigeant vers la gauche en se tenant par les mains. Autour du pied, une bordure d'entrelacs.

Haut., 156 millim. Diam., 14 cent.

23 — Grande urne en pâte noire, avec son couvercle. Panse entourée de deux cercles ; au bas de l'orifice, trois appendices perforés et en saillie.

Couvercle endommagé. — Haut., 33 cent.

24 — Petit récipient en forme de barque ; pâte blanche.

Long., 262 millim.

25 — Askos à quadruple goulot ; terre pâle. Légende étrusque gravée à la pointe : *ei. much. ara. an. ei. sethasthi.*

Haut., 105 millim.

26 — Petite coupe peinte en noir ; au centre, sur fond rouge, les lettres étrusques *avi*, tracées au pinceau.

Diam., 14 cent. Haut., 62 millim.

27 — Petit plateau (figure rouge sur fond noir) : tête de femme à gauche. Sous le pied, une légende peinte : *cruith : r.....*, le reste effacé.

Diam., 143 millim.

IV

POTERIE GRECQUE ARCHAÏQUE

28 — Scyphus à deux anses superposées et munies d'un poucier. Panse cylindrique, s'évasant légèrement vers le haut. Terre blanche; décor linéaire, noir et rouge pâle.

Haut., 11 cent.

29 — Askos à double goulot. Orifice principal à rebord plat, anse en forme d'anneau; décor linéaire noir et rouge sur terre blanche.

Haut., 105 millim.

30 — Petite outre, à anse plate et surélevée, ornée d'une tête d'animal en ronde bosse (style très ancien). Cinq rangs de décor : ligne d'eau, rinceaux fleuris, entrelacs et feuillages, peints en noir et en rouge sur terre blanche.

Haut., 118 millim.

31 — Tasse à large rebord; anse plate ornée d'une pièce découpée, dentelée au sommet. Trois trous à suspension. Décor linéaire, noir et rouge, sur terre pâle.

Hauteur totale, 17 cent.

32 — Tasse analogue, munie d'un orifice latéral qui a servi de passoire.

Hauteur totale, 19 cent.

33 — Guttus simulant un corps d'oiseau. Anse plate, surmontée d'un petit oiseau assis entre deux denticules. Panse en forme de cône tronqué; à gauche, le col droit de l'oiseau, formant une seconde anse; à droite, sa queue transformée en passoire. Terre blanche; décor géométrique (trois rangs de méandres, etc.) peint en noir et en rouge.

Haut., 118 millim.

34 — Autre exemplaire; anse surmontée de trois denticules; la coque de la passoire est brisée.

Hauteur totale, 12 cent.

35 — Coupe à une seule anse, avec passoire latérale. Même style.

Haut., 115 millim.

36 — Balsamaire en forme de lièvre courant. La tête et les oreilles repliées sur le dos font office d'anse, les jambes sont rapprochées, le goulot se trouve en saillie sur la poitrine.

Peinture noire et rouge sur terre blanche; les poils sont indiqués au moyen d'un pointillé.

Long., 235 millim.

37 — Tasse à anse plate surélevée. Décor géométrique et quelques branches feuillues; noir et pourpre sur terre blanche.

Diam , 16 cent.

38 — Coupe apode à deux anses; au centre, un petit tronc de palmier en saillie. Décor linéaire et arbre entre deux oiseaux affrontés. Ce dernier sujet, dessiné d'une façon toute primitive, se trouve répété jusqu'à douze fois.

Terre pâle; peinture noire et rouge.

Diam., 205 millim. — Quelques raccommodages.

39 — Amphore aux anses plates disposées en triangles et ornées de rouelles. Décor géométrique, entrelacs et rameau de lierre et de korymbes. Peinture noire sur terre pâle; patine à reflets métalliques.

Hauteur totale, 30 cent.

40 — Petit lécythe piriforme, s'amincissant vers la base. Goulot à large rebord plat. Korymbes et cercles noirs passés au rouge. Terre blanche.

Haut., 61 millim.

41 — Petit vase à panse aplatie. Godrons sur le rebord de l'orifice, dentelures sous le pied. Fabrique corinthienne. Noir et pourpre sur terre pâle.

Haut., 39 millim.

42 — Pyxis (sans couvercle), à deux petites anses. Décor géométrique, noir et pourpre. Fabrique corinthienne.

Haut., 68 millim.

43 — Lécythe à panse conique surmontée d'un goulot droit (anse brisée). — Décor linéaire noir. Fabrique ancienne des îles grecques.

Haut., 10 cent.

44 — Vase sphérique avec son couvercle. Cercles et bordures en lignes d'eau.
De chaque côté des anses, une tête de clou en saillie. Terre pâle, peinture noire.

Haut., 165 millim.

45 — Plateau aux parois épaisses et au rebord découpé. Feuilles et fleurons
autour d'une rosace centrale; méandres alternant avec des quadrillés.
Terre pâle. Peinture noire (passée au rouge) sur fond blanc.

Recollé. — Diam., 335 millim.

46 — *Prochous* à panse aplatie, avec goulot latéral (col et tête d'animal, dont la
gueule béante fait office de passoire). Orifice en entonnoir, anse formée
de quatre tiges juxtaposées et réunies par un nœud. Décor géométrique
très varié, noir et rouge, en partie sur fond blanc. Argile pâle.

Haut., 18 cent.

47 — Vase en forme de *kalathos,* peint à l'intérieur et à l'extérieur. Branche de
lierre; palmettes alternant tantôt avec des palmettes renversées, tantôt
avec des fleurs; lignes d'eau. Sur le rebord, une frise de palmettes
doubles, réunies par la base. Peinture blanche sur fond pourpre.

Haut., 192 millim. Diam., 31 cent.

48 — Grande outre en terre blanche; décor géométrique noir, surtout autour
du goulot et de l'anse plate. Sur la panse, un semis de rinceaux, de
croisettes simples et aux bras recourbés, d'oiseaux aquatiques, etc.

Haut., 32 cent.

49 — Grande œnochoé de fabrique corinthienne; panse hémisphérique, goulot
à trois lobes, anse plate. Le décor, noir et pourpre sur fond blanc, se
divise en deux registres séparés par une bande quadrillée. Dans le haut
se voit un cygne entre deux sphinx couchés et affrontés, coiffés de
tiares. Plus loin, deux lionnes. La zone inférieure a pour sujet central
un oiseau éployé, à tête barbue et diadémée, entre deux lions affrontés;
puis deux bouquetins paissant, un lion et une lionne. Semis de rosaces
et de globules.

Haut., 23 cent.

50 — Amphore à panse conique se rétrécissant vers le pied. Registre supérieur :
cinq cavaliers allant vers la gauche, suivis de leurs chiens; accessoires :
un aigle, un singe, un lièvre, une oie et un sphinx assis. Registre inférieur : six cavaliers et un chien. Treillis et fleurons sur le rebord de
l'orifice. Peinture noire (passée au rouge) sur terre pâle. Détails à la
pointe.

Haut., 28 cent.

5 1 — *Prochous* à double goulot; le second goulot, en saillie du côté opposé à
l'anse, est formé par une tête de taureau peinte en noir et portant un
ornement (disque et croissant) entre les cornes. Cercles concentriques
noirs et fleurons blancs sur la panse. Anse à double tige. Terre d'un
rouge vif.

Haut., 26 cent.

V

VASES A FIGURES NOIRES

SUR FOND ROUGE

52 — Tasse sans anses. Trois lions, dont deux en arrêt, séparés par trois
grands yeux. Rehauts blancs et rouges.

Haut., 69 millim.

53 — Amphorisque. Athéné, vêtue d'une longue tunique brodée, armée de
l'égide et d'un bouclier rond (*épisème* : l'arrière-train d'un quadrupède),
court vers la gauche en brandissant sa lance. Ceps de vigne dans le
champ.

℞ Le même sujet, mais l'épisème de la déesse consiste en trois
pals. — Rehauts blancs et pourpres.

Haut., 15 cent.

54 — Amphore. Départ d'un guerrier; quadrige entouré de quatre personnages.

℞ Monomachie en présence de deux juges, d'une personne assise, etc.

Haut., 22 cent.

55 — Amphore. Hercule luttant avec le lion de Némée. Sur le second plan,
Hermès et les armes du héros suspendues.

℞ Dionysos barbu, tenant un rhyton, est debout entre deux femmes.

Haut., 265 millim.

56 — Œnochoé à tableau. Autel allumé et orné de ténies, devant l'idole de
Dionysos barbu, ithyphallique et drapé dans un chiton talaire. A gauche,
un homme, couronné de lierre et vêtu d'une tunique courte, tient des
deux mains tendues en avant une bandelette(?). Derrière lui, un joueur de
flûte.

Haut., 30 cent.

57 — Amphore. Sur chaque face, une monomachie de deux hoplites et une
légende fictive. (*Épisème* : protome de lionne (les poils en pointillé).
Bordures de palmettes et de fleurs, anses à trois tiges juxtaposées ; sous
le pied, un bouton.

Haut., 29 cent.

58 — Amphore avec son couvercle. Hercule (HEPAKLES) et Zeus (IEVS) dans
un quadrige, le premier coiffé de la peau de lion, armé d'un carquois et
d'une massue. Derrière le char, Athéné (AOENAIA), en chiton brodé, avec
haste et bouclier rond ; devant, Hermès (HEPMES) tenant le caducée, et
une femme assise à gauche, une fleur dans la main droite levée. Sous le
quadrige, une amazone morte.

ꝶ Poseidon, armé de son trident, précède un quadrige monté par un
hoplite et un aurige en chiton blanc. Devant le quadrige, Hermès assis à
gauche sur un dé carré ; derrière, un hoplite portant deux lances, et
sous les pieds des chevaux un hoplite mourant. Dans le champ, HIPON
KALOS.

Bordures de doubles palmettes, de godrons, de méandres, de fleurs
et de rayons. Rehauts blancs et pourpres.

Haut., 345 millim.

59 — Amphore. De chaque côté, un grand masque de Satyre entre deux yeux.
Le masque, couronné de feuilles alternativement rouges et noires, a une
longue barbe cunéiforme frisée, des moustaches (en partie peintes en
rouge), des cheveux bouclés sur le front et retombant en longues nattes.
Sous chaque anse, un Satyre courant.

Bordures de doubles palmettes, de godrons, de feuilles et de rayons.
Anses à trois tiges juxtaposées.

Haut., 38 cent.

60-61 — Deux amphores formant pendants.

60. *La Dispute du trépied.* Hercule, qui emporte le trépied, brandit la
massue contre Apollon, armé d'un arc et d'un carquois. Devant Hercule,
Athéné avec l'égide et la lance ; derrière Apollon, une déesse diadémée,
tendant les bras comme une suppliante.

ꝶ Un hoplite (*épisème* : protome de sanglier ?) et un archer entre
deux hommes, dont un vieillard, armés de lances.

61. *Hercule portant le sanglier d'Érymanthe.* Il pose la jambe gauche
sur le rebord du pithos d'où émergent la tête et les deux bras d'Eurysthée.
Devant le groupe, Athéné ; derrière, Iolaos armé de deux lances, d'un
glaive, de l'arc et du carquois.

ꝶ Dionysos barbu et drapé, tenant un kanthare et un cep de vigne ;
au milieu de son thiase : deux Bacchantes et deux Satyres.

Bordures de doubles palmettes, de godrons, de méandres, etc. Anses formées de trois tiges. Les couvercles ne sont pas identiques.

Hauteurs totales, 45 et 47 cent.

62 — Magnifique œnochoé à peinture noire sur fond blanc. Au milieu, un arbre; à gauche, un sanglier attaqué par un lion; à droite, une vache allaitant son veau, et au-dessus un oiseau volant.

Bordures de quadrillés, de godrons, de fleurs et de rais. Deux masques blancs de déesses voilées de l'ancien style servent d'amortissements à l'anse surélevée qui se termine en deux têtes de serpent embrassant le bord de l'orifice.

Haut., 288 millim.

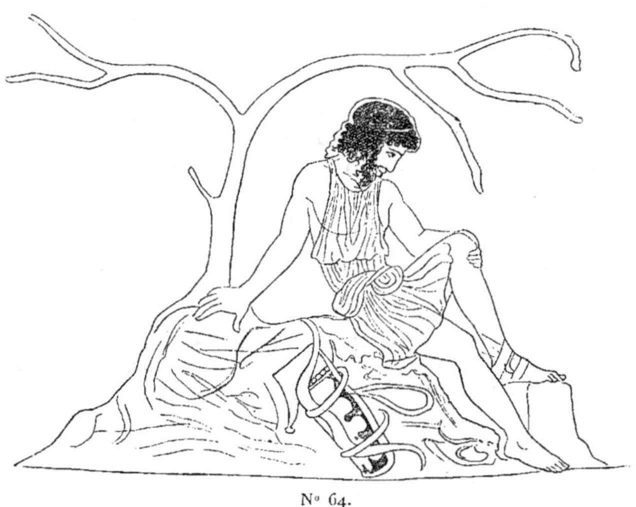

N° 64.

VI

VASES A FIGURES ROUGES — GRÈCE PROPRE

63 — Petit lécythe athénien. Éros devant une jeune femme assise qui tient un plateau. Bossettes destinées à recevoir des dorures.

Triple bordure de godrons; rehauts blancs.

Haut., 97 millim.

64 — Lécythe athénien. Philoctète assis sur un rocher, au pied d'un arbre. Il
est vêtu d'un chiton court; sa main droite s'appuie sur le rocher, l'autre
sur la jambe malade; le pied gauche est enveloppé d'un bandage. L'arc
et le carquois sont déposés à ses côtés.

Cette peinture, d'une finesse et d'une beauté de style extraordinaires,
a été publiée par M. Luigi Adriano Milani, dans son *Mito di Filottete*
(Florence, 1879).

Voir la vignette, page 11.

Haut., 155 millim.

VII

VASES A FIGURES ROUGES

ET VASES A COUVERTE NOIRE DE LA FABRIQUE DE CAPOUE

65 — Coupe de style sévère. A l'intérieur, un homme barbu, couronné de
myrte et d'une ténie, la chlamyde en écharpe sur les épaules, le genou
droit en terre. Il tient une lyre et un bâton noueux. Légende fictive.

A l'extérieur : 1) Combat de deux hoplites (*épisème* : l'arrière-train
d'un cheval); plus loin, deux guerriers imberbes et casqués combattant
un troisième, barbu, qui est tombé à terre (*épisème* : couronne de
lierre). 2) Symposion de quatre éphèbes. Nombreuses légendes fictives.

Diam., 27 cent.

66 — Œnochoé. *Apollon poursuivant Daphné*. Le dieu, couronné de laurier, les
cheveux bouclés, le bras droit étendu, court à grands pas vers la gauche.
Il porte le carquois suspendu à une bandoulière et sa main gauche
tient un rameau de laurier. Daphné, vêtue d'un chiton talaire, a les
deux bras étendus et la tête retournée vers son persécuteur.

Beau style. Bordure de godrons; palmettes sous l'anse. Vernis noir
brillant. Sous le pied, une **M** gravée à la pointe.

Voir la vignette, page 13.

Haut., 19 cent.

67 — Grand scyphus. *Éos emportant Tithonos* dans ses bras. La déesse,
diadémée et vêtue d'un chiton talaire, tourne la tête en arrière en se
dirigeant vers la droite. Tithonos est couronné de feuillage; sa main
gauche tient une lyre, et sa chlamyde est jetée en écharpe sur les épaules.
Légende : O ΓΑΙΣ ΚΑΛΟΣ?.

℞ Deux éphèbes drapés, se suivant, en retournant la tête. Le
second tient une double flûte.

Palmettes sous les anses. — Beau style.

Haut., 17 cent. Diam., 20 cent.

68 — Hydrie à trois anses. Aphrodite voilée, la poitrine nue, assise sur une
chèvre à gauche. Elle est précédée d'un Éros adolescent qui porte un
thuribulum, et accompagnée de deux chevreaux. Derrière ce groupe,
Hermès, assis sur un rocher qu'il a recouvert de la chlamyde, tient le
caducée. Éros et Hermès retournent la tête vers la déesse.
Palmettes sous les anses. — Beau style.

Haut., 249 millim.

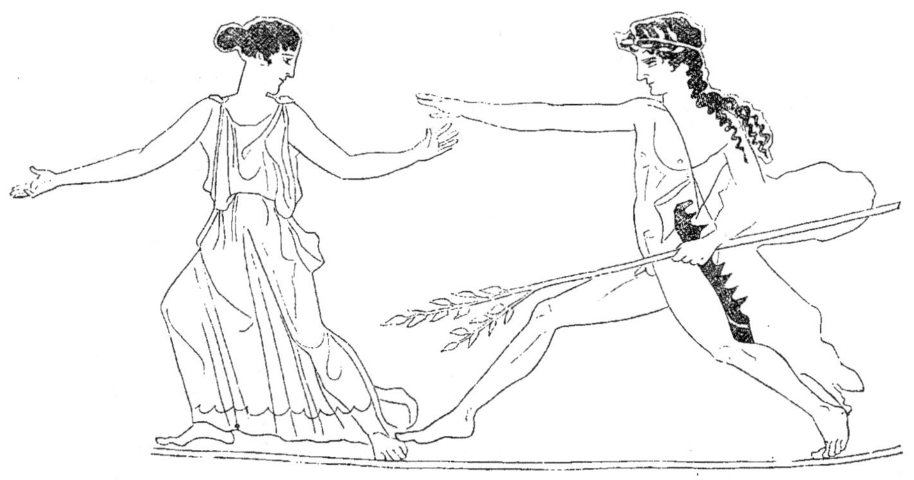

N° 66.

69 — Hydrie à trois anses. Jeune femme drapée, assise sur un siège entre deux
suivantes. Ses deux mains, tendues en avant, tiennent une bandelette.
L'une des suivantes présente à sa maîtresse une couronne de fleurs et un
plateau; l'autre apporte un fuseau et une corbeille à ouvrage.

Haut., 25 cent.

70 — Hydrie à trois anses. Femme assise sur une fontaine à trois montants et
d'où l'eau s'échappe par quatre orifices pour remplir deux hydries
posées à terre. Elle est vêtue d'un chiton sans manches et avance la main
droite vers une femme drapée, apportant une couronne. Bandelette
suspendue.

Haut., 249 millim.

71 — Hydrie à trois anses. *Triptolème* sur un char ailé, attelé de deux serpents. Couronné de feuillage, il tient une tige de blé et une patère. Le char est précédé d'une déesse drapée (*Koré*), portant un flambeau et une œnochoé; suivi d'une déesse diadémée (*Déméter*) qui porte un flambeau et une tige de blé.

Haut., 278 millim.

72 — Vase à deux anses doubles, disposées en colonnettes. Héraklès, drapé dans une peau de lion, dont les pattes se rejoignent sur la poitrine, se dirige à grands pas vers la gauche en tenant dans chaque main une énorme amphore à vin.

℞ Autel devant un tronc d'arbre, au haut duquel on a cloué une tête de sanglier. Sur l'autel, une amphore; devant, un serpent.

Réminiscences de l'ancien style.

Haut., 27 cent.

73 — Cratère à deux frises. Au registre supérieur, un arbre et sept éphèbes, dont six couronnés de feuillage, l'un portant une hydrie et une patère, l'autre tenant une balle, etc. Dans le bas, six autres éphèbes dont deux appuyés sur des bâtons.

Haut., 255 millim.

74 — Amphore. *Zeus et Aigina?* Le dieu, armé d'un long sceptre qu'il tient horizontalement, a le bras gauche avancé et recouvert de sa chlamyde. Aigina, drapée, se retourne vers Zeus et lui tend la main droite.

℞ Homme barbu, drapé dans une chlamyde qui laisse la poitrine à découvert, un bâton au bras gauche, le bras droit posé sur la hanche, la tête tournée en arrière.

Haut., 34 cent.

75 — Amphore. *Ganymède versant à boire à Zeus assis sur un siège.* Le dieu, couronné de laurier, s'appuie sur un sceptre et tend la patère. Ganymède nu, une bandelette dans les cheveux, arrive du côté droit et tient le *prochous*. ΔΛΟΜΙΔΕΣ ΚΛΛΟΣ *(sic)*.

℞ Éphèbe nu, courant vers la gauche en étendant les deux bras. ΚΛΛΟΣ.

Palmettes sous les anses.

Haut., 335 millim.

76 — Oxybaphon. *Borée poursuivant Orithyie.* Le dieu, couronné de fleurs et vêtu d'une tunique courte, porte des ailes aux épaules et aux pieds. Il est barbu et ses cheveux sont disposés en longues boucles. Les deux bras tendus en avant, il atteint la jeune fille qui retourne la tête vers lui

en rajustant de la main gauche l'himation plié en écharpe. Ses cheveux
sont dissimulés sous un sakkos.

℞ *Éos poursuivant Céphale*. Drapée, ailée et coiffée d'un bandeau,
la déesse avance les bras vers le jeune chasseur qui fuit devant elle en
retournant la tête. Céphale est coiffé d'un pétase, vêtu d'une chlamyde,
chaussé de bottines dont les bandages enveloppent la moitié de la
jambe, et sa main gauche tient une massue.

Palmettes autour des anses.

Haut., 315 millim.

77 — Oxybaphon. *Éos enlevant Céphale*. Variante du numéro précédent.
Céphale est armé de deux lances. Derrière le groupe, un vieillard
sortant sa main droite de dessous la chlamyde, en signe d'effroi.

℞ Jeune fille se couvrant de son voile en présence d'un éphèbe armé
d'une lance et levant le bras droit comme s'il parlait. Derrière la jeune
fille, une suivante tenant un rameau fleuri.

Palmettes autour des anses.

Graffite sous le pied : les lettres **AΓ** en monogramme.

Haut., 32 cent.

78 — Hydrie à trois anses et à tableau. Zeus assis sur un siège sans dossier,
entre Niké et Athéné. Couronné de laurier, drapé dans un chiton à
manches courtes et une chlamyde, le dieu tient à la main gauche son
sceptre et le foudre; la main droite tend une patère à Athéné qui va y
verser une *spondé*. La barbe de Zeus est taillée en coin, et ses cheveux
retombent en longues boucles sur la nuque. Athéné, casquée et armée
de l'égide et d'une lance, tient le *prochous* à la main droite. La Victoire,
placée derrière Zeus, tient des deux mains une couronne de fleurs. Elle
est ailée, drapée, parée de bracelets et de pendants d'oreilles.

Style sévère.

Haut., 36 cent.

79 — Hydrie à trois anses et à tableau. Apollon jouant de la lyre en retournant
la tête vers une déesse *(Léto)* qui va lui verser une *spondé*. Il a de
longs cheveux bouclés, couronnés de laurier; sa draperie se compose
d'un chiton talaire à manches courtes et d'une chlamyde; sa main
droite tient une phiale. La housse de la lyre est frangée et brodée
d'annelets. Léto tient le *prochous* et une fleur. Du côté opposé, Artémis,
le carquois sur l'épaule, porte des deux mains un rameau fleuri pour
l'offrir à son frère.

Style sévère.

Haut., 37 cent.

80 — Hydrie à trois anses. Hercule enfant, agenouillé de face sur une kliné, étrangle les deux serpents envoyés par Héra ; à sa gauche, son frère Iphiklès tend les deux bras vers Alkmène qui recule avec un geste d'effroi. De l'autre côté de la kliné, Amphitryon, coiffé d'un casque ovoïde, accourt en brandissant son glaive pour frapper les reptiles. Mais les enfants. sont placés sous la protection d'Athéné qui apparaît debout derrière le lit, appuyant le bras gauche sur sa haste et tournant la tête vers Amphitryon. Les montants de la kliné sont ornés de doubles palmettes et de volutes ; une étoffe à larges raies horizontales recouvre le matelas.

     Bordures de palmettes.

     Graffites sous le pied.

Haut., 366 millim.

81 — Oxybaphon. Jeune joueur de lyre, couronné de laurier, entre deux femmes couronnées de fleurs et tenant chacune deux flûtes.

     ℞ Femme assise sur un rocher. Elle est couronnée de fleurs et lève le bras gauche comme si elle parlait à une femme, debout devant elle, qui lui présente un grand vase à boire. Derrière ce groupe, une troisième femme tenant deux flûtes et s'éloignant en retournant la tête.

     Palmettes sous les anses.

     Graffite sous le pied : **NΔ**.

Haut., 3o cent.

82 — Grand cratère. *Départ pour la guerre.* Jeune fille parée d'une stéphané, portant au bras gauche un bouclier circulaire (*épisème :* un serpent) et présentant, par-dessus un petit autel, un casque à cimier à un éphèbe cuirassé et armé d'une haste. L'éphèbe a le bras droit levé et porte un bandeau dans les cheveux.

     ℞ Homme barbu et drapé, appuyé sur un bâton noueux.

     Bordures de palmettes et de méandres.

     Graffites sous le pied.

Haut., 36 cent.

83 — Magnifique cratère. *Métamorphose d'Actéon.* Au milieu du tableau, Actéon (**AKTAION**), armé de deux javelots, la chlamyde en écharpe, se défend contre trois chiens de chasse qui l'attaquent. Il a déjà les oreilles et les bois d'un cerf. A sa gauche, Artémis (**APTEMIƧ**), drapée dans un chiton long à manches courtes et dans un himation, tient son arc et un flambeau allumé. A la droite du chasseur, on voit accourir la Démence, Lyssa (**ΛVƧA**), vêtue d'une tunique courte, d'un justaucorps à manches longues et à mouchetures et d'une peau de bête. Du sommet de sa tête émerge une tête de loup, la gueule béante. Lyssa étend les deux bras vers Actéon, dont elle est séparée par une tige feuillue. Derrière elle,

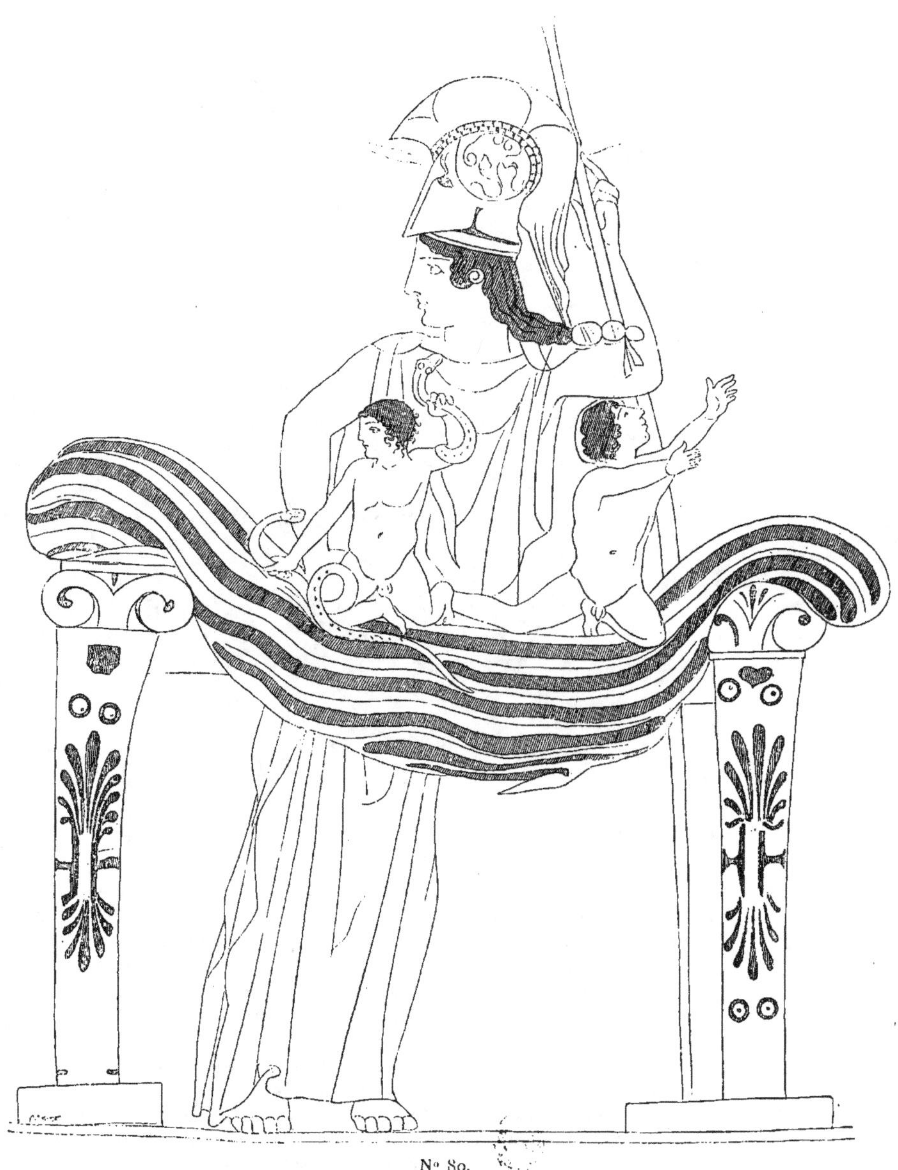

No 80.

Zeus (**ΔΙΟΣ**), couronné de laurier, la jambe gauche posée sur un rocher, le foudre et un sceptre dans les mains. Près du bord supérieur, au-dessus d'Actéon, on lit le mot **EVAION**.

℞ Éphèbe entre deux femmes.

Style sévère.

Bordures de laurier, d'oves et de méandres.

Graffite sous le pied : **HE**.

Haut.. 38 cent. Diam., 41 cent.

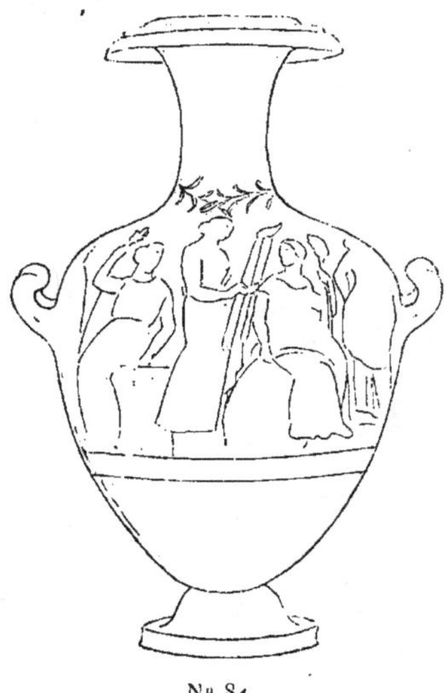

N° 84.

84 — Grande hydrie à trois anses. Deux déesses, placées au centre de la composition, attirent les regards parce qu'elles sont peintes en couleurs polychromes. L'une, assise sur un dé carré, appuyée sur un sceptre d'or et retournant la tête en arrière, doit être Déméter. Elle est drapée dans un chiton rose tendre, parée de bracelets, d'un collier, de fibules d'or, de pendants d'oreilles et d'un diadème d'or décoré de bossages et de rayons. Son bras gauche repose sur le siège, qui est peint de bandes horizontales alternativement blanches et roses. Derrière elle, sa fille Koré, debout, vêtue d'un chiton rose et d'un himation vert d'eau, tient deux grands flambeaux dorés en se tournant vers une femme assise sur un omphale. Koré est couronnée de feuilles d'or et ses cheveux, noués en chignon, flottent sur la nuque. Des pendants d'oreilles, un collier,

des bracelets, des fibules et des boutons d'or forment sa parure. Les chairs de Déméter et de Koré sont peintes en blanc, tandis que les quatre autres figures se détachent en rouge sur le fond noir du vase.

La femme assise sur l'omphale (qui avait une teinte rose), et retournant la tête vers Koré, est couronnée de lierre et de korymbes d'or et tient à la main gauche un thyrse à tête dorée, paré de bandelettes roses. Son chiton, garni de boutons d'or, est recouvert, en partie, d'une peau de bête que retient la ceinture. Une jeune fille drapée (Terpsichore?), avec collier, pendentifs et bracelets d'or, se tient debout, à côté, le bras droit sur la hanche, l'autre levé, la tête tournée vers la scène principale.

Du côté opposé se voient deux figures : Apollon debout, armé d'un sceptre d'or, le bras gauche dissimulé sous la draperie, et une jeune fille assise, jouant du tambourin. Cette dernière aussi porte un collier, des bracelets et des pendentifs en or. Une couronne d'épis d'or entoure le col du vase.

Palmettes sous les anses.

Le sujet représenté, aussi bien que l'art de la composition, la beauté du style, l'extrême finesse de l'exécution, l'éclat des couleurs et des dorures, enfin l'élégance de la forme font de cette hydrie un des plus beaux vases grecs connus.

Haut., 465 millim.

85 — Grande hydrie à trois anses portant une couronne d'or en guise de collier. C'est une couronne de blé en herbe. Vernis noir brillant; cercles d'or autour des anses; orifice bordé d'oves, dont la moitié antérieure est ornée de baguettes dorées.

Haut., 46 cent.

86 — Kanthare d'une forme très gracieuse. Le bas de la panse est godronné; sur la partie moyenne on lit ΑΦΡΟΔΙΤΗΣ en lettres dorées; le rebord est creux et renferme un caillou qui fait du bruit quand on tourne le vase. Les anses s'élevant en deux tiges parallèles se replient dans le haut et forment comme un nœud. Vernis noir brillant.

Trouvé en mai 1883.

Haut., 14 cent. Diam., 17 cent.

87 — Grand cratère au rebord très évasé, la panse entourée d'une couronne de pampres et de raisins dorés. Les oves qui bordent l'orifice ont aussi conservé des traces de dorure. Vernis noir.

Haut., 39 cent. Diam., 46 cent.

87 *bis* — Autre, plus petit, orné d'un collier d'or à pendentifs.

Haut., 282 millim.

88 — Œnochoé à panse cannelée.

> Haut., 19 cent.

89 — Vase à deux anses droites et surélevées. Bordure de godrons près de l'orifice. Couverte à la plombagine.

> Le couvercle manque. — Hauteur totale, 225 millim.

90 — Petite hydrie à trois anses. Panse cannelée; une couronne de blé dorée autour du col.

> Haut., 14 cent.

91 — Autre, semblable. Couverte à la plombagine; une couronne de laurier dorée entoure le col.

> Haut., 14 cent.

92 — Petite coupe à vernis noir.

> Haut., 72 millim. — Recollée.

93 — Petite patère, vernis noir.

> Diam., 8 cent.

94 — Petite coupe sans anse; même genre.

> Diam., 8 cent.

95 — Kanthare de forme allongée, le bas de la panse godronné, le pied cannelé, la base bordée d'annelets. Anses en deux tiges repliées contre l'orifice. Vernis noir.

> Haut., 25 cent.

96 — Même forme.

> Haut., 195 millim.

97 — Alabastrum. Cercles noirs sur terre jaune; deux petits appendices simulant les anses.

VIII

RHYTA ET VASES EN FORME DE TÊTES

98 — Vase en forme de tête de femme, parée de pendants d'oreilles, les cheveux au-dessus de la nuque enfermés dans une étoffe quadrillée. Palmette sur le devant du goulot et lignes d'eau en bordure. Peinture noire et rouge pâle.

> Haut., 185 millim.

99 — Vase en forme de tête de négrillon couronnée de feuillages. Anse cannelée, la base du goulot en forme de bulbe et ornée de godrons peints;
palmette à la naissance de l'anse. Couleur noire sur terre rougeâtre.

Haut., 188 millim.

100 — Kanthare en forme de tête de femme, d'un bel archaïsme, coiffée d'un
kalathos, les cheveux ondulés autour du visage, puis cachés sous une
étoffe noire. Sur le kalathos, qui s'évase vers le haut, un sujet (rouge sur
noir) : Silène, vêtu d'une pardalide, poursuit une femme drapée.
℞ Le même sujet, mais le Silène porte sa pardalide déployée sur le
bras gauche tendu en avant.
Peinture noire sur terre rouge.

Haut., 222 millim.

101 — Petite œnochoé en forme de tête barbue de l'ancien style, couronnée de
feuillage blanc. Les cheveux, aussi bien que la barbe, sont disposés en
plusieurs rangs de petites boucles. Anse surélevée.
Peinture noire et blanche sur terre rouge. — Conservation superbe.

Haut., 135 millim.

102 — Kanthare formé des masques accolés d'un négrillon et d'une femme
couronnée de lierre. Les cheveux sont indiqués au moyen d'un pointillé
en relief. — Belle époque de l'ancien style.
Peinture noire, blanche et pourpre sur terre rouge.

Haut., 15 cent.

103 — Scyphus en forme de tête de Silène, couronnée d'une torsade, les cheveux et la barbe noirs et frisés en petites boucles, la bouche entr'ouverte. Arabesques (rouge sur noir) autour du col.
Peinture noire sur terre rouge. La tête est d'un bel archaïsme. —
Conservation d'une fraîcheur incomparable.

Haut., 162 millim.

104 — Kanthare formé par les masques accolés d'un Satyre et d'une Bacchante.
Le Satyre a des oreilles de chèvre, une barbe noire en éventail, très proéminente, et les lèvres entr'ouvertes.
Autour de l'orifice, un sujet (rouge sur noir) : éphèbe couché sur
deux oreillers et avançant le bras droit. Pannetière suspendue au mur.
℞ Même sujet; l'éphèbe tient à la main droite un vase à boire, et à
ses pieds on voit une amphore à vin.
Peinture noire et blanche sur fond rouge; détails à la pointe. — Les
têtes sont du beau style archaïque.

Haut., 166 millim.

105 — Rhyton en forme de tête d'aigle d'une beauté majestueuse. Palmettes
autour du col et sur l'anse.

Détails peints en noir, en blanc et en rouge vif sur fond jaunâtre.

Haut., 215 millim.

106 — Rhyton noir en forme de tête de cerf; les yeux, les narines et les bois
(en relief) présentent la couleur naturelle de l'argile. Palmettes et
annelets sur le col.

Beau style et conservation magnifique.

Haut., 242 millim.

107 — Grand céras terminé en protome de cheval. Boule au-dessus du front,
goulot en saillie sur la poitrine.

Couverte noire. — Trouvé à Vulci dans les fouilles du prince Torlonia.

Beau style. — Conservation irréprochable.

Long., 36 cent.

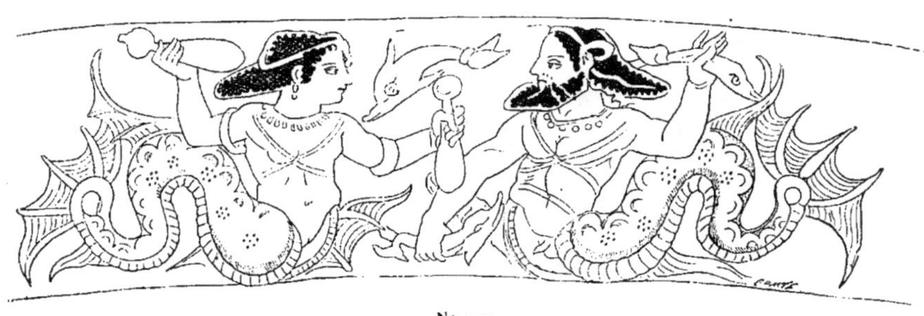

N° 109.

IX

VASES PEINTS DE L'APULIE ET DE LA BASILICATE

108 — Patère à omphale creux et à bords repliés. Trois poissons; une couronne
de feuilles sur le rebord.

Figures rouges sur fond noir; rehauts blancs.

Diam., 22 cent.

109 — Scyphus à deux anses horizontales. Deux monstres marins, homme et

femme. L'homme, à la barbe cunéiforme, tient un dauphin dans chaque main ; la femme tient deux alabastra. Ils sont parés de bandelettes, de colliers, de fils qui se croisent sur la poitrine, et la femme porte deux armilles. Dauphin dans le champ.

℟ Variante du même sujet. La femme tient une pierre et un dauphin ; l'homme lève la main gauche et pose la droite sur le bras de la déesse marine.

Bordures de godrons et de méandres.

Figures rouges ; rehauts blancs.

Voir la vignette, page 22.

Haut., 88 millim.

110 — Petite amphore à couverte brun foncé.

Haut., 37 millim.

111 — Assemblage de quatre petites amphores avec leurs couvercles, fixées sur une base circulaire et séparées par quatre petites tiges surmontées de bustes imberbes. Au milieu, une anse. Sur la base, trois têtes de femme alternant avec des palmettes. Chaque amphore est entourée d'une guirlande blanche.

Figures rouges sur fond noir.

Forme très rare.

Haut., 12 cent.

112 — Petit candélabre ; colonne à volutes posée sur une base circulaire. Cannelures indiquées au moyen de lignes blanches et pourprées ; rosaces peintes en blanc et en jaune ; guirlande de feuillage. Fond brun.

Haut., 18 cent.

113 — Petite amphore à anses droites surélevées. Femme drapée, tenant un rameau fleuri et un miroir ; derrière elle, un cippe.

℟ Éros adolescent, portant une couronne et un éventail ; devant lui, un cippe posé sur une plinthe. Bandelette, couronne à lemnisques et rosaces dans le champ.

Figures rouges sur fond noir ; rehauts blancs et jaunes.

Le couvercle manque. — Hauteur totale, 205 millim.

114 — Kanthare à anses tressées en nœuds. Buste de déesse, de face, diadémée, parée d'un collier blanc à pendentifs et entée sur des feuilles d'acanthe.

℟ Le même. Fleurs et grappes de raisin dans le champ. Bordures d'oves et de godrons.

Figures rouges sur fond noir. Rehauts blancs. Belle conservation.

Haut., 15 cent.

115 — Outre, ornée sur le devant d'un masque de femme en relief, coiffée d'un
voile de couleur pourpre. Au-dessous, une guirlande de lierre et de
korymbes, ornée de ténies.
Blanc, jaune et pourpre sur fond brun. Anse cannelée.

Haut., 19 cent.

116 — Petite amphore à deux anses plates formant des triangles et décorées de
rouelles. Femme drapée, tenant un miroir, devant un éphèbe nu,
appuyé sur un bâton.
⩗ Éphèbe poursuivant une femme drapée.
Les rouelles sont quadrillées, les anses ont des cannelures peintes.

Hauteur totale, 213 millim.

117 — Œnochoé à tableau. *Parodie de l'Enlèvement du Palladium par Ulysse
et Diomède.* Ulysse, de formes satyresques, coiffé d'un pilos blanc, un
glaive à deux tranchants dans la main droite, porte au bras gauche sa
chlamyde enroulée et le Palladium peint en blanc et en jaune. Il est
suivi de Diomède, qui porte son pétase blanc sur la nuque, sa chlamyde sur le bras gauche. A la jambe gauche de Diomède, on remarque
un anneau très large, peint en blanc. De chaque côté un arbuste. Dans
le haut, une guirlande de lierre et trois disques; en bas, une ligne
d'eau.
Figures rouges sur fond brun foncé.

Haut., 20 cent.

118-119 — Deux œnochoés faisant pendants. Masque de femme à la naissance
de l'anse cannelée et surélevée. Hermaphrodite ailé, assis à gauche sur
un rocher et tenant un seau et un coffret (un plateau à couvercle
bombé et une guirlande sur le nº 119).
Figures rouges avec rehauts jaunes et blancs.

Haut., 27 cent.

120 — Thymiatérion. Sur la base campaniforme : femme ailée assise sur un
chapiteau et tenant un coffret ouvert, dans lequel il y a un balsamaire et
une fleur. Au-dessus, l'hermaphrodite ailé, agenouillé à gauche et
tenant une balle. Sur le plateau, une tête de femme.
Mêmes couleurs.

Haut., 375 millim.

121 — Grand scyphus à anses horizontales. Tête colossale de Silène, à gauche.
⩗ Colombe blanche à gauche. Palmettes sous les anses.
Figures rouges et blanches sur fond brun. Décadence.

Haut., 24 cent. Diam., 215 millim.

122 — Situle. Apollon dans un bige attelé de griffons; derrière lui, Papposilène jouant de la double flûte, et dans le haut un oiseau au vol. Au-dessous de ce groupe : Silène à gauche, tenant une patère et puisant avec son *prochous* dans un grand cratère orné de peintures (deux personnages debout). Derrière le cratère, une femme drapée assise sur un coffret et tenant un plateau rempli de fleurs ou de fruits. Une seconde femme est assise derrière le Silène.

℟ Apollon nu, assis à gauche sur un rocher qu'il a recouvert de sa chlamyde. Il tient une patère et un rameau, et son regard est fixé sur une femme drapée, debout devant lui, tenant un tambourin et un *prochous* cannelé et s'apprêtant à lui verser une *spondé*. Derrière le dieu, un petit faon et un satyre imberbe, portant un coffret et une couronne.

Figures rouges sur fond brun, avec rehauts blancs et jaunes.

Deux palmettes simulent les anses.

Trois pieds. Sur le fond, une tête de jeune Satyre de face, dessinée au trait. Ce détail est très rare.

Haut., 28 cent.

123 — Grande œnochoé à anse plate, cannelée et ornée de deux mascarons noirs. Combat d'Amazones. L'une des Amazones est à cheval, l'autre est blessée et couchée à terre. Le fantassin grec qui les combat porte un casque à deux plumes; le casque du cavalier grec victorieux a la forme d'un bonnet asiatique.

Mêmes couleurs. Rehauts blancs (les chevaux, etc.), jaunes et pourprés.

Haut., 46 cent.

124 — Amphore. Dionysos et Ariadne couchés sur un lit de repos, entre deux femmes drapées, dont l'une, assise, se couronne d'une bandelette, tandis que l'autre, debout, apporte un coffret et une couronne. Dans le haut, l'hermaphrodite ailé assis sur un rameau fleuri et tenant une palme avec une bandelette.

℟ Femme assise à gauche sur un siège et se regardant dans son miroir. Devant, un éphèbe qui la couronne; derrière, une corbeille à ouvrage et une femme rajustant son himation.

Même style. Rehauts blancs et jaunes.

Haut., 42 cent.

125 — Amphore à anses en torsade. Hercule nu, assis à gauche sur un rocher qu'il a recouvert de sa chlamyde, et appuyant la main droite sur sa massue. Il est couronné de feuilles et d'un bandeau blanc; sa tête se retourne vers une femme drapée qui lui présente un kanthare et tient un *prochous* à la main gauche levée. Dans le bas, un petit autel. Le

groupe principal est entouré de plusieurs figures : éphèbe en tunique courte et en chlamyde, portant deux javelots, Éros ailé, deux Silènes, etc.

℞ Éphèbe nu, assis sur un rocher entre deux autres éphèbes et tenant deux javelots.

Figures rouges sur fond noir; rehauts blancs.

Couvercle muni d'un bouton.

Hauteur totale, 58 cent.

126 — Grande amphore à mascarons. Dans un héroon aux colonnes d'ordre ionique, un jeune homme debout, en tunique courte et à la chlamyde flottante. Il tient une lance et un bouclier. A la droite de l'édifice, un éphèbe tenant un miroir; du côté opposé, une femme apportant un coffret.

℞ Éphèbe et femme drapée venant couronner une stèle surmontée d'un kanthare.

Sur le col du vase : tête de femme coiffée d'un bonnet asiatique brodé de fleurs, et entée sur une fleur.

Anses doubles terminées en cols de cygnes. Les mascarons de devant ont les cheveux blonds, ceux du revers les ont noirs. Chacune des volutes dépassant l'orifice de l'amphore a son cylindre perforé de deux trous qui correspondent l'un avec l'autre.

Figures rouges sur fond brun; rehauts blancs et jaunes.

Hauteur totale, 72 cent.

127 — Grande amphore cylindrique, les anses façonnées en rinceaux. Femme drapée, de face dans un héroon; à ses côtés, une amphore à vin et un grand plateau. A droite et à gauche de l'édifice, une femme apportant une offrande; dans le bas, deux femmes assises et adossées, mais se retournant comme si elles se parlaient. La première tient une phiale, la seconde un coffret. Dans le champ, deux corbeilles à ouvrage.

℞ Quatre femmes, deux debout et deux assises, près d'une stèle funéraire couronnée d'une ténie noire.

Même style.

Haut., 78 cent.

X

POTERIES DE GNATHIA

ET DE FABRIQUES ANALOGUES

128 — Belle patère à décors imprimés. Fleuron central, cercles de hachures, de
points clos, d'oves, etc., puis une couronne de fleurs, peinte en blanc.
Autour du pied, une bordure d'oves.
Couverte à la plombagine.

Diam., 25 cent.

129 — Petite œnochoé cannelée. Sur le devant, un bucrâne paré de cordonnets,
et autour du col, un rameau avec baies en relief.
Couverte noire, sauf pour les ornements. — Doit venir de Capoue.

Haut., 14 cent.

130 — Scyphus à anse en forme de nœud. Deux frises de cannelures; dans celle
du haut, un petit tableau représentant un cygne blanc, à gauche, devant
un arbuste.
Bordures de lierre et de fleurons.
Peinture blanche et jaune sur fond noir.

Haut., 18 cent.

131 — Vase à quatre anses, deux horizontales et deux verticales, ces dernières
surélevées et ornées de rosaces en applique. Moitié inférieure de la
panse et pied cannelés. Sur la zone supérieure, une tête d'Aphrodite de
face, entée dans un fleuron.
☤ Fleur et rinceaux; à l'intérieur de l'orifice une guirlande de lierre.
Figures rouges sur fond noir; rehauts blancs et jaunes.

Haut., 20 cent.

132-133 — Deux grands kanthares à double frise de cannelures, les anses formant nœud. Sur le premier : tête colossale d'Aphrodite à gauche,
embrassant un cygne; derrière elle, une colombe becquetant. — Sur le
second : deux colombes blanches, affrontées; entre elles, une fleur.
Guirlandes de lierre.
Blanc, jaune et pourpre sur fond noir.
Voir la vignette, page 28.

Haut., 21 cent.

134 — Hydrie à trois anses. Les cannelures de la panse sont interrompues par
   une frise, où des fleurons peints alternent avec des rosaces. Collier
   de lignes d'eau, de fleurs et de pendentifs; rebord d'oves.
   Jaune, blanc et pourpre sur fond noir.

   Haut., 395 millim.

135 — Hydrie à trois anses, dont l'une en tiges nouées et amorties par un
   mascaron de femme. Au milieu de la panse cannelée, une guirlande de
   lierre; rinceaux et pendentifs autour du col; un rebord d'oves entoure
   l'orifice.
   Même style.

   Haut., 42 cent.

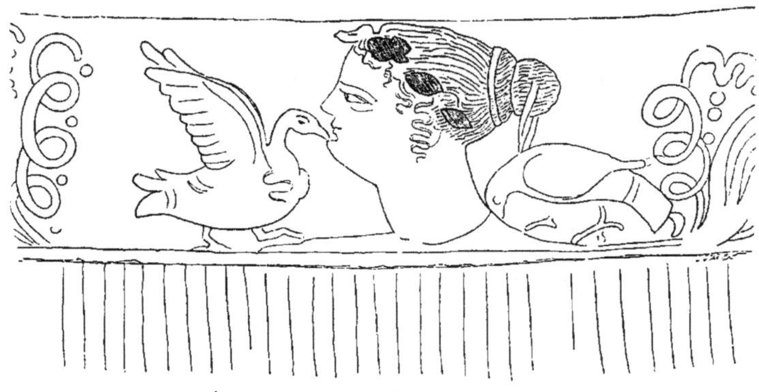

Nº 132.

136 — Grande hydrie à trois anses cannelées, dont les deux latérales portent au
   milieu un anneau à boutons saillants. Les cannelures de la panse
   sont interrompues par une frise de rinceaux jaunes ayant au centre
   une tête de femme, vue de face. Collier de pendentifs; rebord d'oves.
   Même style.

   Haut., 515 millim.

137 — Grande amphore cannelée, avec une guirlande de fleurs dorées autour du
   col et un fil d'or à la naissance des anses.
   Couverte noire. — Doit venir de Capoue.

   Haut., 61 cent.

XI

VASES A RELIEFS

138 — Assemblage de quatre coquetiers, réunis deux par deux et placés sur une colonnette basse, dont le chapiteau est orné de feuilles d'acanthe et de quatre têtes d'Éros, couronnées de torsades et entées sur des fleurons. Dans les intervalles entre les coquetiers on voit quatre Amours de face, les ailes redressées, le front couronné de torsades, et dans des attitudes légèrement variées. L'un d'eux semble tenir un plektron et une lyre (?). Dans chaque coquetier, il y a un œuf de cygne. Une grosse anse en torsade domine le tout.

Traces nombreuses de couleur bleue et rose tendre.

Trouvé dans les propriétés du prince Torlonia à Canino.

Haut., 41 cent. Larg., 21 cent.

139 — Amphore avec anses façonnées en volutes. Autour du haut de la panse règne une frise de bas-reliefs représentant un guerrier conduisant son cheval et se défendant contre un guerrier casqué qui le poursuit armé d'un glaive et d'un bouclier rond. Devant la tête du cheval on aperçoit, sur le second plan, une *méta*. Plus loin, un combattant nu, le bras gauche enveloppé de la chlamyde, semble frapper de sa haste un autre éphèbe nu, qu'un homme en tunique courte et coiffé d'un bonnet asiatique (?) vient secourir.

Ce sujet, estampé, mais d'un relief saillant, se répète plusieurs fois.

Bordures d'oves. Engobe blanc.

Haut., 42 cent.

140 — Superbe lécythe, orné de deux sujets en relief de forte saillie et du beau style grec. Cassandre, agenouillée à gauche devant le Palladium, lève les deux bras pour se défendre contre Ajax le Locrien qui la prend par les cheveux pour l'arracher du sanctuaire. L'idole, drapée et voilée, est placée sur un cippe qui s'adosse contre un autel surmonté d'une colonnette. Plus loin, un jeune Grec tue d'un coup de flèche un Troyen barbu, vêtu d'une tunique courte et coiffé d'un bonnet asiatique. Le Troyen semble mortellement atteint, car il a les deux genoux en terre et lève les bras en suppliant.

Bordure de rosaces, en relief, à la naissance du goulot.

Terre blanche. Nombreuses traces de peinture polychrome sur fond bleu.

Haut., 19 cent.

141 — Coupe d'Arezzo, ornée extérieurement d'une rosace centrale, de godrons,
d'une frise de méandres et d'une bordure de lignes d'eau.
Terre rouge.

Diam., 12 cent.

142 — Tasse à anse cannelée et ornée de deux têtes de clou. Guirlande de
feuilles d'ache et de baies en relief.
Terre blanche.

Diam., 84 millim. Haut., 62 millim.

143 — Grand vase ovoïde à couverte noire. Décor estampé en relief plat. Guirlandes suspendues à des baguettes en torsade; frises de fleurons,
d'entrelacs, de feuilles et d'oves. Deux anses (en partie brisées) amorties
par des masques barbus. Fabrique romaine.

Haut., 26 cent.

144 — Patère à omphale, fabrique de *Cales*. Tête radiée d'Hélios de face, entre
deux protomes de chevaux placés en sens opposé ; de chaque côté, une
tête coiffée d'un bonnet asiatique et tournée vers Hélios (Hesperos et
Phosphoros), puis une rosace. Ce sujet, six fois répété, forme une frise
circulaire dans l'intérieur de la patère. Autour du centre :

Ꞁ · CANOꞀEIOS · Ꞁ · F · FECIT · CAꞀENOS

Couverte brune.

Diam., 18 cent.

145 — Patère à ombilic, fabrique de *Cales*. Derrière un petit temple, Pan, de
face, jouant de la syrinx; puis trois Muses se dirigeant vers la droite en
jouant du tambourin, de la lyre et de la double flûte. Elles suivent un
satyre (?) portant une brebis sur ses épaules. Plus loin trois autres Muses,
dont deux jouent du tambourin, une de la lyre. Pan, de face, jouant de
la syrinx; Muse de face, jouant de la double flûte; Éros portant un
panier (?) ; Pan entre deux Muses qui jouent de la lyre; joueuse de tambourin et de double flûte.
Autour de l'omphale, une bordure d'entrelacs interrompue par la
signature du potier : **K · ATISIO.**
Couverte brune.

Diam., 19 cent.

146 — Patère à ombilic, même fabrique (bords frustes).
(a) Navire d'Ulysse qui se fait attacher au mât; à gauche, une
sirène de face sur un rocher, jouant de la double flûte.
(b) Navire d'Ulysse. Le héros est attaché au mât. Sur le second

plan, une sirène de face sur un rocher ; une autre à la gauche du navire.

(c) Navire d'Ulysse. Un hoplite et un archer combattent Scylla qui saisit le navire en brandissant une rame.

(d) Navire des Phéaques. Deux hommes redressent le mât. Devant, Ulysse et son chien Argos, assis sur un rocher.

Couverte brune.

Diam., 19 cent.

XII

POTERIE ÉMAILLÉE

147 — Œnochoé ; anse brisée, terminée par un masque.

Haut., 19 cent.

148 — *Prochous* orné d'une guirlande de feuilles et d'une frise de larmes en relief. Mascaron à la naissance de l'anse qui est brisée, ainsi que le haut du goulot.

Haut., 20 cent.

149 — Tasse à deux anses cannelées. Bordure imprimée. Émail vert pâle.

Haut., 62 millim. Diam., 10 cent.

150 — Tasse à deux annéaux fleuronnés. Guirlande de chêne et rosaces en relief. Émail blanc à l'extérieur et jaune à l'intérieur. Conservation parfaite.

Haut., 8 cent. Diam., 92 millim.

150 a — Coupe (brisée) à glaçure blanche et brune. Feuilles en relief disposées autour de la panse.

Diam., 103 millim.

150 b — Petite lampe ovoïde à glaçure verte. Manche brisé.

Diam., 5 cent.

150 c — Grande lampe à glaçure verte : croissant, soleil et sept étoiles.

Diam., 11 cent.

150 d — Sept fragments de poterie à reliefs et à glaçure verte, jaune et blanche.

XIII

VARIA

151 — Petit vase hémisphérique, avec couvercle bombé, surmonté d'un bouton. Tête de femme à gauche et couronne de feuilles (figures rouges sur fond brun ; rehauts blancs et jaunes). Dans l'intérieur du couvercle, quelques dessins grossiers et une inscription, probablement osque, tracée au pinceau.

Haut., 12 cent.

152 — Petit *prochous* cannelé, à couverte brune ; anse et goulot brisés. Autour du col, peinte en jaune, la légende latine :

FORTVNAI · ΓOCOΛO

Haut., 68 millim.

153 — Vase globulaire à large goulot droit (fruste). Couverte brune. Légende peinte en blanc, entre deux filets : **AVETE.**
Bords du Rhin.

Haut., 105 millim.

154 — Coupe à deux anses, les pouciers ornés de volutes. Terre rouge.

Haut., 58 millim.

155 — Petite coupe sans anses ; terre rouge ; parois minces.

Diam., 83 millim.

156 — Vase à large goulot droit. Même fabrique.

Haut., 98 millim.

157 — Support en terre blanche. Autour de l'orifice, trois disques et trois demi-cylindres annelés en applique.

Haut., 14 cent.

158 — Une série de quarante et un fragments de vases peints à figures noires et à figures rouges, réunis en tableau. Ancienne collection Torrusio.

BRONZES

I

VASES

159 — Petite patère à ombilic. Belle patine bleue.

Fruste. — Diam., 138 millim.

160 — Petit vase sans anses. Patine rugueuse.

Haut., 55 millim.

161 — Vase piriforme en cuivre jaune; rebord fruste. Patine rugueuse.

Haut., 11 cen^t.

162 — Petit *prochous*, l'anse surmontée d'une double rouelle. Patine verte et bleuâtre.

Haut., 12 cent.

163 — Lécythe dont l'anse est formée par une figurine de jeune homme nu, la jambe gauche fléchie, le bras droit sur la hanche, l'autre accoudé sur l'orifice; la main gauche soulève une bandoulière qui traverse la poitrine. Bordures d'oves et d'entrelacs. Sur le col, la lettre **M** au pointillé. Art étrusque.

Haut., 14 cent.

164 — Scyphus évasé vers le haut. Guirlande de lierre incrustée d'argent.

Haut., 91 millim.

165 — Petit kanthare; anses formées par une double tige repliée. Belle patine bleue.

Hauteur totale, 138 millim.

166 — Situle à deux anses mobiles. Orifice latéral formé par un masque scénique de Silène. Sur le bord opposé, une tête casquée d'Athéné. Cuivre jaune, patine verte rugueuse.

Haut., 13 cent.

167 — Petite *olla* sans anses; patine verte rugueuse.

Haut., 16 cent.

168 — *Prochous*. Anse amortie, dans le bas, par une palmette; dans le haut, par un mascaron de Silène. Magnifique patine bleue.

Haut., 195 millim.

169 — Autre. Anse plate, se terminant dans le haut par trois crochets, dans le bas par une feuille de lierre et des rinceaux. Patine bleue.

Haut., 26 cent.

170 — Œnochoé, l'anse formée par une figurine d'Apollon citharède, le haut du corps nu, le bras droit replié sur la tête. Son bras gauche tient la lyre, placée sur un trépied autour duquel s'enroule un serpent. Dans le bas, un griffon. Le demi-cercle de l'anse qui embrasse l'orifice est découpé en rinceaux à jour. Patine rugueuse.

Haut., 23 cent.

171 — Grande casserole dont l'anse se termine par une tête de cygne entée dans une tête de griffon. Les ailes et la queue du cygne servent d'attache à l'anse. Patine bleue.

Diam., 22 cent. Longueur totale, 37 cent.

172-173 — Outre avec son plateau. L'anse de l'outre est décorée de feuilles de vigne, d'une tête de chien et d'un perroquet en ronde bosse qui regarde dans l'intérieur du vase. Bordure d'oves. Cuivre jaune.

Les anses du plateau sont accostées de rosaces.

Haut. de l'outre, 19 cent. Diam. du plateau, 375 millim.

II

USTENSILES

174 — Candélabre à tige hexagonale, renflée vers le milieu. Pied composé de trois pattes façonnées, séparées par trois valves. Le couronnement manque.

Haut., 1 mètre.

175 — Autre en fer. Tige cylindrique, montée sur trois pieds recourbés. Sous la
patère, trois crochets mobiles, dont l'un fruste.

> Haut., 1 m. 16 cent.

176 — Tige de candélabre; broche de fer passée dans un tube cylindrique creux,
orné, de distance en distance, d'un double anneau dentelé. Fruste;
montée sur une planchette de bois.

> Long., 78 cent.

176 *bis*. — Candélabre monté sur trois griffes de lion; les oves qui décorent le
rebord de la patère sont frustes.

> Haut., 25 cent.

177 — Petit candélabre en forme de trépied, monté sur des pieds de cerf.

> Haut., 11 cent.

178 — Lampe à manche recourbé, terminé en tête de cygne avec collier
dentelé. Au centre, trois petites ouvertures disposées en triangle. Magnifique patine bleue.

> Long., 16 cent.

179 — Manche de patère; colonnette cannelée avec chapiteau à volutes.

> Haut., 185 millim.

180 — Simpule; manche terminé en col de cygne replié. Superbe patine bleu
turquoise.

> Haut., 338 millim.

181 — Autre à patine rugueuse.

> Haut., 285 millim.

182 — Cuillère à coque pomiforme; manche plat façonné, cylindrique au centre
et garni de nodosités. Crochet terminé en tête de chevreuil.

> Haut., 275 millim.

183 — Autre, à coque hémisphérique. Belle patine vert clair.

> Long., 265 millim.

184 — Miroir étrusque. Deux jeunes guerriers nus et casqués (Diomède et
Ulysse, la chlamyde sur le dos, sont debout à gauche devant un homme
barbu, assis sur un siège. Le premier porte une statuette de Pallas.

L'homme assis a le haut du corps nu et tend les deux bras pour recevoir
le Palladium. Derrière sa tête, la légende étrusque *Achmemrun* (Aga-
memnon).

Manche brisé.

Diam., 18 cent.

185 — Miroir étrusque. Amazone blessée, agenouillée de face et étendant les
deux bras. De chaque côté, un hoplite qui la soutient; à gauche, Diomède (ƎTIMI///) imberbe; à droite, Ulysse (ƎMVTV) barbu. Le nom
de l'Amazone est *Phentasila* (Penthésilée). Son costume ne se distingue
de celui des deux hommes que par le rang de perles qu'elle porte au
cou,

Bordure de lierre. Belle patine bleu turquoise.

Diam., 165 millim.

186 — Miroir étrusque. Au milieu, Zeus *(Tinia)* nu, appuyé sur un sceptre,
la chlamyde en écharpe. Sa main gauche abaissée tient le foudre.
Derrière lui, *Lasa* nue et diadémée, la main droite posée sur l'épaule
du dieu. Devant lui, un jeune homme nu assis, une haste au bras
droit, un glaive à la main gauche. Légende : *Maris* (Mars).

Manche cylindrique en os, orné de cercles en relief.

Diam., 17 cent.

187 — Miroir étrusque. Artémis *(Artumes)* drapée, assise de face sur un cerf.
Sa main gauche porte une fleur, l'autre se retient à l'un des bois de la
monture. Derrière celle-ci, un second cerf, courant dans la même
direction, et dans le bas, un petit cerf paissant et un faon.

Bordure de lierre.

Diam., 155 millim.

188 — Miroir étrusque. Dionysos *(Phuphluns)*, et *Vesuna* de face, l'un nu, tenant
sa patère et son œnochoé, l'autre drapée dans un chiton et une nébride,
armée d'un thyrse et passant son bras droit autour du cou de Dionysos.
A gauche, Hercule jeune *(Ercle)*, appuyé sur sa massue; du côté opposé,
un jeune homme nu, *Srutaph*, suspend un collier au cou de Vesuna.

Manche brisé.

Diam., 188 millim.

189 — Miroir étrusque. Toilette de Thétis *(Thethis)* en présence de Pélée *(Pele)*
et d'une suivante *Cachnina*, assise. La déesse se regarde dans un
miroir où son visage se reflète.

A l'exergue, un quadrupède couché.

Manche brisé.

Diam., 16 cent.

190 — Miroir étrusque. Au milieu, une femme, vêtue d'une tunique courte, semble parler à un jeune homme, *Rece*. Le nom de la femme, *Metvia* (Médée), est en partie effacé. A sa gauche, *Turan*.
Gerhard, *Miroirs étrusques*, pl. 183.

Diam., 172 millim.

191 — Miroir gravé. Une jeune femme nue, debout contre un arbre, se défend contre un Satyre jeune; à ses pieds, un chien de chasse. Zeus et Antiope? A l'exergue, un masque de tigre. Manche terminé en tête de chevreuil.

Diam., 142 millim.

192 — Miroir étrusque brisé. Aphrodite nue au milieu de trois figures drapées. ℞ Le mot *Suthina* gravé au trait.

Diam., 14 cent.

193 — Miroir à disque épais. Sujet bachique en deux registres. Une guirlande de lierre autour. Patine verte rugueuse.

Diam., 148 millim.

194 — Grand disque, argenté sur l'une de ses faces qui a conservé tout son brillant. Bordure de cercles. Revers étamé.

Diam., 26 cent.

194 *bis*. — Disque argenté sur l'une de ses faces; miroir sans manche.

Diam., 155 millim.

195 — Strigile portant l'estampille : ΓΑΡ ΣΥΜΜΑΧΟΥ entre deux rosaces.

Long., 20 cent.

196 — Autre, sans légende.

Long., 17 cent.

197 — Grande fibule à deux volutes.

Long., 176 millim.

198 — Fibule, la sphendoné décorée de trois appendices en saillie, dont deux latérales et une centrale.

Long., 102 millim.

199 — Fibule en fer, ornée de deux rangs de boules.

Long., 95 millim.

200 — Fibule en forme d'arbalète.

Long., 65 millim.

201 — Grand anneau plat dans lequel sont passés huit anneaux de dimensions moindres.

Diam., 17 cent.

202 — Bracelet en spirale faisant dix-huit tours.

Larg., 12 cent.

203 — Autre, faisant vingt-trois tours.

Larg., 13 cent.

204 — Petit bracelet composé de quinze lamelles droites juxtaposées.

Haut., 5 cent. Diam., 58 millim.

205 — Bracelet creux, orné, à ses deux extrémités, de stries groupées par bandes.

Fruste. Diam., 10 cent.

206 — Bracelet massif, en forme de serpent enroulé, les écailles ciselées. Restes de placage d'or.

Diam., 108 millim.

207 — Bracelet en spirale à quatre tours, l'une des extrémités façonnée en cordelé.

Diam., 78 millim.

208 — Bracelet terminé par deux cols de serpents repliés.

Diam., 10 cent.

209 — Collier; anneau plat avec nervure centrale et double charnière.

Diam., 132 millim.

210 — Une petite collection d'épingles de formes variées.

211 — Une paire de ciseaux.

Long., 23 cent.

212 — Une autre.

Long., 16 cent.

213 — Un rasoir, le manche façonné en caducée.

Larg., 122 millim.

214 — Une paire de tenailles. L'une des dents est brisée.

Long., 207 millim.

215 — Une faucille.

Long., 16 cent.

216 — Un oiseau.

Long., 125 millim.

217 — Hachette ; lame plate évasée, avec une double douille.

Long., 146 millim.

218 — Flagellum à trois boutons suspendus à des chaînettes.

Long., 15 cent.

219 — Sonnette à bélière octogone.

Haut., 6 cent.

220 — Autre, avec son battant. Bélière en fil tordu.

Haut., 62 millim.

221 — Astragale.

Larg., 26 millim.

222 — Petite balance (sans chiffres), suspendue à un médaillon ovale d'empereur, à jour dans une couronne de laurier. Basse époque.

Larg., 12 cent.

223 — Extrémité d'un timon de char, garni d'un crochet en forme de doigt replié.

Long., 215 millim.

224 — Outil à deux dents surmonté d'un dauphin et monté sur un manche cylindrique en os. Boutoir de vétérinaire.

Long., 222 millim.

225 — Outil recourbé à l'une de ses extrémités, et orné latéralement de deux peltes d'Amazone.

Long., 195 millim.

226 — Anse mobile de situle, ciselée et ornée de pendentifs.

Larg., 148 millim.

III

ARMES

227 — Casque à géniastères découpés; au sommet, un bouton ciselé. Bordure en torsade sur le devant. Le crâne du guerrier étrusque qui l'avait porté subsiste encore.

Hauteur totale, 33 cent.

228 — Casque étrusque à nasal. Sur le sommet, un groupe (il y en avait deux) de deux figurines (Victoire drapée à côté d'un guerrier portant sur le dos un bouclier circulaire). Sur le devant, le buste de Thanatos de face, la main gauche sur un dauphin, l'autre sur un hoplite mort.
Bordure de godrons. Ancien style.

Haut., 24 cent.

229 — Fragment d'un casque romain à reliefs au repoussé, trouvé en Palestine, dans le Jourdain. Quadrige d'un guerrier en costume héroïque armé d'une lance et précédé d'une Victoire drapée, au vol, qui supporte un médaillon d'impératrice.
Même sujet au revers. Dans le bas, une frise de trophées d'armes et une bordure d'enroulements.

Larg., 265 millim.

230 — Ceinturon étrusque; lame plate à trois agrafes.

Haut., 103 millim. Diam., 36 cent.

231 — Autre, à deux agrafes; palmettes gravées sur les attaches.

Haut., 86 millim.

232 — Autre, à deux agrafes.

Haut., 82 millim.

233 — Fragment de ceinturon étrusque, décoré de figures au repoussé: Éphèbe nu, conduisant un cheval; Cerbère.

Haut., 78 millim. Long., 36 cent.

234 — Fragment analogue, décoré d'une palmette au repoussé.

Long., 225 millim.

235 — Fragments d'un ceinturon orné de palmettes et de rinceaux en applique.

Haut., 85 millim.

236 — Fragment d'un ceinturon à jour, muni de cinq annelets à son extrémité.

Haut., 95 millim. Long., 115 millim.

237 — Fragment analogue, muni de trois petits crochets.

Haut., 117 millim. Long., 10 cent.

238 — Fragment d'un ceinturon en fils tressés, terminé par deux plaques découpées à jour.

Long., 35 cent.

239 — Ornement de bouclier étrusque. Plaque demi-ovale, ornée de rinceaux au pointillé et au repoussé.

Diam., 25 cent.

240 — Hache de combat, décorée de points clos gravés et munie d'une double douille.

Long., 24 cent.

241 — Petite hache, munie à sa base de deux pointes saillantes.

Long., 123 millim.

242 — Grand fer de lance à nervures.

Long., 34 cent.

243 — Fer de lance à fortes nervures, avec un fragment de bois dans la douille.

Long., 26 cent.

244 — Fer de lance de forme allongée.

Long., 21 cent.

245 — Autre.

Long., 178 millim.

246 — Autre, à patine verte.

Long., 18 cent.

247 — Autre.

Long., 13 cent.

248 — Grand fer de lance étrusque, à quadruple nervure sur chaque face, le bas
garni de dix têtes de clou (dont plusieurs sont tombées). Décor géométrique ciselé.

Long., 38 cent.

249 — Magnifique épée étrusque, de forme lancéolée, à deux tranchants, ornée
sur chaque face de quatre bossettes entourées de cercles au pointillé ;
sur la poignée, quelques décors géométriques finement ciselés. Patine
bleu turquoise.

Long., 49 cent.

250 — Épée romaine avec sa poignée d'ivoire (fruste).

Long., 45 cent.

251 — Hache.

Long., 16 cent.

252 — Doigtier d'archer et cinq petits cylindres creux, garnis de pointes.

253 — Partie d'un ceinturon, composé d'un disque à jour, d'un mascaron de
lion et de trois bucrânes.

254 — Fragments d'un bige de bronze : les moyeux des deux roues, deux grands
cercles de fer qui recouvraient les jantes, l'armature de la caisse et de
nombreuses pièces de garniture.

255 — Une collection d'armes en fer : épée, six fers de lance, trois haches et une
petite bipenne.

IV

PLOMBS

256 — Tuyau d'aqueduc en plomb, portant l'inscription :

IMP CAESARIS NERVAE TRAIANI
OPtIMI AVG GERMANIC DACICI.

Long., 56 cent.

. 257 — Lampe chrétienne en plomb, l'anse transformée en croix.

Long., 14 cent.

258 — Petite patère en plomb (jouet d'enfant). Bordure de grappes de raisin;
au-dessus du manche, un kanthare en relief.

V

FIGURINES, ETC.

259 — Bronze égyptien. Imhotep assis et déroulant sur ses genoux un rouleau
de papyrus.

Haut., 13 cent.

260 — Apollon; ancien style étrusque. Le dieu est nu, la jambe gauche en
avant, les deux bras avancés parallèlement. Sa main droite tient un
plektron (?). Chevelure retombant en masse plate sur la nuque, les
boucles indiquées au moyen d'annelets gravés.

Haut., 12 cent.

261 — Athéné, style italique très ancien. Long chiton frangé, à manches courtes;
égide sur la poitrine, casque à haute crista, pied gauche en avant, les
jambes très écartées, l'avant-bras droit levé (pour brandir la haste), le
bras gauche tendu en avant.

Haut., 14 cent.

261 *bis* — Athéné drapée et casquée. Il ne subsiste que le haut de la figurine.

Haut., 12 cent.

262 — Coq à tête de femme portant en guise de casque la dépouille de la tête
de l'oiseau. Le coq est perché sur un crâne humain. Dans la crête,
un anneau; dans les plumes de la queue, un autre; puis deux trous à
suspension.
Voir la vignette, page 44.

Haut., 17 cent.

263 — Grande figurine d'Aphrodite, drapée dans un chiton talaire, à manches
entr'ouvertes, et un himation qui n'enveloppe que le bas du corps. Tête
surmontée du symbole isiaque et légèrement tournée vers l'épaule
gauche. Jambe droite fléchie, pied chaussé d'une sandale.
Les deux avant-bras, qui étaient rapportés, manquent, de même que
le pied gauche.

Haut., 29 cent.

264 — Vénus Anadyomène nue, pressant des deux mains sa chevelure humide. Jambe droite fléchie. A ses côtés, court un petit Éros ailé, les cheveux

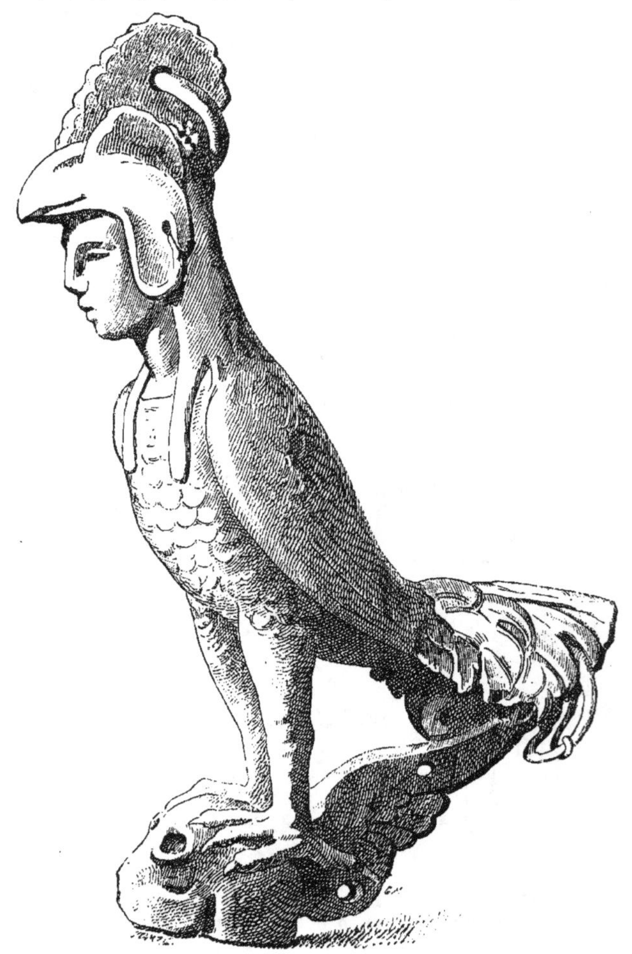

N° 262.

nattés au milieu, le bras gauche étendu, l'autre portant un rameau. Base antique circulaire. Belle patine verte.

Haut., 33 cent.

265 — Miroir grec, le manche formé par une figurine d'Aphrodite, de la belle
époque de l'ancien style, entourée de deux Amours au vol. Coiffée
d'un bandeau de perles, la déesse relève de la main gauche son peplus
sans manches, que deux agrafes retiennent sur les épaules ; la droite,
tendue en avant, tient un calice de fleur. Ses cheveux bouclés retombent sur le dos en masse plate et allongée. Le disque du miroir est
bordé de perles et son support, découpé en volutes, est orné d'élégants
rinceaux. Au revers, une palmette.
Base antique circulaire.
Trouvé à Corinthe.

Haut., 395 millim.

266 — Priape portant dans le pan relevé de sa draperie des pommes, des grappes
de raisin et un petit Éros nu qui ouvre les bras. Le dieu de Lamp-
saque a les cheveux cachés sous un bonnet ; barbe et moustaches très
longues, jambes assemblées, pieds chaussés de souliers.

Haut., 18 cent.

267 — Hermès kriophore nu, de l'ancien style étrusque. Anse de couvercle.
Base plate circulaire. Patine verte.

Haut., 12 cent.

268 — Petite balance avec son poids en forme de buste de Mercure ailé.
Jolie patine bleu clair.

Hauteur du buste, 25 millim. Longeur du balancier, 107 millim.

269 — Isis, le front surmonté de la coiffure *atef*. La main droite tient un
rhyton terminé en tête de cerf, le bras gauche porte une corne d'abondance (brisée). Sein gauche à découvert.
Base circulaire antique.

Haut., 13 cent.

270 — Même sujet ; bras gauche appuyé sur une colonnette ; corne d'abondance
brisée. La main droite tient le gouvernail. Coiffure isiaque posée sur un
croissant.

Haut., 78 millim.

271 — Victoire drapée ; ancien style étrusque de la belle époque. Chiton finement
plissé, aux manches entr'ouvertes ; himation relevé par la main gauche
abaissée ; pieds chaussés de sandales. La main droite tenait une palme.
Base antique circulaire, avec bordures d'oves et de perles.

Haut. 125 millim.

272 — Victoire nue, entée, à mi-jambes, dans un fleuron. Une palme au bras
gauche abaissé; bras droit levé (l'avant-bras est brisé).
Applique du beau style. Sous la base, le chiffre XIIII gravé.

Haut., 105 millim.

273 — Grand masque (au repoussé) d'Achéloüs de l'ancien style étrusque. Cornes
de taureau, cheveux bouclés, barbe cunéiforme frisée, les yeux en
émail.

Haut., 23 cent.

274 — Dionysos ivre, soutenu par Silène qui le prend à bras le corps. Le dieu
est drapé dans un chiton et une chlamyde. Ancien style étrusque.
Base circulaire antique.

Haut., 10 cent.

275 — Silène à demi couché à terre, accoudé sur le bras droit. Ancien style
étrusque.
Patine bleue.

Haut., 15 cent.

276 — Jeune Satyre nu, assis dans l'attitude d'un joueur de flûte. Tête couronnée de feuillage. Bel art grec, mais le visage est fruste et la patine rugueuse.

Haut., 17 cent.

277 — Couronnement d'un Terme, composé des bustes adossés de deux Fau-
nisques, mâle et jeune fille. L'un, au visage souriant, est vêtu d'une
nébride et couronné de pin; la petite fille, également souriante, porte
un chiton et dans les cheveux une couronne de lierre et de korymbes.
Bel art grec. Patine bleue et verte.

Haut., 172 millim.

278 — Le pendant du numéro précédent.

279 — Deux flûtes, faisant pendants. Embouchures en saillie et soutenues par des
bustes de Bacchantes en relief. Les Bacchantes sont couronnées de lierre
et tiennent chacune un raisin.

Long., 30 à 28 cent.

280 — Grande lampe circulaire à six becs (couronnement de candélabre). Un
masque de Méduse du beau style grec, appliqué sur une rosace, occupe
le centre de la patère; autour, six figurines en applique : Satyre imberbe
à gauche, une nébride sur le dos, un flambeau dans les deux mains. Un

autre, tourné vers le premier, la chlamyde en écharpe nouée autour des reins, une amphore au bras gauche, une patère à la main droite levée. Bacchante drapée portant un chevreuil sur les épaules. Silène en tunique talaire, avec outre et thyrse. Satyre thyrsophore et une chèvre. Joueuse de tambourin.

Haut., 15 cent. Diam., 29 cent.

281 — Hercule italique, imberbe, coiffé de la peau de lion, avec tunique courte et cuirasse. Main droite ouverte et avancée; main gauche et poignet brisés.

Patine verte.

Haut., 20 cent.

282 — Hypnos et Thanatos emportant le corps d'un homme nu, aux longs cheveux pendants (Sarpédon). Les démons sont ailés, casqués, vêtus de tuniques courtes et de cuirasses. Ancien style latin.

Anse de ciste.

Haut., 13 cent. Larg., 18 cent.

283 — Plaque de ceinturon, ornée de deux sujets au repoussé. 1) Thétis baignant le petit Achille dans les eaux du Styx, entre deux femmes assises sur des rochers et dont l'une (celle de gauche) relève son voile. 2) Le centaure Chiron recevant le petit Achille des mains de son père qui l'amène dans un navire. Au bas du navire, le dieu d'un fleuve; derrière le centaure, un arbre.

Haut., 72 millim. Larg., 17 cent.

284 — Petit candélabre étrusque, la tige façonnée en rinceau et supportée par un groupe de deux figurines en ronde bosse : Éphèbe nu, couronné de feuilles, paré d'un collier et chaussé de bottines; femme écartant de la main gauche son himation qui forme voile et qui enveloppe le bras droit pendant le long du corps. La base se compose de trois griffes de lion, entées dans des gueules de griffons et séparées par des rosaces. Patère échancrée; à chaque angle, une colombe (l'une des quatre manque); quatre pendentifs, dont deux seuls (colombes au vol) subsistent.

Patine bleue.

Haut., 46 cent.

285 — Tête d'éphèbe de l'ancien style, les cheveux bouclés autour du front et retenus par une torsade.

Bronze massif.

Haut., 15 cent.

286 — Vase en forme de tête de femme, parée d'un large bandeau, de pendants
d'oreilles et d'un collier.

Beau style étrusque.

Haut., 105 millim.

287 — Magnifique lécythe étrusque du beau style, en forme de tête de femme
diadémée. Patine verte. Anse surélevée, orifice à trois lobes.

Haut., 14 cent.

288 — Tête d'enfant, fragment d'une statue de grandeur naturelle, les yeux
évidés. Patine rugueuse.

Haut., 21 cent.

289 — Guerrier italique en attitude de combat, le bras droit levé avec la haste,
l'autre tendu en avant (avec le bouclier). Casque à géniastères relevés et
à crista énorme; tunique courte, cuirasse et jambières. Détails gravés.

Haut., 24 cent. — Brisé en quatre morceaux.

290 — Jeune guerrier étrusque s'armant de son bouclier; tunique courte, cuirasse
et knémides. Au bras gauche, l'attache du bouclier, que la main droite
retient encore.

Patine verte. Base circulaire antique.

Haut., 145 millim.

291 — Guerrier étrusque imberbe, avec casque, cuirasse et knémides. La main
droite abaissée tient le glaive, l'autre le fourreau; jambe gauche en
avant. Détails gravés avec la plus grande finesse.

Archaïsme du beau style.

Base circulaire antique. — Patine noire.

Haut., 113 millim.

292 — Éphèbe étrusque tenant son strigile à la main droite abaissée, le bras
gauche sur la hanche. Au-dessus, deux anneaux de suspension; dans le
bas, quatre crochets. — Patine verte.

Haut., 20 cent.

293 — Aurige assis, de travail étrusque.

Haut., 9 cent.

294 — Masque tragique barbu. Applique.

Haut., 6 cent.

295 — Hercule jeune, la peau de lion sur le bras gauche, le bras droit levé (pour brandir la massue). On l'a transformé en danseur de corde, en le revêtant d'une feuille d'or estampée et ciselée et en lui mettant dans les mains une corde en fil d'or.

Patine noire. — Vente Raifé.

Haut., 12 cent.

296 — Grotesque nu, bossu, d'une maigreur extrême, assis sur un rocher dans l'attitude d'un joueur de flûte. Art grec. — Le pied droit est brisé.

Haut., 16 cent.

297 — Grotesque assis, coiffé d'un pétase et à peine vêtu d'une tunique courte, nouée autour des reins et repliée sur l'épaule droite. Le bras gauche s'appuie sur la hanche. L'autre bras, les deux jambes et la cuisse gauche sont brisés.

Haut., 12 cent.

298 — Lion étrusque assis; ancien style. Patine verte.

Haut., 75 millim.

299 — Un autre, semblable.

Haut., 75 millim.

300-301 — Deux masques de lion à la gueule béante. Travail étrusque de l'ancien style, au repoussé.

Haut., 11 cent.

302-303 — Deux autres, les yeux en émail. Appliques.

Haut., 10 cent.

304 — Cheval bridé, en course. Travail étrusque.

Patine verte; jambes frustes.

Haut., 75 millim. Long., 115 millim.

305 — Cheval; les pieds brisés.

Haut., 83 millim.

306 — Grande panthère, couchée sur le côté, la patte gauche de devant levée, la gueule ouverte, comme si elle se défendait contre un ennemi. Art grec du beau style, mais patine rugueuse.

Base hémisphérique.

Hauteur totale, 20 cent. Long., 255 millim.

307 — Tête de chien, avec la partie attenante du corps, la gueule ouverte
Applique du beau style. Patine bleuâtre.

Long., 12 cent.

308 — Sanglier ; décor de fibule.

Long., 39 millim.

309 — Deux petits béliers; pendentifs. Travail étrusque primitif.

Haut., 3 cent.

310 — Singe assis, les deux mains posées sur la bouche qui est très allongée.

Haut., 37 millim.

311 — Petit lapin couché et mangeant. Patine verte.

Haut., 16 millim.

312 — Lézard grimpant sur un tronc d'arbre ; base de figurine.

Haut., 55 millim.

313 — Aigle ; fibule.

Haut., 5 cent.

314 — Petite lampe en forme de coq, ornée d'émaux bleus et blancs.

Haut., 64 millim.

315 — Fragment d'une couronne de laurier.

Diam., 118 millim.

316 — Raisins, pampres et feuilles de lierre. Fragment.

Haut., 21 cent.

*Les numéros suivants, 317 à 336, ont été réunis et disposés dans
un casier par M. Alessandro Castellani. Nous n'avons pas cru devoir
les séparer.*

317 — Tête de mulet; ornement de siège. Art grec du beau style. Superbe patine
bleue.

Long., 85 millim.

318 — Petite lampe en forme de pied chaussé d'une sandale.

Long., 9 cent.

319 — Chien avec une chaîne au cou, la patte droite de devant levée. Patine
verte.

Long., 63 millim.

320 — Petit buste de femme, couronnée d'épis et de fleurs. Au bas de sa draperie, qui laisse le sein droit à découvert, un poisson. Applique.

Haut., 77 millim.

321 — Prisonnier parthe à genoux, les bras liés derrière le dos. Le pied gauche
manque.

Haut., 62 millim.

322 — Un beau masque de Zeus Ammon aux cornes de bélier, les yeux évidés.
Patine vert pâle. La tempe droite est fruste.

Haut., 6 cent.

323 — Jeune joueur de lyre, couché à la manière des convives antiques, la
poitrine à découvert. Étrusque.

Larg., 78 millim.

324 — Femme nue, avec subligaculum. Elle est parée d'un collier gravé et
lève le bras droit. Pieds brisés. Beau style étrusque et belle patine
verte.

Haut., 8 cent.

325 — Buste drapé de Vénus, les cheveux noués en krobyle, la tête penchée vers
l'épaule droite. Poids de balance. Patine verte.

Haut., 8 cent.

326 — Aurige, le bras droit levé, l'autre et la jambe droite tendus en avant.

Haut., 87 millim.

327 — Buste de cheval ; applique.

Haut., 55 millim.

328 — Isis, avec gouvernail, corne d'abondance et coiffure égyptienne.

Haut., 89 millim.

329 — Iphiklès assis sur un bout de draperie et étendant les deux bras. Beau
style grec ; superbe patine vert clair.
Voir la vignette, page 52.

Haut., 53 millim.

330 — Aphrodite nue, déchaussant son pied droit, le bras droit posé sur un
Terme barbu et ithyphallique. Pied gauche brisé.

Haut., 66 millim.

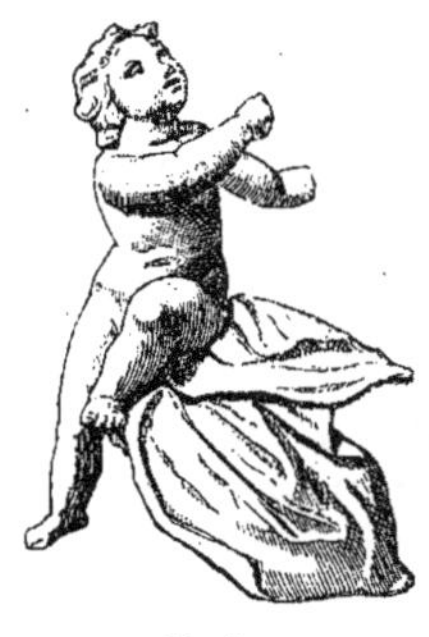

Nᵒ 329.

331 — Petite chèvre. La jambe gauche de devant et la jambe droite de derrière
brisées.

Long., 6 cent.

332 — Singe assis (voir le nᵒ 310).

Haut., 34 millim.

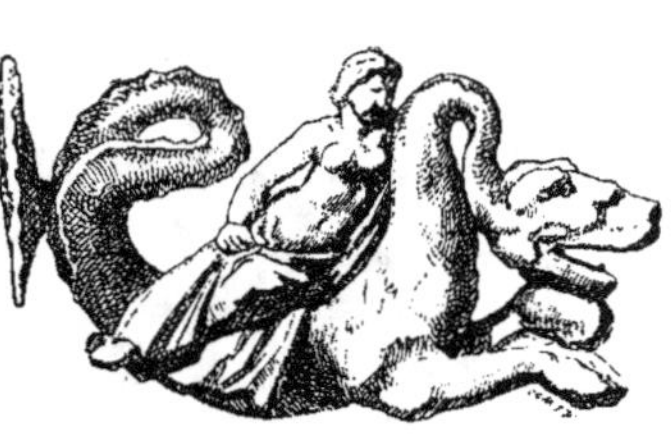

Nᵒ 333.

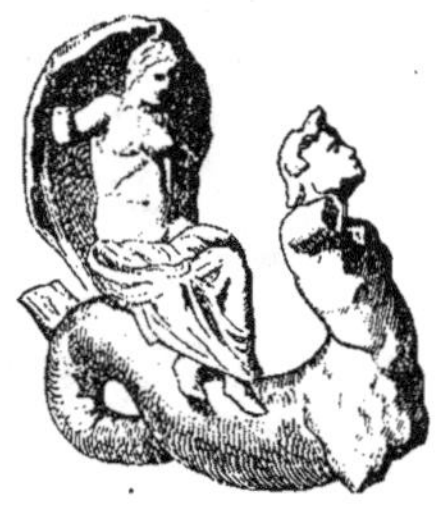

Nᵒ 334.

333 — Néréide assise sur un monstre marin.

Long., 52 millim.

334 — Aphrodite anadyomène, assise sur la croupe d'un Triton et disposant son
manteau en voile. Quelques cassures.

Long., 37 millim.

335 — Priape portant un enfant dans le pan de sa draperie. Le pied gauche
manque.

Haut., 82 millim.

336 — Protome de Pégase.

Larg., 62 millim.

337 — Trois figurines d'art primitif, le corps en forme de lamelle plate, les plis
de draperie marqués à la pointe. Patine vert clair.

Haut., 13 à 7 cent.

338 — Trois figurines du même genre, représentant des enfants emmaillotés.

Haut., 64 à 50 millim.

339 — Six autres, représentant des femmes drapées.

Haut., 8 à 5 cent.

340 — Quatre autres, semblant représenter des hommes drapés.

Haut., 98 à 66 millim.

341 — Figurine d'art primitif ; homme imberbe de face, drapé dans un chiton
court, les seins très accusés, les bras pendant parallèlement à une
certaine distance du corps qui est formé par une lamelle plate. Patine
verte.

Haut., 125 millim.

VERRERIE

342 — Verre à boire; fabrique de Chypre. Irisation nacrée.

Haut., 7 cent.

343 — Petite coupe hémisphérique, sans anses, à parois épaisses. Filets gravés autour de l'orifice. Patine noire.

Haut., 5 cent.

344 — Patère.

Diam., 17 cent.

345 — Patère en pâte vert d'eau; en dessous, un anneau en saillie, servant de pied. Belle irisation métallique.

Diam., 16 cent.

346-347 — Deux coupes côtelées faisant pendants. Pâte verdâtre; cercles gravés à la meule.

Diam., 145 millim.

348 — Biberon campaniforme. Tube en partie brisé.

Haut., 11 cent.

349 — Charmant petit lécythe, cerclé de fils de verre; anse plate.

Haut., 7 cent.

350 — Très petite *olla* avec son couvercle.

Haut., 68 millim.

351 — Balsamaire, tout couvert d'une irisation argentée.

Haut., 45 millim.

352 — Flacons jumeaux, entourés de deux fils et munis de deux anses.

Haut., 108 millim.

353 — Verre à boire, panse oviforme ; belle irisation nacrée.

Haut., 74 millim.

354 — Amphorisque à parois très fines, mais un peu frustes.

Haut., 106 millim.

355 — Flacon à huile. Panse pomiforme très épaisse; anse mobile en bronze, passée dans deux anneaux de bronze. Ce détail ne se trouve que rarement.

Haut., 9 cent.

356 — Flacon sans anse; la panse pomiforme se termine en goulot élevé qui s'évase vers l'orifice (brisé). Irisation nacrée.

Haut., 14 cent.

357 — Magnifique flacon campaniforme, avec un petit goulot droit. Irisation métallique du plus bel effet.

Haut., 108 millim.

358 — Verre à boire, orné, à sa moitié inférieure, de nœuds saillants, groupés sur trois rangs; au-dessus, un collier de fils rapportés.
Forme très rare; malheureusement le verre est fruste.

Haut., 10 cent.

359 — Verre à boire, oviforme, de pâte jaunâtre. Quelques cercles gravés à la meule.

Haut., 13 cent.

360 — Flacon sans anse, orné de cannelures en torsade ; panse à trois étages diminuant successivement de diamètre. Collier de fils. Irisation bleue.

Haut., 15 cent.

361 — Coupe verdâtre, décorée de trois disques en pâte bleue qui alternent avec des guttules bleues disposées en triangles.

Haut., 102 millim.

362 — Urne cinéraire sans anses, munie de son couvercle.

Haut., 25 cent.

363 — Grande coupe, montée sur un pied. Bande de cercles gravés à la meule.

Recollée. — Haut., 18 cent. Diam., 22 cent.

364 — Grande urne cinéraire en pâte vert d'eau. Anse pomiforme, à rebord.

Haut., 20 cent.

365 — Coupe en verre jaune d'ambre.

Haut., 6 cent. Diam., 107 millim.

366 — Coupe côtelée en verre jaune d'ambre.

Diam., 136 millim.

367 — Petite coupe côtelée en verre bleu saphir avec quelques fils blancs dans la pâte.

Diam., 9 cent.

368 — Autre en pâte violacée, avec fils blancs formant des dentelures symétriques et un large collier.

Diam., 9 cent.

369 — Verre sans anse, en pâte bleu saphir; orifice rétréci au moyen d'une plissure. Collier blanc. Forme très rare.

Haut., 12 cent.

370 — Amphorisque très élégant, en pâte bleue et à parois épaisses.

Haut., 11 cent.

371 — Flacon pomiforme, en pâte violette.

Haut., 11 cent.

372 — Grande œnochoé en pâte bleu tendre et à parois épaisses. Anse façonnée. *Exemplaire unique.*

Haut., 18 cent.

373 — Charmant lécythe en pâte bleu tendre; anse cannelée; l'anneau qui forme la base, et un double collier sont en pâte jaune. *Exemplaire unique.* — Bords du Rhin.
Ancienne collection Disch.

Haut., 13 cent.

374 — Lécythe en pâte vert d'eau transparente, cerclé de fils blancs opaques et muni d'une anse en blanc opaque. Orifice en forme de feuille. *Exemplaire unique.* — Bords du Rhin.
Ancienne collection Disch.

Haut., 78 millim.

375 — Amphorisque moulé, en pâte violette avec anses blanches. Les cannelures de la panse sont coupées par une frise de rinceaux.

Haut., 74 millim.

376-378 — Trois petits lécythes en forme de dattes sèches. Pâte jaune d'ambre.

Haut., 78 à 80 millim.

379 — Flacon pomiforme en pâte bleu kobalt, avec bordure, cercles et dentelures jaunes, vertes et bleu clair. Ancien style.

Haut., 56 millim.

380 — Un autre; anses façonnées.

Haut., 68 millim.

381 — Balsamaire du même style; oreillettes en pâte bleue.

Haut., 115 millim.

382 — Autre, à panse bursiforme; même style. Cercles blancs, dentelures jaunes et blanches.

Haut., 12 cent.

383 — Balsamaire cylindrique; même style. Cercles jaunes; dentelures jaunes, bleues et vertes.

Haut., 91 millim.

384 — Autre en pâte brune; cercles et dentelures blancs et jaunes.

Haut., 11 cent.

385 — Autre en pâte brune; dentelures bleues et jaunes recouvrant toute la panse.

Haut., 102 millim.

386 — Autre en pâte d'un blanc laiteux. Cercles et dentelures en verre brun.

Haut., 99 millim.

387 — Autre en pâte bleu kobalt; bordure de l'orifice en verre jaune; feuillage blanc recouvrant toute la panse.

Haut., 126 millim.

388 — Amphorisque pointu par le bas ; même style. Pâte bleu kobalt ; décor blanc
et jaune ; oreillettes et bordure de l'orifice en pâte vert d'eau transparente.

Haut., 93 millim.

389 — Autre en bleu kobalt ; décors jaunes. Base, oreillettes et bordure de l'orifice en vert tendre.

Haut., 95 millim.

390 — Amphorisque semblable ; décors jaunes et blancs.

Haut., 94 millim.

391 — Amphorisque du même style, avec deux anses droites.

Haut., 96 millim.

392 — Autre à panse piriforme, légèrement côtelée. Décor jaune, vert et bleu
tendre.

Haut., 8 cent.

393 — Amphorisque à panse côtelée. Fond bleu kobalt ; décor jaune et bleu
turquoise.

Haut., 10 cent.

394 — Autre en pâte bleue. Le haut de la panse côtelé ; décor jaune.

Haut., 115 millim.

395 — Petite œnochoé du même style. Panse côtelée, anse surélevée. Pâte bleue ;
décor jaune, vert et bleu turquoise.

Haut., 85 millim.

396 — Grande œnochoé du même style. Anse cannelée. Pâte bleue ; feuillage et
cercles en jaune, en blanc et en bleu turquoise. Très rare.

Haut., 145 millim.

397 — Grande perle de collier en forme de barillet perforé ; même style. Pâte
bleu foncé ; cercles et annelets blancs et jaunes.

Haut., 49 millim.

398 — Couvercle de vase (la partie supérieure repolie) en pâte imitant une pierre
précieuse. Fond noir avec mouchetures blanches et violettes.

Diam., 82 millim.

399 — Petite pyxis avec son couvercle. Fond bleu; bandes ondulées en blanc et
en jaune. *Très rare.*

> Haut., 4 cent. Diam., 4 cent.

400 — Coupe en verre multicolore; rubans bleu kobalt alternant avec des bandes
jaunes, blanches, vertes et blanches rayées de jaune. Bordure striée.
Recollée, mais très belle et très rare.

> Haut., 92 millim.

401 — Patère multicolore; fabrique de Toscanella. Torsades blanches sur fond
brun et vert; dés de mosaïque bleus. Une torsade blanche et jaune
d'ambre en guise de bordure.

> Diam., 128 millim.

402 — Coupe hémisphérique de la même fabrique. Fond bleu; les torsades et
dés de mosaïque en pâte blanche.

> Diam., 118 millim. Haut., 72 millim.

403 — Magnifique kanthare de la fabrique de Toscanella. Anses munies de
pouciers. Fond bleu; décor blanc, gris et vert parsemé de rubans d'or.
Exemplaire unique.

> Haut , 93 millim. Diam., 145 millim. et avec les anses, 255 millim.

404 — Flacons de très petites dimensions, en pâte blanche et jaune. Formes
variées.

405 — Fragment d'une plaque de verre bleu doublé de blanc : trophée d'armes
gauloises. Étendards surmontés de sangliers.
Voir la vignette, page 60.

406 — Fragment d'un vase bleu, doublé de blanc : Isis à gauche, tenant la croix
ansée. Devant elle, oiseau perché sur une couronne.

407 — Fragment d'un vase du même genre : palmette.

408 — Autre : un petit aigle.

409 — Fragment de vase en pâte d'un blanc mat, doublé de bleu turquoise.
Tête de face et bras droit d'un homme imberbe tenant un casque.
Feuilles et rinceaux gravés.

410 — Fragment d'un vase à trois couches (brun, blanc et bleu) : Buste de Bacchante à gauche, couronnée de raisins et de pampres.

411 — Fragment d'un médaillon ovale en pâte bleue : Victoire à gauche, avec palme et couronne, dans une bordure de laurier,

412 — Masque de Bacchante en verre blanc.

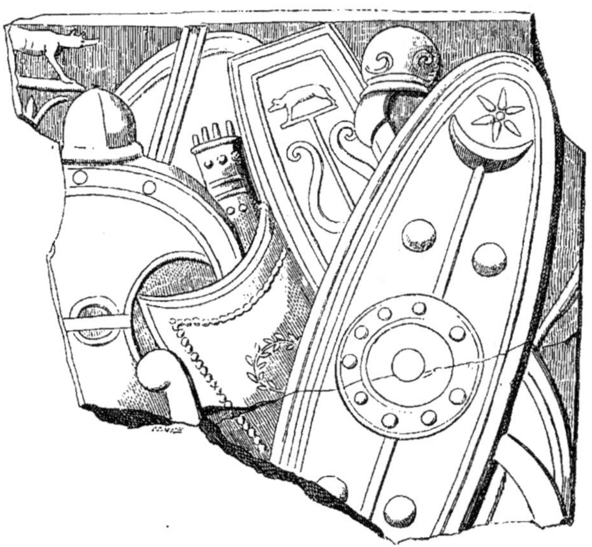

N° 405.

413 — Buste lauré, de face. Pâte jaune d'ambre.

414 — Médaillon à quatre couches (bleu, ton de chair, noir et jaune) : Tête d'homme barbu, à droite, couronné de lierre.

415 — Fragment de coupe bleue, représentant un combat de gladiateurs en relief. Patine à reflets d'or.

416 — Un petit poisson en verre blanc.

417 — Fond de bouteille portant l'empreinte d'un grand bronze de Néron: Tête
laurée, à droite. NERO CLAVDIVS CAESAR AVG GERM PM
TR P IMP P P.

418 — Fond d'un flacon carré, avec marque de fabrique. Patine à reflets d'or.

419 — Fond de coupe en pâte polychrome: point central blanc, anneaux verts,
noirs et blancs.

420 — Fragment de vase blanc, avec les lettres [*m*]VLTI[*s annis*] en relief
au-dessus d'une guirlande. Patine argentée.

421 — Fragment d'un verre gravé à la meule : Victoire et baies de laurier.

422 — Astragale.

423 — Masque de Satyre en pâte rouge opaque *(hœmatinon)*.

424 — Masque scénique en pâte violette.

425 — Masque phénicien en pâte multicolore.

426 — Médaillon d'un vase chrétien à fond d'or : Buste de femme, de face dans
un cercle.

427 — Fragment d'un médaillon à fond d'or : Fleuve couché et accoudé
(à gauche), le bras droit étendu, le manteau déployé en guise de nimbe.
Au-dessus, les restes d'un quadrige.

428 — Fragment de patère chrétienne à figures dorées sur fond bleu : Gladiateur
armé d'un trident et d'un glaive et se dirigeant vers la gauche. STRA-
TONICAE BENE VICISTI VADE IN AVRELIA. A l'exergue :
PIE ZESES.
Conservation superbe.
Voir la vignette, page 62.

429 — Bague en pâte multicolore.

430 — Bague cannelée, en pâte brune.

431 — Plaques de revêtement en verre mosaïque, sur fond bleu, de la plus extrême finesse. Ces objets : disques, plaques carrées ou oblongues, se vendront séparément.

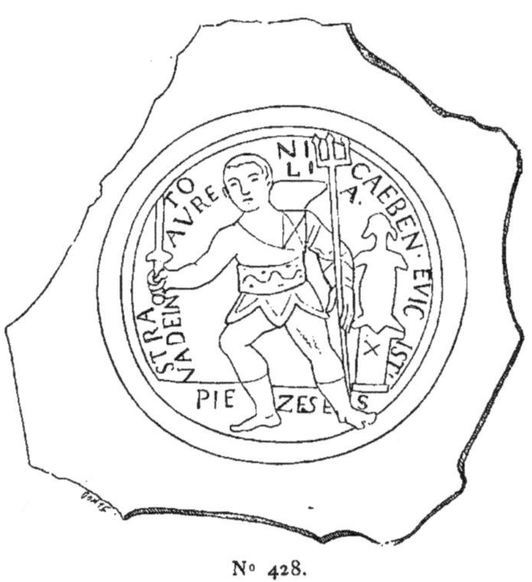

N° 428.

432 — Colliers en pâte de verre.

433 — Une collection de fragments de verres polychromes, à reliefs et à irisation exceptionnellement belle.

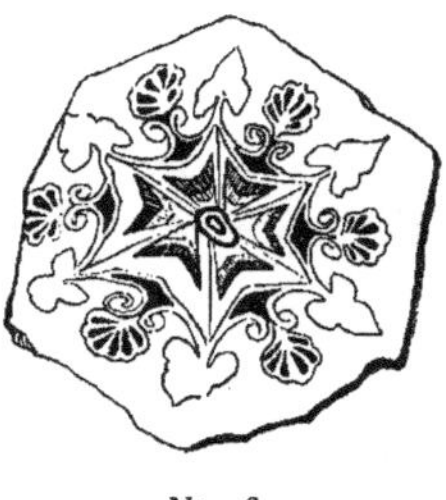

N° 431.

434 — Une collection de perles de verre et de grains de collier.

435 — Grand fragment d'un revêtement de mur en plaques vitreuses. Sur un fond vert se détache le chapiteau d'une colonne cannelée, surmonté d'un

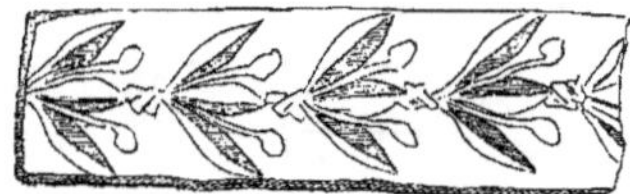

N° 431.

fleuron. Le chapiteau est incrusté de ces petits disques rouges, ornés de rosaces jaunes, que l'on trouve souvent dans les fouilles romaines. Le fleuron est blanc, jaune, rouge, bleuâtre et violet.

Haut., 24 cent. Larg., 15 cent.

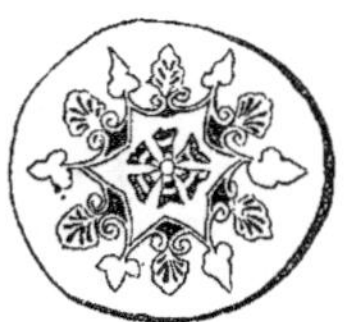

N° 431.

TERRES CUITES

VASES, URNES ET ANTÉFIXES ÉTRUSQUES

DE L'ANCIEN STYLE

436 — Grand pithos cannelé. Procession d'animaux sacrés, disposée sur une double frise estampée. Au-dessus, une bordure dentelée.

Haut., 80 cent.

437 — Autre, avec le même décor.

Haut., 82 cent.

438 — Urne étrusque représentant le combat d'Étéocle et Polynice, entre deux Érinyes. Au-dessus, une légende étrusque fruste; sur le couvercle, un jeune homme drapé et couché sur un lit. Traces de couleur.

Haut., 40 cent. Larg., 45 cent.

439 — Urne étrusque. Même sujet.

Haut., 40 cent. Larg., 45 cent.

440 — Urne étrusque représentant deux guerriers combattant près du corps d'un troisième (Achille ou Patrokle) qui est tombé et se couvre de son bouclier. De chaque côté, un autre guerrier. Sur le couvercle, une femme à demi couchée sur un lit, dans l'attitude des convives antiques, et tenant à la main droite un éventail en forme de feuille.

Haut., 56 cent. Larg., 45 cent.

441 — Antéfixe. Masque de Méduse dans un cercle de godrons. Cheveux bouclés, langue pendante, bouche garnie de quatre dents posées en sens inverse, oreilles parées de petits disques. Sur la base, un méandre peint en rouge et en blanc.

Haut., 35 cent.

442 — Autre, sans base.

Haut., 25 cent.

443 — Autre, avec traces de couleur.

Haut., 365 millim.

444 — Autre, les dents brisées, la base fruste.

Haut., 33 cent.

445 — Autre, les chairs peintes en blanc, la langue en rouge, les yeux, les
sourcils et les cheveux en noir. Base incomplète.

Haut., 32 cent.

446 — Moule du même sujet.

Haut., 31 cent.

447 — Antéfixe. Même sujet, d'un relief plus saillant. Les dents sont plus petites
et les oreilles ne portent pas de pendentifs.

Haut., 35 cent.

448 — Autre, avec toutes ses couleurs. Base décorée de losanges peints en
rouge; bandes rouges dans les palmettes. C'est un des plus beaux morceaux de cette série.

Haut., 34 cent.

449 — Autre, également colorié. Sur la base, une double frise de méandres.

Haut., 33 cent.

450 — Autre. Sur la base, une frise de palmettes peintes.

Haut., 365 millim.

451 — Autre. Feuilles et fleurons peints sur la base un peu fruste.

Haut., 32 cent.

452 — Autre. Même décor de la base.

Haut., 34 cent.

453 — Autre. Sur la base, une frise de méandres peinte.

Haut., 36 cent.

454 — Autre, sans base.

Haut., 29 cent.

455 — Autre, avec un méandre sur la base. Bonne conservation du coloris.

Haut., 33 cent.

456 — Autre. Le masque est entouré d'un nimbe de fleurons. Couleurs très apparentes. Sur la base, un quadrillé rouge et noir.

Haut., 385 millim.

457 — Autre. Le masque de Méduse n'a pas de dents saillantes. Nimbe de godrons. Méandre sur la base.

Haut., 34 cent.

458 — Autre, du même style.

Haut., 36 cent.

459 — Antéfixe. Masque de Silène à la barbe cunéiforme, les cheveux disposés en petites boucles. Nimbe de godrons.

Haut., 36 cent.

460 — Antéfixe. Buste de déesse, de face, aux longs cheveux bouclés, le haut du chiton orné de méandres peints en rouge. Sur la base, un quadrillé peint, et dans les godrons du pourtour des rubans rouges.

Haut., 39 cent.

461 — Autre, les couleurs très fraîches. Sur le devant du chiton, une croisette à bras recourbés inscrite dans un triangle; sur la base, un méandre.

Haut., 34 cent.

462 — Autre, avec un collier de dentelures et le chiton brodé d'un pointillé. Losanges peints sur la base.

Haut., 33 cent.

463 — Autre; le chiton bordé de raies et d'une ligne ondulée.

Haut., 30 cent.

464 — Autre; la tête d'un style un peu moins archaïque, le visage souriant. Chiton bordé de raies; fleurons sur la base; godrons peints.

Haut., 36 cent.

465 — Autre, du même style.

Haut., 36 cent.

466 — Antéfixe. Buste, de face, d'une déesse voilée et diadémée, aux longs
cheveux bouclés. De chaque côté, un fleuron; dans le haut, une
couronne de godrons.

Haut., 42 cent.

467 — Autre; un méandre peint sur la base.

Haut., 42 cent.

468 — Autre.

Haut., 44 cent.

469 — Autre; base fruste.

Haut., 38 cent.

470 — Autre; la déesse est diadémée, mais n'a pas de voile, et les fleurons sont
plus allongés. Méandre peint sur la base. Volutes au-dessus du
diadème.

Fruste. — Haut., 38 cent.

471 — Autre.

Haut., 36 cent.

472 — Autre; la tête plus saillante; trois boucles de cheveux de chaque côté.
Fleurons à sept pétales.

Haut., 44 cent. — Fruste.

473-474 — Deux antéfixes à palmettes. Rubans obliques et dentelures peints sur
la base.

Haut., 26 cent.

475 — Antéfixe sans base : Masque de Méduse, la langue pendante, la bouche
garnie de quatre dents placées en sens inverse, la chevelure frisée et
bouclée.

Haut., 19 cent.

476 — Antéfixe circulaire : Masque de Méduse, d'un style moins ancien, tout
entourée de petits serpents.

Diam., 23 cent.

477 — Partie supérieure d'un antéfixe : entre deux volutes, une tête de déesse
diadémée, les nattes relevées en spirales.

Larg., 34 cent.

478 — Antéfixe. Masque de Silène, couronné d'une bandelette et entouré d'une
bordure de rosaces. Coloration rouge et blanche.

Haut., 18 cent.

479 — Antéfixe. Artémis de l'ancien style, assise de face sur un cheval galopant
vers la gauche. Un carquois est suspendu à sa ceinture, et sa main
gauche tient un arc. Sous les pieds du cheval, un cygne. Base ornée de
méandres en bas-relief.

Haut., 24 cent.

480 — Moule d'un antéfixe à sommet triangulaire, représentant une palmette
entre deux fleurs de grenadier. Base de méandres.

Haut., 15 cent.

II

BAS-RELIEFS

481-482 — Deux fragments d'un bas-relief étrusque de l'ancien style. Sujet :
Homme imberbe, en tunique courte, conduisant un bige. Derrière lui,
un homme drapé, tenant une haste. Détails peints en noir. Nombreuses
traces de couleur.

483-485 — Trois fragments d'un bas-relief du même style et représentant le même
sujet.

486 — Fragment d'un bas-relief du même style : Cavalier imberbe, galopant
vers la gauche. Il est armé d'une haste et d'un bouclier rond. Traces de
couleur.

487 — Fragment d'un bas-relief de l'ancien style : Jeune homme nu, de profil à
droite, les cheveux disposés en longues boucles qui retombent sur les
épaules, la jambe gauche un peu en avant. Sa main droite abaissée tient
un vase; l'autre, tendue en avant, une patère. Anse de vase ?

Haut., 20 cent.

488 à 498 — Huit grandes figures en relief de forte saillie et trois têtes détachées,
de l'ancien style étrusque, ayant fait partie d'un même groupe. Sujet :
Combat de guerriers barbus, armés de toutes pièces : casque, cuirasse
et knémides. Les couleurs sont admirablement conservées : ton de chair

d'un rouge vif, les yeux blancs avec pupilles et sourcils noirs; cheveux, moustaches et barbes cunéiformes noirs; détails des cuirasses en noir et en rouge pâle; tuniques noires, knémides de la même couleur passée au rouge. Les n°s 489 et suivants sont plus ou moins frustes, mais pas assez pour ne pas donner une idée parfaite de l'ensemble de la composition.

488. Combattant de face, les jambes de profil à droite, le bras droit replié et tendu en avant. Casque à nasal entouré de volutes à jour; crista très élevée, placée de travers, peinte en blanc et en rouge avec rayons noirs. Cheveux retombant sur la poitrine en longues boucles, deux de chaque côté; ceinturon en quadrillé noir, avec des points rouges. Tunique à bords échancrés. La main droite et le bras gauche sont brisés. La base décrit une courbe. C'est un des morceaux importants de l'ancien art étrusque.

Haut., 60 cent.

489. Guerrier tourné à gauche, la jambe gauche en avant, le bras gauche ramené sur la poitrine. Les cheveux forment une masse plate et ondulée descendant jusqu'au milieu du dos. Casque sans nasal. Tunique rayée de noir. Palmette peinte sur le genou de la knémide.

Haut., 36 cent.

490. Guerrier de face. Casque à nasal et à volutes; ceinturon quadrillé; cuirasse à deux rangs de lambrequins; knémides peintes en noir.

Haut., 33 cent.

491. Autre. Casque sans nasal. Chevelure disposée comme celle du combattant n° 489. Cuirasse peinte de lignes horizontales noires et rouges.

Haut., 26 cent.

492. Combattant agenouillé de face, le bras droit levé. Même disposition des cheveux. Casque à nasal et à géniastères; ceinturon en treillis rouge orné de points noirs.

Haut., 27 cent.

493. Autre, le genou gauche en terre, la jambe droite étendue; il est probablement blessé, car sa tête s'incline légèrement vers l'épaule gauche. Casque à géniastères, bordés de volutes. Ceinturon à dentelures peintes; bandoulière traversant la poitrine.

Haut., 22 cent.

494. Autre, le genou droit en terre, la jambe gauche étendue, le bras droit levé. Tête inclinée sur l'épaule droite. Les cheveux recouvrent le dos tout entier et retombent jusqu'au ceinturon, qui est orné d'un quadrillé peint. Casque à nasal et bandoulière.

Haut., 26 cent.

495. Guerrier blessé, tombé sur le genou droit, corps et tête penchés en arrière, le bras droit replié. Casque à géniastères; ceinturon à quadrillé peint en noir et en rouge.

Haut., 31 cent.

496. Tête casquée, en bas-relief, à gauche. Casque à nasal et à crinière peinte en blanc.

Haut., 10 cent.

497-498. Deux masques de Fleuves, à cornes et à oreilles de taureau. Cheveux bouclés sur le front; barbe en éventail.

Haut., 11 et 9 cent.

499 — Grand masque de Satyre de l'ancien style. Oreilles redressées, cheveux bouclés autour du front, longues moustaches se confondant avec la barbe en éventail, finement frisée. Gros yeux en saillie, langue pendante.

Haut., 19 cent.

500 — Une collection de plus de deux cents *oscilla* et ornements découpés, de l'ancien style, dont beaucoup ont conservé leur coloris : Masques de Méduse de grandeurs différentes; masques de Fleuves à cornes de taureau; masques de Silènes, de Satyres à la barbe rouge ou bleue; d'éphèbes aux cheveux rouges, de femmes peintes en blanc; têtes de chiens rouges (à gauche) ou bleus à collier rouge (à droite); palmettes, rosaces, pendentifs, peltes et boutons colorés de rouge.

501 — Tête de Dionysos de l'ancien style, en applique. Longue barbe cunéiforme en saillie presque horizontale; torsade et bandeau orné de fruits et de rosaces. Fragment.

Haut., 90 millim.

502 — Autre, avec coiffure de fruits. Fragment.

Haut., 10 cent.

503 — Tête de déesse voilée, une couronne de fruits dans les cheveux. Fragment d'applique de l'ancien style.

Haut., 9 cent.

504 — Tête de jeune déesse, le kalathos décoré d'un rang de rosaces et d'un rang
de fleurs de grenadier. Couronne fruste. Fragment d'applique de l'ancien style.

Haut., 12 cent.

505 — Buste drapé d'une déesse de l'ancien style, coiffée d'un kalathos. Applique ; fragment.

Haut., 13 cent.

506 — Déesse drapée dans un chiton aux fines plissures ondulées et dans un
manteau formant voile. La main droite rajuste l'himation à la hauteur
du sein ; l'autre, également rapprochée du corps, tient une pomme de
grenade. Applique fruste ; ancien style.

Haut., 15 cent.

507 — Buste d'une déesse assise, aux cheveux peints en rouge, bouclés sur le
front et retombant en nattes, trois de chaque côté, sur la poitrine. Elle
est coiffée d'un kalathos, et sur chaque épaule sont fixés deux disques,
l'un lisse, l'autre décoré d'une rosace. Ses mains étaient tendues en
avant. Applique, fragment. Ancien style.

Haut., 19 cent.

508 — Grand buste estampé en applique. Déesse jeune, drapée dans un chiton à
manches courtes et entr'ouvertes, et dans un himation. Ses deux mains
sont portées symétriquement aux seins, et la gauche tient un bouton de
fleur. Kalathos s'évasant vers le haut. Cheveux ondulés et retombant en
grosses spirales sur les épaules. Belle époque ; imitation de l'ancien style.
Engobe blanc.

Haut., 38 cent. — Recollé, mais de très bonne conservation.

509 — Applique découpée. Dionysos barbu, couché et accoudé sur un lit. Sa
main gauche tient une patère, l'autre est posée sur le genou droit. Il est
coiffé d'une couronne de fruits et d'un diadème. Ancien style. Ves-
tiges de coloration.

Haut., 20 cent. Larg., 23 cent.

510 — Autre. Femme voilée, couchée dans la même attitude et tenant une patère
à la main gauche.

Haut., 16 cent. Larg., 17 cent.

511-513 — Trois têtes de Bacchantes de profil, grandeur nature et du plus beau
style grec. Fragments de bas-relief.

514 — Magnifique tête de femme, profilée à gauche, du même style. Front brisé.
Fragment d'un grand bas-relief.

Haut., 22 cent.

515 — Fragment d'une jambe droite avec le genou et un fond de draperie,
provenant du même monument.

516 — Deux pieds à gauche, chaussés de sandales. Fragment du même bas-
relief.

517 — Avant-bras droit de femme, tenant un objet brisé, et un bout de draperie.
Même provenance.

518 — Main gauche tenant une hampe de thyrse. Même provenance.

519 — Main droite d'une Bacchante, parée d'un bracelet et tenant un thyrse
orné de bandelettes. A gauche, quelques restes de sa chevelure éparse.
Même provenance.

520 — Tête de biche et draperie. Même provenance.

521 — Main gauche de femme tenant une hampe de thyrse. Même provenance.

522 — Autre, plus petite, tenant une draperie.

523 — Fragment de femme drapée de face, d'un grand style, le bras gauche
étendu.

Haut., 20 cent.

524 — Apollon nu, à gauche, tenant un pinax oblong, entouré d'une bordure, et
sur lequel on voit un corbeau (à gauche) en bas-relief. Le fond du pinax,
ainsi que le cippe (brisé) sur lequel il s'appuie, est peint en pourpre.
Fragment du beau style.

Haut., 13 cent.

525 — Victoire agenouillée à gauche. Fragment d'un bas-relief représentant
Niké sacrifiant un taureau.

526 — Fragment d'une Victoire au vol, le corps nu et de face, se détachant sur
un manteau plié en écharpe.

527 — Femme drapée à droite, tenant de la main gauche avancée l'extrémité
d'une bandelette. Fragment.

528 — Lion dévorant un taureau. Fragment.

529 — Amour portant deux guirlandes de fruits. Fragment.

530 — Deux Amours nus et ailés, assis, en sens inverse, sur des dauphins façonnés en rinceaux et tenant chacun l'extrémité d'un cartouche. Entre
eux, deux cornes d'abondance liées ensemble et dont le nœud supporte
un petit médaillon ovale. Fleurons dans le champ.

Haut., 18 cent. Larg., 38 cent.

531 — Jeune fille aux bras nus, agenouillée vers la gauche et tenant des deux
mains abaissées une fleur (?). Fragment.

Haut., 20 cent.

532 — Deux cavaliers se dirigeant vers la gauche. L'un d'eux a le bras levé.
Fragment.

Haut., 14 cent.

533 — Dionysos assis de face sur un taureau. Sa main gauche tient une fleur.
Tête et bas du corps brisés. Traces de coloration.

Haut., 20 cent.

534 — Groupe de Dionysos et Ariadne debout et de face, appuyés sur des
thyrses. Applique.

Haut., 88 millim.

535 — Jeune Satyre portant un kanthare et un thyrse. Devant lui, un cratère.
Applique.

Haut., 63 millim.

536 — Artémis tirant une flèche de son carquois en marchant vers la droite.
Bas-relief découpé. Applique.

Haut., 92 millim.

537 — Profil d'un jeune Satyre. Bas-relief découpé. Applique.

Haut., 73 millim.

538 — Masque de Méduse du beau style, entouré d'une bordure de serpents.
Disque d'applique.

Diam., 86 millim.

539 — Masque de jeune fille, les cheveux retenus par un bandeau orné de points
en relief. Applique du beau style.

Haut., 12 cent.

540 — Palmette et volutes; antéfixe romain.

Haut., 28 cent.

541 — Victoire portant un trophée; à ses pieds, deux capricornes posés en sens inverse. Antéfixe romain.

Haut., 24 cent.

542 — Buste drapé de Dionysos barbu, de face, coiffé d'une mitre; les deux bras se levaient symétriquement. Fragment d'antéfixe.

Haut., 15 cent.

543 — Masque de Silène; antéfixe demi-circulaire.

Haut., 18 cent.

544 — Buste de jeune Satyre, de face, couronné de raisins et de pampres. Antéfixe.

Haut., 25 cent.

545 — Masque de négrillon, coiffé d'une mitre bachique. Antéfixe.

Haut., 225 millim.

546 — Buste de femme, de face. Antéfixe romain.

Haut., 17 cent.

547 — Masque d'Omphale, coiffée d'une peau de lion. Antéfixe.

Haut., 20 cent.

548 — Masque de Méduse, environné de serpents redressés. Antéfixe circulaire du beau style.

Diam., 20 cent.

549 — Grand disque représentant le buste de face d'une déesse drapée, voilée et diadémée *(Junon)*. Bordure en partie brisée.

Haut., 46 cent.

550 — Base de statuette. Sirène de face, entre deux colonnes cannelées, et tenant à chaque main un flambeau.

Haut., 12 cent. Larg., 13 cent.

551 — Base oblongue. Hypnos et Thanatos, imberbes, nus et ailés, relèvent le corps nu d'un guerrier tué *(Sarpédon)*. Art étrusque; traces de couleur.

Haut., 103 millim. Larg., 23 cent.

552 — Base oblongue. Deux masques de femme séparés par une palmette.

Haut., 16 cent. Larg., 29 cent.

III

FIGURINES

553 — Poupée articulée : déesse de l'ancien style, diadémée, les cheveux disposés en petites boucles. Corps plat, une bulle au-dessus des seins.

Haut., 24 cent.

554 — Jeune joueur de lyre, coiffé d'un pétase, le pectoral droit à découvert, la main droite avancée et tenant le plektron. Revers plat. Figurine de l'ancien style étrusque.

Ton de chair d'un rouge brun; cheveux noirs; chlamyde, lyre, plektron et chapeau blancs.

Haut., 15 cent.

555 — Junon drapée, voilée et diadémée; son bras gauche s'appuie sur un sceptre, la main droite tient une patère. A ses côtés, un paon.

Haut., 165 millim.

556 — Minerve casquée, un bouclier rond au bras gauche, verse le contenu d'une patère dans les flammes d'un autel.

Haut., 16 cent.

557 — Esculape, la poitrine nue, la main droite appuyée sur un bâton autour duquel s'enroule un serpent.

Haut., 165 millim.

Ces trois figurines, n°[s] 555-557, ont fait partie d'une même série.

558 — Koré, aux longs cheveux bouclés, coiffée d'un kalathos, la tête inclinée légèrement vers l'épaule droite. L'ajustement de sa draperie est d'une grande beauté.

Bras droit et main gauche brisés.

Haut., 32 cent.

559 — Artémis drapée dans un manteau et un chiton talaire à manches courtes, serré par une ceinture et disposé en plissures très mouvementées. La déesse porte un diadème surmonté d'une frise d'animaux (palmier entre deux quadrupèdes affrontés) à jour et garni de fanons. Ses cheveux

retombent sur les seins en longues boucles, selon la mode archaïque ;
un baudrier traverse la poitrine. La jambe gauche s'avançait sur l'autre.

Cette figure, de la belle époque de l'archaïsme grec, a la couverte
brun foncé des vases peints (sauf le visage) ; elle a dû former l'anse d'un
vase énorme. Le bras gauche, l'avant-bras droit, et les jambes au-
dessous des genoux sont brisés.

Haut., 36 cent.

560 — Buste d'Ulysse, coiffé d'un bonnet ovoïde.

Haut., 24 cent.

561 — Tirelire, ornée, sur le devant, d'un bas-relief représentant Mercure et
son coq dans un temple aux colonnes torses. La partie supérieure du
revers est cannelée.

Voir la vignette, page 77.

Haut., 116 millim.

562 — Hermaphrodite ailé accoudé sur un cippe, une couronne de fleurs dans
les cheveux.

Haut., 22 cent.

563 — Femme ailée, le haut du corps à découvert, les jambes croisées. Elle est
accoudée sur un cippe et tient à la main droite une patère ornée d'une
rosace.

Haut., 26 cent.

564 — Fragments d'un petit groupe ayant représenté deux Amours conduisant
des biges.

565 — Silène portant une corne d'abondance sur l'épaule gauche. Il a la poitrine
nue, une couronne au front et le bras droit posé sur la hanche. Jambes
brisées.

Haut., 123 millim.

566 — Tête de Bacchante aux cheveux épars, l'épaule et le sein gauche recouverts du chiton. Beau fragment.

Haut., 18 cent.

567 — Acteur comique coiffé d'une peau de bête, portant un enfant sur le bras
gauche et appuyant le bras droit sur un bâton ou une massue.

Haut., 10 cent.

568 — Buste d'un acteur comique, le bras droit ramené sur la poitrine, la tête
appuyée sur la main gauche. Fragment de figurine.

Haut., 74 millim.

569 — Acteur comique au ventre proéminent. Sa main droite abaissée tient une situle; le bras gauche, replié et serré contre le corps, porte un pan de la draperie.

Haut., 20 cent.

570 — Acteur comique, portant sur l'épaule droite un masque tragique, sur le bras gauche un enfant nu qui semble endormi et qu'il regarde.

Haut., 22 cent.

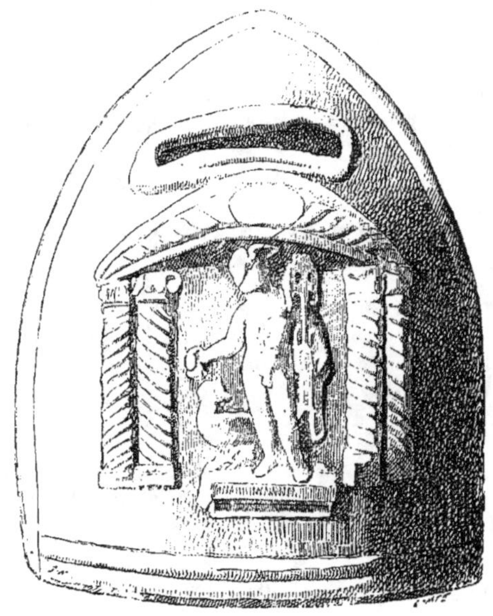

Nᵒ 561.

571 — Caricature d'Hermès. Nain grotesque, encapuchonné, ithyphallique, le caducée au bras gauche, une bourse à la main droite.

Haut., 135 millim.

572 — Vieillard captif. Tête chauve, barbue, penchée en avant; tunique talaire à manches courtes; mains liées derrière le dos.

Haut., 15 cent.

TERRES CUITES

573 — Sur une base demi-circulaire, buste de femme tenant un glaive dans chaque main. La partie supérieure du sujet est brisée.

Haut., 10 cent.

574 — Homme imberbe encapuchonné, assis de face et tenant des deux mains une syrinx sur la poitrine.

Haut., 14 cent.

575 — Jeune fille assise sur un rocher, le haut du corps à découvert, la tête couronnée de fleurs, le bras droit appuyé sur le siège.

Haut., 15 cent.

576 — Jeune fille accroupie (Joueuse d'osselets?), le genou gauche en terre, une armille au bras gauche, l'avant-bras enveloppé de l'himation. Le bras droit manque.

Haut., 15 cent.

577 — Buste d'une jeune fille drapée et couronnée de feuillages. Fragment de figurine.

Haut., 19 cent.

578 — Jeune fille drapée et chaussée de souliers, les deux bras cachés sous l'himation, la tête ceinte d'un strophium et légèrement penchée vers l'épaule droite. Engobe blanc.

Haut., 33 cent.

579 — Groupe de deux jeunes filles drapées, dont l'une, allant vers la gauche, porte l'autre sur son dos. C'est le jeu de l'*Enkotyle*. Les têtes manquent.

Haut., 175 millim.

580 — Vieille femme portant une corbeille à ouvrage.

Haut., 145 millim.

581 — Vieille femme portant un enfant sur son bras gauche et conduisant un autre par la main.

Haut., 14 cent.

582 — Vieille femme voilée, posant la main sur la tête d'un enfant nu, debout à ses côtés.

Haut., 14 cent.

583 — Moule de la face antérieure d'une figurine drapée.

Haut., 166 millim.

584 — Masque de lion; déversoir de gouttière.

Haut., 19 cent.

585 — Lécythe en forme de porc assis. Très fin.

Haut., 105 millim. Long., 15 cent.

586 — Tête de cheval d'un très beau style; fragment.

Larg., 15 cent.

587 — Poisson de mer.

Long., 155 millim.

588-589 — Deux pieds chaussés de sandales; fragments de statues.

590 — Buste de femme voilée d'une étoffe qui s'arrête au bas du col et parée de
pendentifs.

Haut., 4 cent.

591 — Tête de jeune homme. Terre rouge.

Haut., 23 cent.

592 — Autre.

Haut., 20 cent.

593 — Tête de femme ailée, couronnée de feuilles et entée dans un fleuron.
Traces de couleur.

Haut., 92 millim.

594 — Charmante tête de femme, du beau style, placée sur une plinthe carrée.

Haut., 13 cent.

595 — Autre, les cheveux enfermés dans un sakkos. Beau style.

Haut., 92 millim.

596 — Tête de jeune femme voilée et diadémée. Beau style. Fragment d'un relief
de forte saillie.

Haut., 12 cent.

597 — Une collection de petites têtes de femmes, aux coiffures variées. Fragments de figurines.

I V

TERRES CUITES DE TARENTE

598 — Déesse de l'ancien style, assise sur un siège à dossier. Chiton à plissures régulières, kalathos, voile, cheveux disposés en petites boucles, les deux bras serrés contre le corps. Fragment.

Haut., 19 cent.

599 — Tête d'Athéné, coiffée d'un casque corinthien. Beau style.

Haut., 13 cent.

600 — Tête d'Artémis, les cheveux réunis en chignon sur le sommet de la tête, les oreilles parées de petits disques. Fragment de relief, du beau style.

Haut., 17 cent.

601 — Tête de déesse, de l'ancien style perfectionné. Double rang de boucles autour du front, couronne de baies et bandelette ornée de fleurons.

Haut., 135 millim.

602 — Autre, du style sévère; bandeau, torsade ornée de rosaces et diadème. Longs cheveux bouclés.

Haut., 9 cent.

603 — Autre, du beau style. Haute coiffure, entourée d'un bandeau; pendants d'oreilles.

Haut., 10 cent.

604 — Buste de Dionysos de l'ancien style. Barbe cunéiforme très proéminente, triple couronne : baies, bandelette et fleurons. Le bras gauche ramené sur la poitrine tient une patère. Fragment.

Haut., 23 cent.

605 — Tête de Dionysos barbu, du beau style. Bandelette et couronne de fleurs. ornée de deux fleurons latéraux et surmontée d'une palmette.

Haut., 115 millim.

606 — Autre, la palmette mieux conservée. Traces de couleur.

Haut., 13 millim.

607 — Autre; torsade surmontée d'un fleuron.

Haut., 103 millim.

608 — Satyre de face, tenant un thyrse et une grappe de raisin; à gauche les restes d'une figure de Dionysos, assis sur un mulet et tenant une coupe. Bas-relief.

Haut., 18 cent.

609 — Tête barbue de Satyre.

Haut., 10 cent.

610 — Tête barbue, coiffée d'un bonnet ovoïde.

Haut., 13 cent.

611 — Tête barbue, coiffée d'un bonnet asiatique.

Haut., 15 cent.

612 — Tête d'Athéné, le casque en forme de bonnet asiatique. Réminiscences de l'ancien style.

Haut., 17 cent.

613 — Tête imberbe (Dioscure?), coiffée d'un bonnet ovoïde.

Haut., 15 cent.

614 — Autre.

Haut., 12 cent.

615 — Autre, plus petite.

Haut., 105 millim.

616 — Autre, le bonnet décoré de rosaces.

Haut., 105 millim.

617 — Tête de déesse diadémée, du beau style.

Haut., 12 cent.

618 — Autre, le diadème très élevé.

Haut., 9 cent.

619 — Tête d'Aphrodite, du beau style, coiffée d'un large bandeau.

Haut., 115 millim. — Fruste.

620 — Femme couchée à gauche et accoudée sur une kliné. La main gauche tient une patère, l'autre est posée sur le genou. Bonnet ovoïde, cheveux retombant en boucles sur les épaules, trois de chaque côté. Bas-relief découpé de l'ancien style.

Haut., 26 cent. Larg., 31 cent.

621 — Buste de jeune homme, coiffé d'un large bandeau frontal et d'une couronne de fleurs ornée, sur le devant, d'une rosace surmontée d'une palmette. Draperie sur le bras gauche et au-dessous des seins. Fragment.

Haut., 145 millim.

622 — Tête barbue, du beau style, coiffée d'un bandeau et d'une couronne de fleurs.

Haut., 12 cent.

623 — Tête de jeune homme; même coiffure, la couronne de fleurs très épaisse.

Haut., 11 cent.

624 — Tête de femme, avec bandeau et double couronne de fleurs. Beau style.

Haut., 15 cent.

625 — Tête de jeune fille, les cheveux cachés sous un bonnet.

Haut., 16 cent.

626 — Grande tête de femme voilée. Beau style.

Haut., 16 cent.

627 — Tête de femme, avec un large bandeau frontal paré de feuilles.

Haut., 13 cent.

628 — Autre, avec la même parure.

Haut., 115 millim.

629 — Tête de femme, les cheveux noués en chignon et cachés, en partie, sous un large bandeau qui fait plusieurs fois le tour de la tête. Beau style.

Haut., 11 cent.

630 — Autre, avec bandeau frontal, les cheveux frisés en petites boucles.

Haut., 82 millim.

631 — Autre, avec ténie et torsade, ornée, sur le devant, d'une rosace et fixée sur
un petit kalathos.

Haut., 9 cent.

632 — Tête de femme, parée de boucles d'oreilles et coiffée d'un *sakkos*.

Haut., 11 cent.

633 — Tête de cheval, du beau style grec. Fragment.

Larg., 11 cent.

V

FIGURINES DE TANAGRA ET D'ASIE MINEURE

634 — Déesse de l'ancien style attique, assise sur un siège carré à dossier et
muni d'un tabouret. Elle est vêtue d'un peplus qui forme comme un
plastron sur la poitrine. Ses cheveux, bouclés sur le front, sont couverts
d'un bonnet. Les bras, serrés contre le corps, s'abaissent symétriquement et les mains viennent se poser sur les genoux. Engobe blanc. —
Tanagra.

Haut., 22 cent.

635 — Femme assise, de style primitif, tenant sur ses genoux un enfant nu et
debout, qui tend les bras vers elle. La draperie forme une masse plate,
sans nulle indication de plissures. Le visage de la femme est peint en
blanc, le corps de l'enfant en rouge, et sur le chiton l'on remarque quelques traces de jaune. — Base plate. — Tanagra.

Haut., 122 millim.

636 — Jeune femme assise de face sur un siège à jour, les pieds posés sur un
tabouret. Elle est vêtue d'un peplus athénien aux fines plissures verticales, parée de pendants d'oreilles, et ses cheveux sont noués en kro-
bylos au-dessus du front. Ses avant-bras s'étendent parallèlement, et
la main gauche tient une balle peinte en rose tendre. La tête est du beau
style, le corps imité du style archaïque. — Tanagra.

Engobe blanc sur le visage et le chiton; la chevelure et le siège sont colorés de
jaune.

Haut., 20 cent.

637 — Jeune fille drapée dans un chiton rouge et un himation qui recouvre les
deux bras. La tête se tourne légèrement de côté, la main droite est
ramenée sur la poitrine, l'autre porte la draperie. Les pieds sont chaussés
de souliers aux semelles rouges. — Base plate. — Tanagra.

Ton de chair; cheveux roux. — Haut., 19 cent.

638 — Jeune fille voilée, coiffée d'un chapeau et s'appuyant sur une colonnette.
Le manteau, qui fait office de voile, est ajusté avec le plus grand art. La
main gauche, dissimulée sous la draperie et ramenée sur la poitrine,
tient un éventail en forme de feuille. Le chapeau est orné d'une pointe
centrale. — Base plate. — Tanagra.

Traces de coloration. — Haut., 25 cent.

639 — Même motif. La jeune fille, drapée dans un chiton blanc et un himation
rose tendre, appuie le bras droit sur la colonnette, en même temps que
son pied droit se pose sur la base du cippe. Son regard est fixé sur une
balle rouge que tient la main gauche. Boucles d'oreilles; cheveux roux,
disposés en bandes et noués en chignon; avant-bras gauche nu; pieds
chaussés de souliers. — Base plate. — Tanagra.

Ton de chair. — Haut., 25 cent.

640 — Femme drapée et voilée, le bras gauche sur la hanche, la main droite sur
la poitrine et relevant l'himation. L'ajustement de la draperie est un
chef-d'œuvre de goût. — Tanagra.

Haut., 26 cent.

641 — Femme drapée et voilée, appuyée sur une petite colonne et tenant à la
main gauche un balsamaire dont elle semble verser le contenu. Ses cheveux sont cachés sous une étoffe raide, formant bandeau sur le front;
sa tête s'incline légèrement; son pied gauche repose sur la plinthe de la
colonnette. — Base plate. — Tanagra.

Ton de chair; himation rose tendre. — Haut., 29 cent.

642 — Œnochoé en forme d'acteur comique, portant un sac sur son dos. Il est
vêtu d'une chlamyde rose tendre qui laisse les jambes et le flanc
droit à découvert. Son bras gauche, replié, tient la draperie; la main
droite touche à la barbe. — Tanagra.

Ton de chair; base, goulot et anses noirs. — Haut., 145 millim.

643 — Lécythe en forme de Pan, assis sur un rocher, une nébride sur les bras.

Sa main droite repose sur le genou, l'autre sur le siège. Près de sa main gauche, un pedum; à ses pieds, une syrinx. — Tanagra.

Ton de chair; les yeux colorés de blanc et de noir; lèvres rouges; rocher bleu. Base, anse, goulot et revers bruns. — Haut., 21 cent.

644 — Jeune joueuse de lyre, assise, de face, sur un rocher. Elle est vêtue d'un chiton blanc et d'un himation rose tendre qui laissent à découvert le bras droit, le sein droit et les pieds. Le bras gauche tient la lyre. Couleurs d'une conservation extraordinaire. — Tanagra.

Ton de chair; les yeux marqués au pinceau; cheveux roux; rocher bleu; lyre colorée de brun, de blanc et de jaune. — Haut., 17 cent.

645 — Jeune fille assise sur un rocher et tenant une balle à la main gauche levée. C'est une des figurines les plus gracieuses qui soient venues de Tanagra. Le chiton est peint en blanc, les souliers sont jaunes.

Ton de chair; cheveux roux. — Haut., 14 cent.

646 — Groupe de deux jeunes filles, dont l'une porte l'autre sur son dos. La première, se dirigeant à grands pas vers la gauche, est vêtue d'un chiton bleu à manches courtes; ses bras, ramenés en arrière, entourent le genou droit plié de celle qui se laisse porter, en même temps que sa tête se tourne vivement vers l'épaule gauche. L'autre, vêtue d'un chiton rose tendre, les cheveux entourés d'un large bandeau, s'accoude sur la nuque et pose la main gauche sur l'épaule de sa compagne. C'est le jeu de l'Enkotyle, dans lequel le vaincu était obligé de porter le joueur victorieux. — Tanagra.

Ton de chair; cheveux roux. — Haut., 17 cent.

647 — Même motif, mais c'est un Silène nu, couronné de lierre et armé d'un pedum, qui porte, vers la gauche, une jeune fille, dont le buste est à découvert. Les cheveux de la jeune fille sont entourés d'une torsade bleu tendre avec traces de dorûre et retombent en boucles sur les épaules. Elle est chaussée de souliers roses; sa main droite repose sur la tête, l'autre sur le bras du Silène. — Tanagra.

Traces de couleur. — Haut., 22 cent.

648 — Jeune fille couronnée de feuilles, tenant à la main gauche une coquille, dans l'autre un balsamaire. Son chiton, à manches courtes, est recouvert, en partie, d'un himation bleu entourant le bas du corps et se repliant sur l'épaule gauche. Ses cheveux, d'un rouge vif, sont noués en krobyle au-dessus du front, ses oreilles parées de pendentifs. Base circulaire. — Tanagra.

Haut., 215 millim.

649 — Aphrodite voilée, accoudée (à gauche) sur un cippe surmonté d'une figurine d'Éros nu, aux ailes redressées. La déesse est coiffée d'un kalathos ; ses mains retiennent l'himation qui lui sert de voile ; sa jambe gauche est portée en avant. L'Éros, également coiffé d'un kalathos, a les jambes croisées et les bras abaissés ; sa main gauche semble tenir un pan de draperie. — Tanagra.

> Ton de chair ; cheveux roux ; les yeux marqués au pinceau ; traces de couleur rose tendre sur l'himation, de jaune sur le kalathos, de bleu sur les ailes de l'Éros. — Double base. — Haut., 27 cent.

650 — Jeune fille voilée, assise de face sur un rocher et étendant la main gauche vers une colombe perchée sur son épaule droite. Un des chefs-d'œuvre des artistes de Tanagra. L'himation, qui sert de voile, est d'une étoffe rose tendre, doublée de bleu. — Base plate.

> Nombreuses traces de coloris. — Haut., 22 cent.

651 — Jeune fille accroupie à gauche près d'un rocher, sur lequel elle appuie le bras gauche. Son chiton blanc laisse à découvert les bras et le sein gauche, un manteau rose enveloppe le bas du corps ; le geste des mains indique qu'elle tenait une bandelette. Derrière le rocher, un Terme imberbe et ithyphallique. — Base plate. — Tanagra.

> Ton de chair, lèvres rouges, cheveux roux, rocher bleu. — Haut., 12 cent.

652-659 — Un groupe de huit Amours dorés, trouvés ensemble dans le même tombeau, variés de poses, de draperies et d'attributs, et appartenant à la belle époque de l'art grec. — Tanagra.

> Haut., 81 à 61 millim.

652. Éros encapuchonné, la jambe gauche en avant, le bras droit étendu tenant un éventail en forme de feuille.

653. Éros discobole, la chlamyde en écharpe, un disque à la main gauche abaissée. Tête penchée, jambe gauche en avant.

654. Éros encapuchonné, le reste du manteau plié en écharpe, les deux bras étendus. Tête légèrement tournée de côté, jambe gauche en avant.

655. Éros couronné de feuilles, une balle à la main droite levée, le bras gauche abaissé. Manteau enroulé en guise de ceinture ; jambe gauche en avant.

656. Éros sphériste, les deux bras levés, la tête couronnée de feuillage et inclinée sur l'épaule gauche ; la draperie en écharpe. Jambe droite en avant.

657. Éros coiffé d'un pétase, l'écharpe autour des reins, le bras droit replié, l'autre abaissé, jambe gauche fléchie.

658. Éros couronné de lierre, les deux bras étendus, l'écharpe nouée autour des reins. Jambe droite fléchie.

659. Éros tenant une flûte, le bras gauche caché sous la chlamyde. Tête légèrement tournée de côté, jambe gauche en avant.

660 — Groupe doré. Homme barbu et jeune femme assis sur un lit de repos. L'homme s'accoude sur l'oreiller et passe le bras sur l'épaule de la femme ; sa chlamyde se replie sur l'épaule gauche. La femme a le haut du corps à découvert, les oreilles parées de pendants ; son bras gauche est ramené sur la poitrine et sa tête se retourne vers l'amant. — Tanagra.
Ancienne collection Lecuyer. *Gazette des Beaux-Arts*, 1878, t. I, p. 364.

Haut., 138 millim. Larg., 138 millim.

661 — Europe assise sur un taureau blanc qui traverse la mer. Ses cheveux bouclés sont entourés d'une torsade, sa tête s'incline sur l'épaule gauche, son bras gauche s'accoude sur la tête de la monture, la main droite abaissée tient un bouquet de fleurs. Elle est vêtue d'un chiton rose tendre qui n'enveloppe que le bas du corps et passe sur l'épaule gauche. Ses jambes sont croisées. Ce groupe, d'une conservation parfaite, est en même temps d'une haute valeur artistique. — Base plate. — Tanagra.

Cheveux roux ; les flots de la mer sont peints en bleu. — Haut., 155 millim. Larg., 18 cent.

662 — Un vieux Satyre et une jeune fille assis sur une kliné. La jeune fille, accoudée sur le bras gauche, a le haut du corps à découvert. Le Satyre, ithyphallique, penche la tête vers l'épaule droite, et sa main droite est posée sur le genou de sa compagne.
Cette terre cuite, un des rares groupes trouvés dans la nécropole de Tanagra, est d'une beauté classique.

Ton de chair ; les cheveux de la femme sont d'un rouge vif, ceux du Satyre sont blancs ; lèvres rouges, les yeux marqués au pinceau. Traces de rose tendre sur le chiton. Base plate. — Haut., 148 millim. Larg., 162 millim.

663 — Éphèbe et jeune femme couchés sur une kliné dorée. Tous les deux portent des couronnes d'or. Les montants de la kliné sont sculptés, le tapis est peint en rouge, le drap et les oreillers sont bleus. — Asie Mineure.

> Ton de chair; les yeux et les lèvres colorés.— Haut., 63 millim. Larg., 83 millim.

664 — Tête d'Hercule, dorée, du plus bel art grec. — Smyrne.

> Haut., 8 cent.

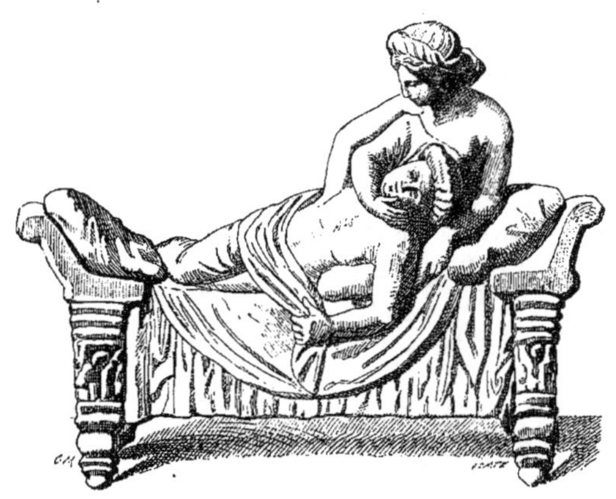

Nº 663.

665 — Jeune femme versant de l'eau dans la cuvette d'un trépied : une des plus ravissantes figurines de terre cuite que l'on connaisse. Elle est vêtue d'un himation rose tendre qui descend de l'épaule gauche en plissures magistrales. Le sein et le bras droit nus, elle s'appuie contre un pilastre, en posant le pied gauche sur la plinthe du trépied. Sa main droite retient la cuvette, l'autre porte une aiguière à orifice trilobé, dont elle verse le contenu dans le bassin. Bracelets, boucles d'oreilles, bandeau frontal dorés, le bandeau surmonté d'un morceau d'étoffe bleue qui ne recouvre que le devant de la tête. Rinceaux à jour reliant entre eux les montants du trépied ; dans l'encoignure, une boule dorée. — Base demi-circulaire à moulures. — Asie Mineure.

Publiée dans Frœhner, *Terres cuites d'Asie,* p. 28, pl. X.

> Ton de chair; lèvres rouges; cippe, trépied et œnochoé peints en bleu. — Hauteur totale, 16 cent.

666 — Niké, vêtue d'un chiton talaire bleu et or, qui laisse à découvert les bras
et le sein droit. La main droite, abaissée, tient une couronne dorée ;
l'autre, levée, une poignée de fleurs. Les plis de la draperie indiquent
la rapidité du mouvement. C'est une des plus belles et certainement la
plus poétique des représentations de la Victoire que nous possédions.—
Asie Mineure.

Publiée par Frœhner, *Terres cuites d'Asie*, p. 44, pl. XIX.

Base demi-circulaire. Ton de chair, ailes bleues, bouquet doré. — Hauteur
totale, 21 cent.

667 — Éros joueur de lyre assis sur la croupe d'un Triton à gauche, qui joue de
la double flûte. Éros est couronné d'un bandeau bleu et de deux fleurs
rouges ; son écharpe fait office de ceinture. Dans la mer, trois petits
dauphins. — Myrina.

Ton de chair ; cheveux roux ; ceinture rose tendre. La queue de poisson du
Triton et les eaux de la mer étaient peintes en bleu. — Haut., 127 millim. Larg.,
192 millim.

668 — Banquet funèbre. Au centre de la composition se dresse une kliné aux
pieds sculptés, garnie de deux oreillers bleu tendre. Deux jeunes époux
y ont pris place. L'homme, tête nue, vêtu d'une tunique à manches
courtes et d'une chlamyde, est à demi couché et tient une lyre. La
femme, assise et les pieds posés sur un tabouret sculpté, est coiffée d'un
bonnet asiatique. Sa main droite se dissimule sous l'himation, le bras
gauche retient un petit Éros, assis de face et ouvrant les bras. Au chevet
du lit, une table chargée d'un vase et d'un pain ; puis un esclave debout
qui y dépose un gâteau de forme conique. Du côté opposé, un autre
esclave accroupi et endormi. — Myrina.

Publié par Frœhner, *Terres cuites d'Asie*, p. 11-13, pl. II.

Ton de chair ; cheveux roux ; les yeux et les lèvres marqués au pinceau ; le
chiton de l'homme et la couverture du lit sont peints en rouge ; le tabouret, la table,
le vase, etc., en gris. Au revers, un trou à suspension. — Haut., 12 cent. Larg., 20 cent.

669 — Aphrodite couchée sur un lit, entre deux Amours qui écartent la draperie.
La déesse est entièrement nue ; seule, sa jambe droite est recouverte
d'un himation bleu tendre. Parée de boucles d'oreilles et d'une bulle,
elle s'accoude sur un oreiller rouge, derrière lequel on a placé un trépied supportant un bassin. L'un des Amours est couronné du disque
solaire posé sur un croissant, l'autre n'a qu'un bandeau dans les cheveux. Ce groupe, d'une incomparable beauté, vient des fouilles de
Tanagra.

Ton de chair ; lèvres rouges, les yeux marqués au pinceau ; la kliné peinte en
gris. Base plate. — Haut., 19 cent. Larg., 19 cent.

670 — Masque scénique de Silène, couronné d'un strophium et d'un korymbe.— Tanagra.

>Coloris rouge. — Haut., 13 cent. — Deux trous à suspension.

671 — Masque tragique, les pupilles et la bouche évidées. — Tanagra.

>Peinture rouge, les yeux en bleu. — Haut., 136 millim. — Deux trous à suspension.

672 — Masque scénique de Silène, la barbe en éventail, les yeux, les narines et la bouche évidés. — Tanagra.

>Ton de chair; barbe rouge, les yeux bleus. — Haut., 15 cent. — Deux trous à suspension.

673 — Autre, avec bandelette et couronne de fleurs et de lierre. — Tanagra.

>Barbe et cheveux roux; les yeux, la bandelette et les feuilles de lierre sont bleus. — Haut., 15 cent.

VI

LAMPES

674 — Deux têtes de Silène en relief de forte saillie. — Grèce.

>Larg., 86 millim. — Anse brisée.

675 — Buste de Jupiter, avec sceptre, sur un aigle éployé de face, tenant le foudre dans ses serres.

>Vernis rouge. — Long., 84 millim.

676 — Deux nains, dont l'un est à genoux, l'autre derrière lui et levant le bras gauche. Bordure de raisins et de pampres. Buste de Sarapis servant d'anse.

>⩒ Marque de fabrique, mal venue.

>Terre pâle. — Long., 12 cent.

677 — Aigle sur le foudre.

>⩒ Les lettres PQ, dans la direction de droite à gauche, en relief sur le rebord.

>Vernis rouge. — Long., 115 millim.

678 — Lampe dont l'anse est remplacée par un aigle.

Vernis rouge. — Long., 12 cent.

679 — Minerve en attitude de combat.

Vernis rouge. — Long., 87 millim. — Fruste.

680 — Buste drapé et radié du Soleil à gauche.
ꝶ MCOP...

Vernis rouge. — Long., 11 cent.

681 — Autre, de face; une couronne de laurier en bordure.
ꝶ LCAESAE.

Terre pâle. — Long., 11 cent.

682 — Astre au-dessus d'un croissant; bordure de lierre.
ꝶ AGATH...

Vernis rouge. — Long., 15 cent.

683 — Bacchante dansant, tenant un thyrse.

Vernis rouge. — Long., 8 cent. — Fruste.

684 — Autre, tenant un glaive et une protome de chevreuil.
ꝶ La lettre H en relief.

Vernis brun. — Long., 11 cent.

635 — Les idoles primitives des Dioscures.
ꝶ MOPPIZOSI (Z à rebours).

Vernis rouge. — Long., 94 millim. — Fruste.

685 — Les bustes des Dioscures, surmontés d'étoiles.
ꝶ Deux points clos.

Terre pâle. — Long., 105 millim.

687 — Biche allaitant le petit Téléphe.

Vernis rouge. — Fruste. — Long., 82 millim.

688 — Femme avec ceste et armilles, endormie sur une peau de lion et entourée de trois Amours.

Vernis rouge. — Long., 11 cent. — Anse brisée.

689 — Buste drapé d'un acteur comique, de face.
ꝶ C·OPPI·RES.

Vernis rouge. — Long., 103 millim.

690 — Aurige conduisant un char, à gauche, attelé de deux chevaux.
℞ I en relief.

Vernis brun. — Fruste. — Long., 108 millim.

691 — Éros en porteur d'eau. Bordure de rinceaux.
℞ Rosace imprimée.

Vernis rouge. — Long., 106 millim.

692 — Buste drapé de femme tenant une fleur.
℞ C · OPPI · RES.

Vernis rouge. — Anse fruste. — Long., 11 cent.

693 — Lion dévorant un faon.

Vernis rouge. — Long., 105 millim.

694 — Chien poursuivant une oie.
℞ LCOEFI entre deux points clos.

Terre pâle. — Long., 93 millim.

695 — Lapin mangeant une grappe de raisin.
℞ CCLOSVC et feuille imprimée.

Vernis rouge. — Long., 104 millim.

696 — Même sujet.
℞ C · OPPI · RES.

Vernis rouge. — Long., 11 cent.

697 — Une oie ; bordure de korymbes imprimée.
℞ FLORENT entre deux fers à cheval.

Vernis rouge. — Long., 116 millim.

698 — Un coq.

Vernis jaune. — Long., 108 millim.

699 — Paon assis sur un rameau fleuri. Bordure d'oves.

Vernis rouge. — Long., 104 millim.

700 — Scorpion.

Vernis brun. — Long., 116 millim.

701 — Scorpion.
℞ CVALQVA.

Vernis brun. — Fruste. — Long., 102 millim.

702 — Ciste entre deux arbres.
℞ CATILTRO.

Terre pâle. — Long., 113 millim.

703 — Casque à cimier.

Vernis brun. — Long., 10 cent.

704 — Deux palmes.
℞ Deux fers à cheval imprimés.

Vernis rouge pâle. — Long., 11 cent.

705 — Deux palmes.
℞ LMVNTHRE, et une croisette en forme d'X.

Vernis brun. — Long., 105 millim.

706 — Deux palmes.
℞ CCLOSVC et une feuille.

Vernis brun. — Long., 10 cent.

707 — Deux palmes.
℞ LFABRIHEVEL et un fleuron.

Vernis rouge. — Long., 11 cent.

708 — Rosace et bordure de lierre.
℞ EXOFIVSTI.

Vernis rouge. — Long., 12 cent.

709 — Même décor. Au-dessus du bec, vase entre deux panthères couchées.
℞ FLORENT entre deux fers à cheval.

Terre pâle. — Long., 12 cent.

710 — Bordure de feuilles et de baies.
℞ LCAESAE.

Vernis rouge. — Long., 124 millim.

711 — Même bordure; au-dessus du bec, un cratère entre deux panthères couchées.
℞ ERACLID, entre deux points en creux.

Vernis rouge pâle. — Long., 118 millim.

712 — ℞ QVOHERM et un fer à cheval.

Terre pâle. — Long., 105 millim.

713 — ℞ CCLOSVC et une feuille.

Vernis jaune. — Long., 10 cent.

714 — ℞ MYRO en relief, avec un point dans l'O.

Vernis rouge. — Long., 103 millim.

715 — ℞ POMPEI en lettres cursives, et un point clos.

Terre pâle. — Long., 11 cent.

716 — Petite lampe à quatre becs; anse formée par un fleuron.

Terre pâle. — Long., 72 millim.

717 — Le monogramme chrétien, à rebours. Bordure de fleurons et de denticules perlés.

Terre rouge. — Anse brisée. — Long., 13 cent.

IVOIRE

718 — Grande boîte en ivoire sculpté, ornée de quatre frises de bas-reliefs qui alternent avec cinq bordures de palmettes et d'entrelacs.

La frise supérieure représente un navire conduit par un seul rameur qui a devant lui deux petits vases ; derrière le navire, deux hommes armés de boucliers et de lances, puis Ulysse attaché sous le ventre du bélier, un sphinx, un sanglier, etc.

Les mêmes figures, Ulysse surtout, se répètent plusieurs fois.

Sur la seconde frise, un conducteur de bige, suivi de quatre hommes armés et d'un cavalier ; plus loin, quatre femmes, dont les cheveux nattés retombent jusqu'à terre, un homme casqué devant elles, puis un joueur de flûte devant plusieurs guerriers.

Au troisième registre, on voit un cavalier, une lionne, une femme debout tenant un rinceau ; un taureau, etc. Enfin, au quatrième, qui a le plus souffert, on ne distingue plus guère qu'un griffon.

Art étrusque de l'ancien style.

Ce monument, d'un intérêt considérable, est malheureusement fruste en bien des endroits.

Haut., 20 cent. Diam., 16 sur 14 cent.

719 — Boîte cylindrique, de l'ancien style étrusque. Deux registres de bas-reliefs : 1° griffon, sphinx, lion, oiseau assis sur un cheval, etc., et quelques tiges feuillues ; 2° cavalier, cerf, lion, arbre entre deux sphinx affrontés, sur l'un desquels perche un oiseau, etc.

Haut., 81 millim. Diam., 65 millim.

720 — Acteur tragique, vêtu d'une longue tunique brodée, peinte en bleu et retenue par un large ceinturon. Il récite son rôle en retournant la tête en arrière. Son bras droit se replie sur la poitrine, pendant que le bras gauche reste abaissé et semble s'appuyer sur quelque chose. Derrière le masque, on voit ses yeux et sa bouche. Ses pieds sont chaussés de cothurnes.

Figurine d'ivoire, d'un art superbe. Applique.

Ancienne collection Benjamin Fillon. *Gazette des Beaux-Arts*, 1878, t. I. p. 495. — *Monumenti dell' Instituto*, t. XI, 13. *Annali*, 1880, p. 206.

Haut., 148 millim.

721 — Manche cannelé, terminé par une tête d'aigle du plus beau style grec. — Ivoire brûlé.

Long., 128 millim.

722 — Fragment d'une plaque d'ivoire gravée, de l'époque chrétienne. Figure drapée, debout et de face, la main droite sur la poitrine, l'autre tenant un rouleau. Traces de coloration.

Haut., 126 millim. Larg., 87 millim.

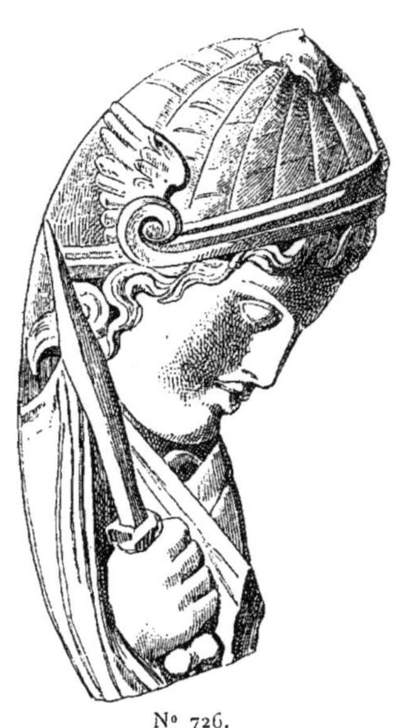

Nº 726.

723 — Plaque de coffret. Femme drapée, debout et de face, s'appuyant sur une rame.

Haut., 68 millim. Larg., 28 millim.

724 — Médaillon. Masque ailé de Méduse, avec collier de serpents, les orbites des yeux évidés.

Diam., 56 millim.

725 — Autre, les pupilles marquées à la pointe.

Diam., 47 millim.

726 — Applique, représentant en bas-relief le buste drapé de Persée, coiffé d'un bonnet ailé, la harpé à la main droite.

Haut., 97 millim.

727 — Petit terme ithyphallique, aux longs cheveux bouclés, un modius sur la
tête. Belle patine bleue.

> Haut., 58 millim.

728 — Un petit chapiteau d'ordre corinthien.

> Haut., 45 millim.

729 — Avant-bras droit avec la main faisant le geste de la *fica* et se terminant
en phallus. Deux trous à suspension.

> Haut., 58 millim.

730 — Phallus.

> Haut., 33 millim.

731 — Tessère circulaire. Bélier (du zodiaque) retournant la tête en arrière.
℞ KPIOC entre les chiffres III et Γ.

> Diam., 31 millim.

732 — Autre, fruste Figurine dans un navire?
℞ [CT]HCIXOPOC entre les chiffres VIII et Θ.

> Diam., 28 millim.

733 — Bouton. ℞ Les chiffres V et Є.

> Diam., 22 millim.

734 — Bouton perforé. Belle patine verte.

> Diam., 41 millim.

735 — Très petite patère à deux anses et à goulot.

> Diam., 31 millim.

736 — Dé à jouer.

> Haut., 27 millim. Larg., 23 millim.

737 — Épingle terminée en main tenant un œuf, le poignet entouré d'un
serpent.

> Tige brisée. — Haut., 83 millim.

738 — Autre, terminée en buste de femme.

> Tige fruste. — Haut., 85 millim.

739 — Couronnement d'épingle. Deux bustes drapés et juxtaposés, l'un d'un
homme imberbe, l'autre (tête brisée) d'une femme portant une croix sur
la poitrine.
Au-dessous, un cartouche à queues d'aronde avec la légende :
PETRONIA FLORIANS sic) en deux lignes.

> Haut., 36 millim.

740 — Fragment d'un peigne.

Larg., 7 cent. Haut., 55 millim.

741 — Plaque à jour : treillis et fleuron.

Haut., 67 millim. Larg., 44 millim.

742 — Flûte composée de sept tubes.

Long., 20 cent.

BOIS

743 — Épervier égyptien, en bois peint. Il est assis sur une base oblongue munie, sur le devant, de deux éperons. La coiffure manque.

Haut., 10 cent.

744-745 — Deux peintures égyptiennes sur tablettes de bois en forme de stèles, ornées d'un couronnement et s'élargissant vers le bas. Sur l'une, on voit deux adorants devant Anubis et Horus; au-dessus, le disque ailé. Sur l'autre, Osiris assis entre deux adorantes, dont l'une est coiffée du pschent.

Haut., 38 cent. Larg., 19 cent.

AMBRE

746 — Manche de miroir (brisé en trois morceaux). Vénus vue de face, la main gauche sur la poitrine, la droite étendue vers un petit Amour assis sur un dauphin. Un Terme drapé et ithyphallique est placé à la gauche de la déesse.

Haut., 15 cent.

746ᵃ — Éphèbe nu, de l'ancien style, les bras collés contre le corps. Pieds brisés. Figurine. *Très rare.*

Haut., 53 millim.

747 — Trois colliers.

748 — Une collection de pendentifs.

ARGENTERIE

749 — Petite fibule avec quelques dentelures au trait.

Haut., 35 millim.

750 — Autre, finement ciselée.

Haut., 35 millim.

751 — Deux doubles boutons et un disque de ceinturon, avec un fragment de chaînette, agglutinés ensemble. Le disque porte des incrustations d'or d'une finesse remarquable : cinq rosaces et un semis de points creux dans une double bordure de rinceaux et de points creux.

752 — Figurine d'Harpocrate nu, la tête ailée(?), l'index droit sur la bouche, le bras gauche derrière le dos. Amulette.

Haut., 24 millim.

753 — Patère, trouvée à Salerne. Dans le centre, le roi Ramsès II (que les Grecs appelaient Sésostris), brandissant une masse d'armes, tient par les cheveux trois captifs agenouillés et suppliants. Devant ce groupe, une femme nue, levant un glaive ; derrière, un dieu portant un cadavre sur son bras droit, pendant que sa main gauche prend un captif par les cheveux. Dans le haut, un oiseau éployé, et dans le champ, plusieurs cartouches à légendes hiéroglyphiques.

A l'exergue, une figure tirant de l'arc. Bordure de feuilles de papyrus.

Cette coupe, malheureusement fruste, mais qui n'a pas souffert dans ses parties essentielles, est travaillée au repoussé et ciselée avec une finesse admirable. Depuis longtemps, elle compte au nombre des monuments célèbres de l'antiquité, autant par son mérite artistique que par son intérêt historique.

Elle a été publiée dans les *Monumenti dell' Instituto*, tome IX, pl. 44. *Annali*, 1872, page 231.

Diam., 19 millim.

ORFÈVRERIE

ÉGYPTE

754 — Poignard de bronze doré, dont le manche, en argent, est orné d'une sorte
de disque lenticulaire en bois, recouvert d'une feuille d'or. La lame, à
nervures, a la forme d'une feuille lancéolée; le manche est garni de clous
d'or, et le haut du disque est à jour.

Cet objet a été trouvé par Mariette sur la momie d'Aah-mès, que l'on

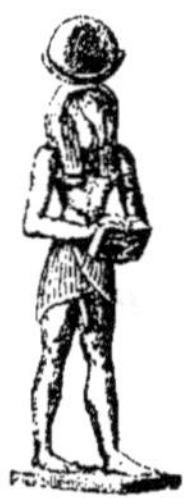

N° 755.

suppose être Amosis, roi de la xviiie dynastie. Il était attaché au bras
gauche de la momie au moyen d'une cordelette de papyrus. — Ancienne
collection du prince Napoléon-Jérôme.

Long., 315 millim.

755 — Figurine d'or du dieu Thoth, à tête d'ibis coiffée d'un croissant et d'un
disque. Il est vêtu de la schenti; sa jambe gauche est portée en avant, et
ses deux mains tiennent l'œil mystique. Au revers, une belière. — Beau
style égyptien, et d'une grande finesse d'exécution.

Haut., 4 cent.

BIJOUX GRECS ARCHAÏQUES

756 — Pendant d'oreille d'un style extrêmement ancien. Sur une base carrée,
    ornée de fils cordelés, d'un rang d'annelets et d'un rang d'oves décou-
    pés, se tiennent deux griffons de face; entre eux, sur le devant, deux
    petits lions assis à gauche; au centre, l'idole d'une déesse drapée, et der-
    rière elle, un sphinx femelle assis à gauche. Le corps de la déesse est
    façonné en gaine plate, mais ses pieds sortent de dessous la draperie.
    Ses cheveux, bouclés sur le front et entourés d'un diadème, se répan-
    dent sur le dos en une masse plate qui ne s'arrête qu'à la ceinture; de
    plus, deux longues boucles retombent de chaque côté sur les épaules et
    la poitrine. Le bras gauche, replié et serré contre le corps, semble tenir
    une de ces boucles latérales; la main droite avancée tient une fleur. Du
    sommet de la tête s'élève l'agrafe.

    Trouvé en Sicile. Le pendant, moins complet, fait partie des collec-
    tions du baron Edmond de Rothschild.

Haut., 81 millim.

BIJOUX D'OR DE PALESTRINA

757 — Sceptre d'or; tige cylindrique divisée en quatre compartiments et terminée
    en pomme de pin. Le décor se compose, dans chaque registre, de trois
    rangs de globules superposés en triangles et accostés de petits groupes
    de trois globules et de larmes. Globules et larmes sont au repoussé et
    entourés d'un cordelé soudé de la plus prodigieuse finesse. Les anneaux
    séparant ces quatre tubes sont également ornés de cordelés; mais l'an-
    neau central a, en plus, un double rang de dentelures granulées. Le
    décor de la pomme de pin se compose des mêmes éléments. Au sommet,
    de petits grains d'or disposés en pyramidion.

Haut., 244 millim.

758 — Grand étui cylindrique, à couvercle mobile. Décor géométrique en gra-
    nulé, d'une finesse inimitable. Chaque ligne est formée par un double
    rang de grains rapportés. Au milieu du tube, une large frise de dente-
    lures, puis des bandes plus petites ornées de méandres, de denticules,
    d'annelets, etc.

Haut., 24 cent.

759 — Un autre; même genre d'ornementation, avec quelques variantes.

Haut., 23 cent.

760 — Un autre, de la même famille. A chaque bout du cylindre, une bordure d'entrelacs.

Haut., 216 millim.

761 — Un autre; à chaque bout, une bordure d'annelets.

Haut., 216 millim.

762 — Coupe d'or, unie à l'intérieur, toute couverte extérieurement de décors linéaires au granulé, formant onze registres. Là aussi, chaque ligne est formée par un double rang de grains. Dentelures, méandres, enroulements, palmettes, entrelacs, etc.

Haut., 52 millim. Diam., 108 millim.

763 — Fibule d'or du même style. Méandres et dentelures autour d'un fleuron central. Sur la gaine de l'ardillon, plusieurs rangs de méandres.

Long., 10 cent.

764 — Autre, avec trois rosaces, dont deux servent de point central à des frises d'entrelacs.
Méandres et denticules sur la gaine.

Long., 94 millim.

765 — Autre, plus simple.

Long., 85 millim.

766 — Autre, avec rosace centrale et lignes ondulées d'une disposition très originale.

Long., 89 millim.

767 — Autre, avec croisettes aux bras recourbés.

Long., 78 millim.

768 — Autre; ornements géométriques disposés par bandes verticales.

Long., 78 millim.

769 — Autre, avec rosaces et palmettes.

Long., 70 millim.

770 — Petite fibule d'or du même style.

Long., 64 millim.

771 — Autre, l'aiguille passée dans une large gaine décorée d'entrelacs, etc.

Long., 81 millim.

772 — Autre; à l'extrémité de la gaine, un petit masque au repoussé, les cheveux en grains rapportés.

Long., 7 cent.

773 — Autre, plus simple.

Long., 58 millim.

BIJOUX ÉTRUSQUES

774 — Superbe bracelet en verre multicolore (fils bleus, jaunes et blancs), avec fermoir en or. Au centre, neuf petites boucles semées de granules, entre deux fils cordelés; puis des anneaux lisses, perlés, des fils en spirale, des baguettes imitant le cordelé, etc.
Voir la vignette, p. 104.

Diam., 81 millim.

775 — Collier en forme de chaîne, terminé par deux masques de lion qui tiennent, l'un un double anneau, l'autre une double agrafe.

Long., 40 cent.

776 — Magnifique pendant d'oreille, terminé par deux masques de lion, un grand et un petit. Guirlandes de lierre en fils rapportés, d'un goût et d'une finesse remarquables. La partie centrale en torsade, imitant une corne d'abondance, est bordée de feuilles.

Haut., 35 millim.

777 — Une paire de boucles d'oreilles du même style; les petits mascarons, malheureusement, sont en partie écrasés.

Haut., 35 millim.

778 — Pendant d'oreille en torsade, terminé par un masque de lion, dont le collier perlé est bordé de feuilles au repoussé et aux contours cordelés.

Haut., 19 millim.

779 — Pendant d'oreille en torsade, terminé par une tête de dauphin et orné d'une perle de verre multicolore.

Haut., 26 millim.

780 — Grand masque de lion, de l'ancien style, la gueule béante. Au sommet, une belière.

Larg., 26 millim.

781-782 — Deux lions couchés, de l'ancien style, travaillés au repoussé et appliqués chacun sur une plaque d'or oblongue et bordée de lignes perlées. L'une de ces plaques est garnie de deux petits anneaux, l'autre de deux petits crochets.

Haut., 14 millim. Larg., 26 millim.

783-784 — Deux lions, de style très ancien, couchés sur des plaques ovales. Travail au repoussé.

Haut., 15 millim. Larg., 26 millim.

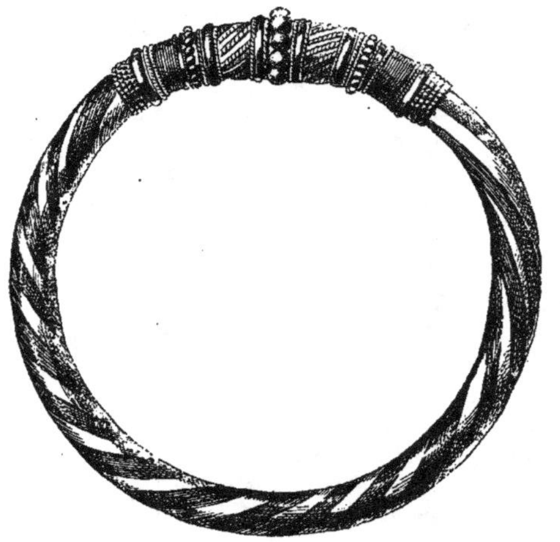

Nº 774.

785 — Pendant d'oreille en forme de demi-cylindre fermé, sur l'une des tranches, par une rosace à jour, et prolongé, sur l'une des faces latérales, par un antéfixe. Ornements en fils d'or et en granulations des plus délicates : palmettes, anneaux superposés, fleuron, peltes, etc.

Long., 22 millim.

786 — Autre, de la même forme, l'ornementation plus riche encore et de forte saillie. Fleurons et perles disposés avec un goût prodigieux.

Larg., 18 millim.

787 — Une paire de pendants d'oreilles du même style. Palmette sur l'antéfixe ; le demi-cylindre divisé en dix-huit compartiments profonds, disposés

sur trois rangs et dont chacun contient un mamelon, lisses les uns,
les autres parsemés de granules microscopiques. Les deux tranches
sont fermées, celle de droite par un fleuron à jour, celle de gauche
par un disque perforé au centre.

Larg., 16 cent.

788 — Une paire semblable : l'antéfixe en palmette ornée de boules; sur le tube,
deux fleurons d'une finesse incroyable. Le disque de gauche est également surmonté d'une petite palmette; l'autre est découpé en fer à
cheval.

Larg., 14 cent.

789 — Une paire de boucles d'oreilles en forme d'anneaux, ornés de douze
mamelons qui sont disposés sur deux rangs, surmontés et accostés
de granules.

Diam., 12 millim.

790 — Une autre paire, plus ancienne de style, en forme de croissants surmontés
de palmettes et d'un antéfixe latéral demi-circulaire. Sur le devant, une
palmette et quelques enroulements; sur le bord inférieur, un rang de
perles au repoussé; le revers uni. La tranche de l'antéfixe est garnie de
globules.

Larg., 24 millim.

791 — Pendentif en forme de tube, divisé en quatre tambours et fermé, de
chaque côté, par une petite coupole. Rinceaux et entrelacs en fils rapportés d'une grande délicatesse de travail. Au-dessous, cinq granules,
et un granule au sommet de chaque coupole. Belière.

Larg., 35 millim.

792 — Ornement de sceptre. Tube cylindrique avec renflement au milieu.
Feuilles et palmettes en fils soudés.

Long., 33 millim.

793 — Petit disque à rebord cannelé. Au centre, un insecte assis sur des fleurs et
des trèfles. Bordures d'oves, de fils cordelés, de granules. Les cannelures du rebord sont également granulées. Au revers, un petit tube
cylindrique et une oreillette.

Diam., 25 millim.

794 — Une paire de boucles d'oreilles en forme de deux rosaces superposées, une
grande et une petite. Les pétales de la grande sont bordés de granules ;
au centre de la petite il y a une étoile sur laquelle s'applique une figurine d'enfant nu, de face, les cheveux nattés sur le front, la chlamyde

en écharpe. L'un de ces enfants joue de la lyre, l'autre verse le vin d'une œnochoé dans une patère.

Diam., 36 cent.

795 — Disque d'or. Au centre, le buste de la Victoire, de face, au repoussé. Elle a le sein droit à découvert. Autour, une double bordure : l'une ornée de quatre grenats (dont un tombé), l'autre d'enroulements en fils rapportés. Quatre oreillettes sur la tranche.

Diam., 56 millim.

796 — Plaque demi-ovale, reposant sur un assemblage de boules ornées de granules. La pièce centrale est endommagée; elle est accostée de deux masques humains. La partie ovale a une double bordure de points clos, de boules estampées et de granulations. Au revers, une oreillette.

Haut., 54 millim.

797 — Couvercle de pyxis en or. Bouton central et sept bordures successives : dentelures, semis de granules, croisettes, disques granulés, feuilles de lierre granulées, croisettes et ligne perlée.

Diam., 44 millim.

798 — Une petite plaque portant trois masques, et au-dessous une étoile (avec un point clos en cœur) entre deux oiseaux affrontés.

Larg., 13 millim.

799 — Plaque d'or décorée de peltes. Fragment de pendant d'oreille.

800 — Chaton de bague, avec anneau mobile. Entrelacs et feuilles découpées.

Larg., 23 millim.

801 — Fibule ornée d'une pièce oblongue qui se compose de fils juxtaposés. Au milieu et sur les bords, un fil ondulé à jour. Dans le haut, deux enroulements et deux croisillons.

Long., 75 millim.

BIJOUX GRECS ET ROMAINS

802 — Diadème funéraire en or estampé. Dionysos et Ariadne, armés de thyrses, sont assis, en sens inverse, sur un fleuron et retournent la tête comme s'ils se parlaient. De chaque côté, un rinceau servant de siège à quatre joueuses de lyre. Palmettes au sommet et aux deux extrémités; dans le bas, une frise d'oves.

Long., 30 cent.

803 — Diadème funéraire en or estampé. Bandeau cannelé, décoré de trois fleurs
en applique; dans le haut, la tête radiée du Soleil dans une bordure de
perles.

Larg., 23 cent.

804 — Petit collier, composé de six bractéates d'or estampés sur des médailles et
munis de belières. Types : deux aigles éployés, deux lions et deux
empereurs romains du III⁰ siècle, probablement Maximien-Hercule et
Constantin.

805 — Petit collier en franges d'or.

Long., 17 cent.

806 — Collier en fils tressés.

Long., 36 cent.

806 *bis* — Un autre, avec pendeloque à jour et fermoir.

Long., 80 cent.

807 — Grand collier composé de cent trente-huit anneaux doubles, avec fermoir.

Long., 54 cent.

808 — Collier. Prismes de verre verdâtre passés dans une chaine d'or.

Long., 32 cent.

809 — Collier. Chaine d'or et primes d'émeraude.

Long., 23 cent.

810 — Collier. Grenats, cornalines et primes d'émeraude munis de cupules d'or
et passés dans une chaine d'or. Fermoirs ornés de têtes d'ibex en grenat
avec colliers et cornes d'or.

Long., 245 millim.

811 — Collier composé de neuf améthystes serties d'or et réunies au moyen
d'une double chaînette.

Long., 22 cent.

812 — Collier formé de neuf primes d'émeraude serties d'or et alternant avec
des feuilles d'or rectangulaires, dont chacune porte une lettre. Les
huit lettres forment le mot VALERIAE.

Long., 22 cent.

813 — Collier composé de trente-sept dodécaèdres en or estampé, et orné d'un
médaillon qui représente, dans une bordure de feuilles et de fruits, le
buste cuirassé, de face, d'un empereur romain, coiffé d'une peau de
lion, probablement Maximien-Hercule. Le médaillon est décoré de
trois pendentifs, réunis par des chaînettes : à droite et à gauche, une
tête imberbe (au repoussé) ; dans le bas, une figure d'Éros ailé, tenant
la patère et l'aiguière.

Long., 26 cent. Diamètre du médaillon, 46 millim.

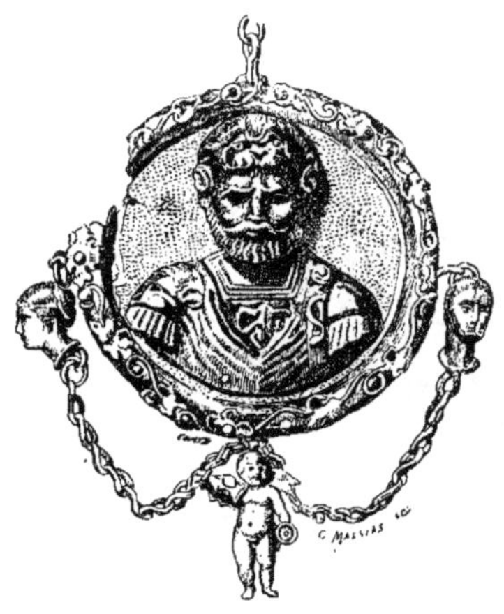

Nº 813.

814 — Bulle lenticulaire, garnie d'un rebord cordelé, très gros, et surmontée
d'une belière cylindrique à trois anneaux. Dans les intervalles, entre
ces trois anneaux, on voit deux feuilles d'arbre en fils soudés. Ruban
tressé, flexible et en fils très serrés.

815 — Grande chaîne d'or. Sous l'agrafe du fermoir, un disque avec double
bordure de perles.

Long., 1 m. 24 cent.

816 — Fibule d'or, sans ornement.

Long., 5 cent.

817 — Petit bracelet. Fil simple avec pâte de verre polychrome sertie dans deux
cupules.

Diam., 50 cent., sur 56 millim.

818 — Une paire de bracelets à cinq spirales plates, terminés chacun par deux têtes et cols de serpents. Les reptiles ont la gueule ouverte; leurs écailles sont ciselées.

Haut., 80 millim.

819 — Une paire de boucles d'oreilles : peltes d'Amazones et prisme de verre imitant l'émeraude.

820 — Pendant d'oreille. Tige repliée, ornée, à chaque extrémité, d'un fleuron.

Haut., 5 cent.

821 — Pendant d'oreille. Colombe suspendue à une rosace à jour.

822 — Autre, à trois côtes saillantes et découpées, ornée de perles.

823 — Amour jouant de la syrinx. Figurine provenant d'une boucle d'oreille.

Haut., 21 millim.

824 — Autre, tenant une boîte à miroir, et portant une guirlande sur la poitrine.

Haut., 20 millim.

825 — Autre, avec aiguière et patère.

Haut., 21 millim.

826 — Paire de pendants d'oreilles en forme de calices de fleur façonnés avec un art merveilleux. Sur chaque pétale, des ornements en fils rapportés; au bord supérieur, des granules espacés; dans le haut, un mamelon entouré de bordures d'une finesse prodigieuse.

Haut., 44 millim.

827 — Rosace en or estampé.

Diam., 36 millim.

828 — Tête d'Antonin; bractéate d'or avec anneau à suspension. La couronne de laurier est en émail vert, le pourtour en émail blanc.

Diam., 23 millim.

829 — Buste d'enfant bachique, de face, drapé et couronné de pampres et de grappes de raisin. Médaillon en or estampé avec bordure émaillée. Au revers, quatre oreillettes.

Diam., 36 millim.

830 — Chaton de broche, en fils cordelés.

Diam., 27 millim.

831 — Bague. Pâte bleue dans un chaton mobile, orné de trois bordures d'entrelacs. Grand anneau en forme de boucle, avec oreillette dans laquelle est passée une double tige repliée.

Larg., 37 millim.

832 — Petit phallus estampé. Amulette.

833-834 — Deux épingles à cheveux revêtues de feuilles d'or.

Haut., 144 millim.

BIJOUX CHRÉTIENS

835 — Deux magnifiques bracelets trouvés en Égypte. Sur le devant, un médaillon représentant (au repoussé) une sainte drapée, voilée et nimbée, de face, les deux mains levées. Autour, une double bordure de treillis et de feuilles. De chaque côté, une pièce oblongue à deux cloisons ayant renfermé des pâtes vitreuses. Le médaillon, avec ses deux appendices latéraux, est fixé, au moyen d'une charnière, à un bandeau demi-circulaire à jour, représentant une amphore godronnée entre deux colombes affrontées, et plus loin, à droite et à gauche, trois autres oiseaux, colombes et cygnes. Tous ces oiseaux sont entourés de rinceaux. Bordure de treillis à jour et encadrement formé par une tige creuse et saillante. — V\ siècle.

Diam., 63 à 72 millim.

836 — Croix grecque en or estampé, représentant neuf fois deux colombes assises l'une au-dessus de l'autre.

Haut., 89 millim. Larg., 86 millim.

837 — Un fragment d'émail cloisonné de l'époque mérovingienne.

ORFÈVRERIE CASTELLANI

838 — Bracelet en argent, composé de huit deniers de la République romaine, sertis dans des anneaux plats et réunis au moyen de chaînettes.

Long., 21 cent.

839 — Autre, avec sept deniers de la République romaine.

Long., 18 cent.

840 — Autre, avec sept deniers de l'époque impériale : Vespasien, Nerva, Hadrien, Nerva, Septime-Sévère, Trajan et Vespasien.

Long., 18 cent.

841 — Deux épaulières en or, composées chacune d'un disque estampé et de pendeloques suspendues dans un réseau de tresses d'or. Les médaillons représentent Thétis, sur l'hippocampe, portant les armes d'Achille. Bordure ornée de palmettes en fils d'or soudés. Sur la moitié inférieure de la périphérie, neuf petites roses d'applique, alternant avec huit boutons. Des roses semblables sont fixées aux points de jonction des chaînettes qui forment la résille. Quant aux pendeloques, elles sont disposées sur cinq rangs successifs. La série supérieure est côtelée, la seconde et la quatrième sont ornées de dentelures et surmontées de feuilles de lierre et de boutons mobiles ; la troisième, également surmontée de boutons, et la cinquième sont côtelées à leur base et décorées, à leur partie supérieure, d'un réseau dont les points d'intersection sont marqués par des granules. L'ensemble est d'une richesse et d'un goût exquis.

Au revers, la marque de fabrique, deux C enlacés, en relief.

Haut., 15 cent.

842 — Croix-reliquaire en or champlevé et émaillé rouge, bleu et vert, dans le goût antique. Sur chaque face, six médaillons à bordure godronnée. Le médaillon central renferme le monogramme chrétien en or rapporté ; dans ceux de gauche et de droite, il y a un A et un Ω ; de petits disques décorent les autres. Les trois têtes de vis ont été façonnées en baies. Dans l'intérieur, six boîtes circulaires sont destinées à recevoir des reliques.

Haut., 14 cent.

843 — Grand camée en cornaline (masque de Méduse), enchâssé dans un médaillon d'or. Bordure de fils cordelés et de petits caissons avec des disques au centre.

Au revers, dans un encadrement de godrons, quatre fleurons groupés autour d'une rosace et d'un goût charmant.

A l'intérieur, une boîte ovale avec couvercle en verre.

Haut., 65 millim.

844 — Une paire de boucles d'oreilles. Coq en émail blanc (la base, les pieds, la crête, les barbillons, le bec, les yeux, le contour de l'aile et quelques

pennes sont en or rapporté), suspendu, entre deux rangs de perles, à une pièce découpée en pectoral et couronnée d'un fleuron. Un grenat est enchâssé dans le pectoral, formé de granulations et dentelé sur les bords. Dans la palmette qui constitue le couronnement, il y a un grenat entre deux pâtes blanches. Les rangs de perles se terminent en houppes d'or et en baguettes granulées.

Haut., 32 millim.

845 — Une paire de boucles d'oreilles. Rosace mobile à douze pétales granulés avec un bouton de corail au centre. Pendentif en corail suspendu à la rosace au moyen d'une belière ornée de feuilles; dans le bas, un calice de fleur qui se termine en boule parsemée de grains d'or.

Au revers, la marque de fabrique, deux C enlacés, en relief.

Haut., 79 millim.

846 — Bracelet d'or, composé de sept plaques carrées et de deux plaques demi-circulaires, réunies au moyen de charnières. Décor en fils d'or et en grains d'or rapportés, d'un goût et d'une délicatesse de travail merveilleux. Palmettes, fleurons, arbouses, rosaces, disques, damier, etc. Sur la face intérieure, un décor plus simple et la marque de fabrique, ACC enlacés, en relief.

Long., 185 millim.

847 — Un autre, du même style, avec quelques variantes de décor; sans marque de fabrique.

Long., 185 millim.

848 — Plaque oblongue portant une petite inscription étrusque au milieu d'une bordure de méandres, de denticules, etc. Essai de reproduction du granulé antique.

Haut., 29 millim. Larg., 63 millim.

849 — Collier d'or, formé de trois rangs de pendentifs, dont soixante-six grands et soixante-sept petits sont suspendus par des chaînettes à un large bandeau en fils tressés. Les pendants de troisième grandeur sont suspendus à des feuilles de lierre émaillées vert et bleu, et remplissent les intervalles des chaînettes. Au bord inférieur de la tresse, un rang de fleurs d'or alterne avec des feuilles de lierre. Au-dessus de chaque pendentif moyen, un petit disque d'or avec émail bleu; et au-dessus des grands pendants, qui sont ornés de cannelures et de granulations, une fleur d'or. Palmettes sur les fermoirs.

Long., 38 cent.

850 — Collier du même genre, à triple rang de pendentifs, richement ornés de
godrons, de treillis, de feuilles et de grains d'or. Sur le bord inférieur
du bandeau, en fils tressés, un rang de roses alternant avec des clo-
chettes ; au-dessus de chaque pendant du second et du troisième registre,
une rose. Fermoirs en forme de têtes de lion, avec colliers ornés de palmettes en relief.

Long., 34 cent.

851 — Collier d'or, orné de trente-deux intailles antiques sur prime d'émeraude,
serties d'or. Au-dessous de chaque chaton, une perle, et dans les intervalles des belières, des boules d'or lenticulaires, à arêtes cordelées,
servant d'attache à des perles.

Long., 39 cent.

852 — Collier composé de vingt-neuf intailles antiques, dont les chatons, bordés d'un triple cordelé, se terminent par des appendices triangulaires en
perles d'or. Cornaline ; jaspe rouge, jaune, brun et vert ; chalcédoine,
nicolo, agate rubanée, sardonyx et lapis-lazuli sont les matières principales de cette parure. Sujets : buste de Roma, deux coqs de combat,
tête d'Hercule jeune, buste de Psyché, Mercure et son coq, Victoire,
Diane chasseresse, flambeau, Omphale avec les armes d'Hercule, Bacchus adolescent, Romulus portant un trophée, Satyre jouant de la
double flûte, ancre et dauphin, aigle portant une couronne, etc.

Long., 40 cent.

853 — Collier composé de vingt-trois scarabées étrusques en cornaline, sertis
dans des fils d'or cordelés et séparés par des boules granulées, ornées
de palmettes en fils rapportés. Sujets : Chimère, joueur de lyre, cheval,
sanglier, Pégase, etc.

Long., 42 cent.

854 — Une paire de boucles d'oreilles. Scarabée étrusque suspendu à une double
rosace et accosté de quatre chaînettes. Au centre de la rosace, une cornaline en cabochon, et deux boules en cornaline au bas des deux
chaînettes extérieures.

Haut., 56 millim.

855 — Reproduction d'un collier d'or trouvé en Crimée. Il se compose de dix-huit
têtes d'Io, du plus beau style grec, séparées par des perles de verre
multicolore. Io porte deux petites cornes au front, un collier gracieu-
sement enlacé, et de petites rosaces mobiles comme pendants d'oreilles.

Long., 41 cent.

8

856 — Reproduction d'un diadème d'or trouvé en Crimée. Assemblage de fleurons
à jour en or émaillé rouge, bleu et vert, avec perles fines et perles
vitreuses. Dans le haut, un rang de feuilles découpées, chaque feuille
ayant une graine d'émail blanc au centre et des baies bleues sur les
folioles. C'est le chef-d'œuvre de l'orfèvrerie.

Diam., 175 millim.

BAGUES ANTIQUES

857 — Grande bague d'ambre, couronnée d'un groupe en ronde bosse qui
représente une lionne dévorant une jument. Sur l'anneau, quelques
stries gravées à la pointe.

Haut., 6 cent.

858 — Bague en pâte de verre dorée. Sujet : une joueuse de lyre près d'une
colonnette, sur laquelle repose l'instrument.

859 — Bague en verre blanc irisé; la pierre ou la pâte qui y était enchâssée
manque.

860 — Grande bague en cristal de roche, sans gravure.

861 — Grande bague en verre blanc, avec irisation vert et or; sans gravure. —
Chypre.

862 — Bague en verre blanc, avec une pâte ovale enchâssée, imitant l'améthyste.
Sujet : femme drapée tenant une patère. — Chypre.

863 — Bague en verre doré. Sujet : Vénus de face, accoudée sur une colonnette.

864 — Grande bague en ambre, tout entourée de figurines en haut-relief. Sur le
haut : Vénus, de face, entre deux Amours, dont l'un a grimpé sur un
arbre. Sur l'anneau : Éphèbe voilé, debout à côté d'une jeune fille
(Amour et Psyché); Amour tenant une corbeille; Amour agenouillé de
face.

Haut., 45 millim. Larg., 60 millim.

865 — Bague d'or avec un scarabée étrusque mobile (sphinx femelle, à gauche),
en pierre tendre grise. La tige est passée dans deux mascarons de lion.

866 — Bague égyptienne en or. Chaton oblong, mobile, avec légende hiéroglyphique.

867 — Bague d'or avec un scarabée étrusque mobile, en sardonyx à trois couches
(un faon ?). De chaque côté, une tête d'animal ciselée.

868 — Bague étrusque en or estampé. Chaton ovale : fleuron entre un sphinx et
un griffon affrontés.

869 — Bague étrusque en or. Chaton ovale divisé en trois compartiments dans
le sens de la longueur : cygne, hippocampe ailé, sphinx.

870 — Bague d'or à chaton mobile, avec une grande émeraude en cabochon.

871 — Bague d'or grecque à chaton elliptique : tête de femme parée de boucles
d'oreilles et d'un collier à pendentifs, les cheveux recouverts, en partie,
d'un large bandeau. Très belle.

872 — Bague d'or à chaton elliptique, sans gravure. Tige à nervure. Une fibule
d'argent est passée dans l'anneau.

873 — Bague d'or grecque à chaton circulaire : Vénus drapée, assise sur un siège
et tenant sur la main droite étendue une baguette droite. Devant elle,
un Amour levant les deux bras ; derrière elle, un autre Amour, au vol,
qui semble la couronner.

874 — Autre. Femme drapée devant un thymiatérion. **XAIPE.**

875 — Autre, à chaton elliptique. Aiguière en relief.

876 — Bague d'argent à bordure plaquée d'or et décorée de denticules gravés.
Femme drapée devant un thymiatérion. Légende effacée.

877 — Bague d'or en forme de serpent enroulé ; la tête et les écailles du col et de
la queue sont ciselées.

878 — Bague d'or creuse, avec un cristal de roche sans gravure.

879 — Bague d'or grecque du beau style. Cavalier galopant à gauche, les cheveux
et la chlamyde flottant au gré du vent, une haste à la main gauche.

880 — Bague d'or plate. Dans un losange, archer agenouillé à gauche; de chaque
côté, un masque de lion.

881 — Bague d'or renfermant un scarabée étrusque en pierre tendre. Chaton
orné d'enroulements en fils rapportés ; quatre palmettes découpées
maintiennent le scarabée.

882 — Grande bague d'or en forme de serpent enroulé, les écailles au pointillé.

883 — Bague d'or avec une pâte de verre; la tige, à sa partie inférieure, a été
perforée pour recevoir une seconde pâte vitreuse.

884 — Bague d'or à chaton mobile, renfermant une prime d'émeraude en
cabochon.

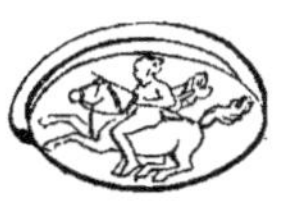

N° 879.

885 — Bague d'or avec un petit nicolo représentant un buste de femme de
l'époque des empereurs flaviens ou du règne de Trajan.

886 — Bague d'or couverte des plus fines granulations et renfermant un grenat
en cabochon.

887 — Bague d'or avec un scarabée étrusque en cornaline (oiseau aquatique), le
chaton orné de palmettes découpées et accosté de deux lions couchés.

888 — Bague d'or à chaton ovale renfermant un grenat en cabochon.

889 — Bague d'or en forme de serpent enroulé, la queue formant anneau. Tête
et écailles ciselées.

890 — Bague d'argent. Femme drapée, assise sur un siège et tressant une
couronne.

891 — Bague de bronze. Homme conduisant deux chevaux.

892 — Bague d'or avec un petit saphir en cabochon. Anneau en torsade; de
chaque côté du chaton, deux feuilles de lierre semées de grains d'or; au
bas du chaton, un rang d'annelets.

893 — Bague d'or massif. Buste drapé d'un empereur romain du iv⁰ siècle.

894 — Bague d'or soufflé, avec pâte de verre : Amour devant Vénus appuyée sur
une colonnette et tenant une colombe.

895 — Bague d'or soufflé, avec un grenat en cabochon.

896 — Bague d'or plate et cannelée, avec un beau scarabée étrusque (en cornaline) mobile entre deux cupules. Sujet: jeune guerrier (Achille) penché
en avant, armé du bouclier rond et d'un glaive. Légende : *Achele*. Sur
le dos du scarabée, un oiseau à buste de femme, de face, la tête tournée
à gauche, les mains posées sur la ceinture. Ancien style.

897 — Bague d'or soufflé, renfermant une cornaline. Sujet: buste dit de Léandre,
aux longs cheveux bouclés. Beau style grec.

898 — Bague d'or avec un petit camée rond à trois couches : masque de Méduse
se détachant en blanc sur un fond rouge pâle.

899 — Bague d'or avec un grenat de Syrie, représentant un coq à gauche.

900 — Autre avec une cornaline : flambeau orné d'une bandelette.

901 — Bague d'or, avec un petit scarabée étrusque mobile, en cornaline : oiseau
à tête de femme.

902 — Bague d'or soufflé, avec un cristal de roche.

903 — Bague d'or avec une améthyste en cabochon; anneau dentelé sur les
bords.

904 — Bague de cuivre à chaton elliptique : Scylla levant les deux bras. Ancien
style.

905 — Bague d'or massif, l'anneau biseauté dans sa partie supérieure et formant
deux angles; sur le chaton : ΛREVSΛ *(Arethusa)* en deux lignes.

906 — Bague d'or. Fil simple, terminé par une main gauche ouverte portant une pomme.

907 — Bague d'or. Anneau plat, surmonté d'un chaton carré, s'évasant vers le haut et renfermant une pâte vitreuse vert émeraude.

908 — Bague d'or massif. L'anneau, décoré de feuilles ciselées, se bifurque pour former un chaton rectangulaire à jour dont le sommet, façonné en pyramide, renferme un saphir de la même forme.

909 — Bague d'or massif, taillée extérieurement en hexagone, le bas cannelé, le haut décoré de fleurons ciselés et d'un petit sardonyx sans gravure.

910 — Bague d'or en spirale. Anneau plat et cannelé, terminé par deux masques de lion estampés.

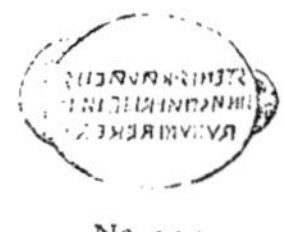

N° 914.

911 — Bague d'or à anneau plat, découpé en couronne de feuillage; cinq petits chatons, disposés en croix grecque, renferment une prime d'émeraude (au centre) et quatre grenats en cabochon, dont un tombé.

912 — Bague d'or soufflé, avec une émeraude : tête d'aigle.

913 — Bague d'or avec un scarabée étrusque en cornaline, se mouvant entre deux cupules : cerf courant.

914 — Bague d'or massif, avec une légende osque en trois lignes :

Stenis. Kalaviis.
anactiai. dieiviiai.
dunum. deded.

915 — Bague d'or avec un scarabée étrusque en cornaline (trois chevaux d'attelage), se mouvant entre deux cupules.

916 — Bague d'or à chaton élevé, supporté par un fleuron à jour et renfermant un saphir taillé à quatre facettes. Dans le bas, un très petit chaton elliptique ciselé.

917 — Une petite bague d'or. Anneau plat avec rinceaux à jour ; chaton en forme
de fleur à quatre feuilles à jour avec une petite émeraude au centre.

918 — Grande bague octogone en pierre verte tendre, représentant huit signes
du zodiaque dans l'ordre suivant : lion, taureau, bélier, gémeaux,
scorpion, femme drapée tenant deux poissons (?), capricorne, femme
tenant une balance.

919 — Bague en ambre, avec une couronne à lemnisques en relief.

920 — Anneau d'or octogone, Dans les replis d'un serpent ailé : soleil, croissant,
symboles et lettres magiques.

921 — Bague d'argent. Anneau découpé en fleuron ; dans le chaton, taillé en
octogone, l'avers d'une monnaie de Marc-Aurèle en or, coulée sur une
pièce d'argent.

922 — Bague d'or. Anneau plat, décoré d'entrelacs ; chaton en cône tronqué,
orné de rinceaux et de sept pâtes de verre (dont plusieurs sont tombées).
L'une de ces pâtes est enchâssée au sommet ; deux autres (triangulaires)
sur les faces principales du cône ; le reste de chaque côté du point de
jonction entre l'anneau et le chaton.

923 — Bague à jour ; chaton élevé, en forme de corbeille enchâssant une pâte
bleue. Sur le rebord du chaton, quatre oreillettes. Moyen âge.

924 — Magnifique bague à jour, le devant plat et prolongé au moyen d'une
plaque oblongue, arrondie au sommet et également façonnée à jour.
Deux petits camées en sardonyx à deux couches y sont enchâssés : l'un
ovale et représentant un vaisseau à la voile ; l'autre, elliptique, avec le
mot ΕΥΤΥΧΙ (εὐτύχει, *sois heureux*). Sur l'anneau, la légende DVLCIS
VIVAS, en lettres ajourées.
Trouvée en France.
Voir la vignette, page 120.

925 — Grande bague d'argent, avec un scarabéoïde mobile, en chalcédoine,
monté en or. Sujet : Hercule étreignant le lion de Némée. Dans le
champ, la massue du héros et deux lettres phéniciennes.

926 — Grande bague d'or ; sur l'anneau, une couronne de laurier ; le chaton en
forme de boîte ovale, dont l'épaisseur est ajourée. Une cornaline
antique, représentant un modius avec des épis de blé et une balance, y
est enchâssée et entourée de dix oreillettes en or et d'un quadruple
cordelé.
Voir la vignette, page 120.

927 — Bague d'or à anneau découpé et orné de trois petits chatons qui renferment des pâtes de verre (une des pâtes est tombée). Le chaton principal, soutenu par quatre perles fines, est décoré de moulures et d'un grenat en cabochon.

928 — Bague d'or surmontée d'une boule dont la partie supérieure est parsemée de granulations. Sur l'anneau, bordé de deux fils cordelés, des stries horizontales en fils soudés. A la base de la boule, deux groupes de globules.

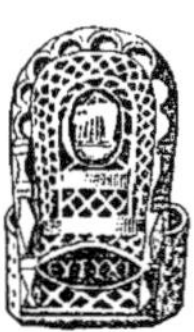

N° 924.

929 — Petite bague d'or, avec un saphir en cabochon, ayant la forme d'un cœur. Anneau façonné.

930 — Bague d'or avec trois pâtes de verre incrustées; au milieu, un croissant rouge sur paillon; de chaque côté, un trèfle.

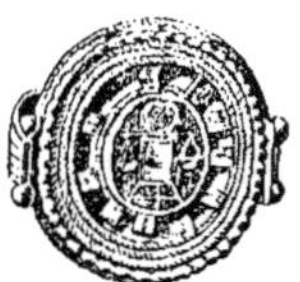

N° 926.

931 — Bague d'or à anneau façonné. Deux petits onyx à trois couches juxtaposées, dont l'un avec gravure (insecte).

932 — Bague d'or creuse, l'anneau couvert d'un réseau et de granulations. Le chaton a perdu sa pierre ou sa pâte vitreuse,

933 — Bague d'ambre, ornée d'une pâte de verre blanche.

PIERRES GRAVÉES

CAMÉES ET FIGURINES

934 — Épervier égyptien en pierre verte tendre, les yeux évidés ; sur le dos une belière. Les pieds sont brisés.

> Haut., 7 cent.

935 — Buste drapé de Sarapis, profil à droite, un bandeau dans les cheveux ; feuilles gravées sur le modius. Camée en sardonyx à deux couches. Beau style grec.

> Haut., 51 sur 44 millim.

936 — Buste casqué de Minerve à gauche, armée de l'égide. Camée fruste, en sardonyx à deux couches.

937 — Tête de Vénus en chalcédoine ; fragment de figurine.

938 — Masque de Vénus en hyacinthe ; fragment de buste.

939 — Éros assis à terre sur une draperie et tenant une lyre. Chalcédoine sur fond transparent.

940 — Éros à genoux sur un dauphin et tenant un papillon. Bas-relief découpé. *Voir la vignette*, page 122.

941 — Petit disque en onyx à deux couches :

ΛΕΓΟΥϹΙΝ	λέγουσιν
ΑΘΕΛΟΥϹΙΝ	ἃ θέλουσιν.
ΛΕΓΕΤѠϹΑΝ	λεγέτωσαν,
ΟΥΜΕΛΗΜΙ	οὐ μέλει μοι.

942 — Main droite pinçant une oreille. **ΜΝΗΜΟΝΕVΕ ΜΟΥ ΤΗϹ ΚΑΠΠΙΕΝΤΕ** *(sic)*. Μνημόνευέ μου τῆς .... Camée en sardonyx à deux couches.

943 — Lion couché ; figurine en sardoine, de style phénicien.

944 — Un autre, plus petit, en cornaline.

945 — Poisson en cornaline.

INTAILLES ASSYRIENNES ET PERSES

946 — Cône assyrien en saphirine : Roi tuant un lion debout.

947 — Anneau sassanide en aigue-marine : Bœuf bossu et légende en pehlvi.

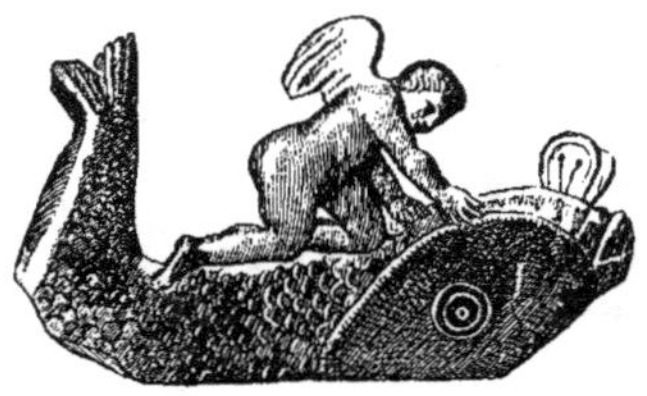

N° 940.

948 — Buste d'un roi sassanide, avec légende pehlvi. Cornaline.

949 — Colombe et légende pehlvi. Sardoine.

SCARABÉES

950 — Le dieu Melkarth, de face, tenant deux lions. Pierre verte. Sardaigne.

951 — Le même, tuant un lion. Dans le haut, croissant et disque solaire. Pierre verte. Sardaigne.

952 — Horus assis sur une barque. Pierre verte. Sardaigne.

953 — Melkarth, de face, soulevant deux lions par leurs queues. Au-dessus, le disque ailé. Sardonyx.

954 — Deux uræus; imitation du style égyptien. Cornaline avec sa sertissure antique en or.

955 — Dieu ailé, debout, tenant dans chaque main un fléau. Cornaline.

956 — Femme drapée et ailée à gauche, remplissant un vase à une fontaine. Sur le dos du scarabée, un oiseau à buste de femme, de face, la tête de profil. Cornaline. Gravure très fine de l'ancien style étrusque.

957 — Ganymède nu, le genou droit en terre, un coq sur la main gauche avancée. Ancien style étrusque.

958 — Hercule combattant le lion de Némée. Cornaline.

959 — Hercule à genoux sur le dos du taureau de Crète. Cornaline.

960 — Hercule traversant la mer dans la coupe du Soleil. Cornaline.

961 — Le chien d'Ulysse, assis, tourmenté par deux moucherons. Cornaline brûlée.

962 — Pygmée étreignant deux grues. Cornaline.

963 — Éphèbe nu, tenant une fibule et un anneau. Dans le champ, un strigile. Cornaline.

964 — Hercule couché sur un radeau que quatre amphores maintiennent à la surface de l'eau. Sa main gauche tient une massue. Cornaline.

965 — Homme nu et armé d'une massue, remplissant une amphore à une fontaine. Cornaline.

966 — Cavalier. Cornaline brûlée.

967 — Homme nu, armé d'une lance et d'un bouclier et retournant la tête en arrière. Pierre verte. Sardaigne.

968 — Sujet analogue. Même matière et même provenance.

969 — Hoplite à genoux, brandissant une haste. Beau style étrusque. Cornaline.

970 — Pied humain. Sardonyx à trois couches.

971 — Pégase. Cornaline.

972 — Griffon marin. Cornaline.

973 — Griffon en arrêt. Cornaline.

974 — Deux chevaux de face. Sardonyx à trois couches.

975 — Lion dévorant un taureau. Cornaline.

976 — Deux lions assaillant un taureau. Pierre verte. Sardaigne.

977 — Deux cygnes. Cornaline.

978 — Épervier coiffé du pschent. Agate rubanée.

979 — Scorpion. Cornaline.

979 *bis*. — Scarabées égyptiens en terre émaillée et en pâte de verre.

SCARABÉOÏDES

980 — Melkarth à quatre ailes, de face, appuyé sur deux sceptres. A l'exergue, une légende phénicienne. Chalcédoine.

981 — Horus devant Anubis assis et tenant un sceptre. Chalcédoine.

982 — Quadrupède et croix ansée. Pierre brune tendre.

983 — Satyre portant une outre. Pierre verte tendre à bandes brunes.

984 — Deux protomes de griffons réunies en sens inverse. Cornaline.

985 — Satyre tenant un kanthare; ancien style grec. Chalcédoine.

986 — Homme nu conduisant un cheval. Chalcédoine-saphirine.

987 — Hercule armé d'une massue, debout devant un homme barbu, nu et armé
d'un glaive. Cristal de roche.

988 — Femme drapée assise sur un siège et tenant un fruit. Chalcédoine.

989 — Victoire couronnant une femme assise sur la base d'une stèle sépulcrale.
La femme a le haut du corps à découvert, et sa main droite levée rajuste
l'himation qui lui sert de voile. Chalcédoine.

990 — Chien. ΤΙΜΟΔΗΜΟ rétrograde. Saphirine.

991 — Lion dévorant un faon. Style grec archaïque. Jaspe brun.

INTAILLES

992 — Pallas combattant. Art étrusque. Sardonyx oriental.

993 — Buste casqué de Minerve. Prime d'émeraude.

994 — Tête diadémée de Junon; style des monnaies de la République romaine.
Sardoine. Très belle.

995 — Tête ailée de Mercure. Cornaline.

996 — Mithras sacrifiant un taureau; dans le haut, les bustes du Soleil et de la
Lune; à l'exergue, un serpent. Cornaline.

997 — Dionysos de l'ancien style, adossé contre une fontaine, le thyrse à la main
gauche; type du prétendu Sardanapale. Cornaline. Très belle.

998 — Tête de Dionysos barbu de l'ancien style. Sardonyx à trois couches.

999 — Tête de Dionysos adolescent; les boucles de cheveux retombant sur
l'occiput sont remplacées par un masque barbu de Satyre aux yeux évidés.
Sardoine.

1000 — Masque de Satyre couronné de lierre. Nicolo.

1001 — Tête de Silène. Cornaline.

1002 — Satyre de face, jouant de la double flûte. Belle sardoine rouge.

1003 — Tête de Silène de face. Grenat.

1004 — Satyrisque à gauche, jouant avec un petit chien. Sardoine.

1005 — Femme à demi nue, tenant un masque de Satyre. Beau style grec. Grenat.

1006 — Buste de femme couronnée de feuilles et de fruits. Légende magique. Grenat.

1007 — Buste de Bacchante, de face, couronnée de lierre. Nicolo.

1008 — Même sujet. Nicolo.

1009 — Masque de femme bachique. Saphirine.

1010 — Amour sur un coq. Nicolo.

1011 — Amour couronnant le buste colossal, de face, d'un empereur en habit militaire. Du côté opposé, une figure nue, assise sur un rocher et retournant la tête vers le buste. Nicolo.

1012 — Amour sur un dauphin. Rubis.

1013 — Bague accostée de deux épis. Dans le haut, Amour tenant un flambeau et un papillon. Sardoine.

1013 *bis*. — Bague, griffon et dauphin. Grenat.

1014 — Buste ailé de l'Amour, à gauche. Sardoine.

1015 — Tête de Psyché, avec des ailes de papillon. Cornaline.

1016 — Tête radiée du Soleil, de face. Jaspe rouge.

1017 — Buste radié du Soleil, à gauche. Sardoine.

1018 — Rome assise; devant elle, le figuier ruminal et la louve. Cornaline.

1019 — Buste casqué de Rome. Jaspe noir.

1020 — Buste ailé de la Victoire. Sardoine.

1021 — Victoire portant un trophée; près d'elle, une déesse dont le manteau est disposé en nimbe. Grand fragment d'améthyste.

1022 — Buste de déesse, de face, placée sur deux cornes d'abondance. Nicolo.

1023 — Déesse panthée. Prime d'émeraude.

1024 — Déesse panthée sacrifiant. Jaspe vert égyptien.

1025 — Tête de Méduse à gauche. Beau style. Sardoine.

1026 — Buste de Méduse de face. Beau style. Saphirine.

1027 — Tête d'Hercule. Sardoine.

1028 — Bellérophon combattant la Chimère. Cornaline brûlée.

1029 — Sphinx dévorant un Thébain. Sardonyx à trois couches.

1030 — Persée tenant la harpé et la tête de Méduse. Émeraude.

1031 — Les trois déesses devant Pâris. Prime d'émeraude.

1032 — Tête d'Iulus, coiffée du bonnet asiatique. Sardoine.

1033 — Mars et Ilia. Cornaline.

1034 — La Louve allaitant les deux jumeaux. Améthyste.

1035 — Pygmée combattant une grue. Jaspe rouge.

1036 — Tête dite de Léandre. Sardoine.

1037 — La même, sur améthyste.

1038 — Empereur romain de face, couronné par une petite Victoire; à sa gauche, une palme. Prime d'émeraude.

1039 — Guerrier blessé et tombé à genoux. Derrière lui, un Terme. Prime d'émeraude.

1040 — Enfant assis à terre et se coiffant d'un grand casque. Nicolo.

1041 — Femme drapée, debout et tenant de ses deux mains une urne sépulcrale placée sur une colonnette. Émeraude.

1042 — Femme drapée, accompagnée d'une suivante qui tient un parasol. Grenat.

1043 — Éros et Psyché, sans ailes, debout et s'embrassant. Cornaline sur fond blanc.

1044 — Potier assis, modelant un vase; devant lui, un ouvrier debout. Ancien style grec. Sardoine.

1045 — Berger portant un agneau sur ses épaules. Nicolo.

1046 — Autre, entouré de brebis. Nicolo.

1047 — Tête chauve et barbue; derrière, la légende rétrograde moderne : ΑΘΗΝΙΩΝ.

1048 — Tête de jeune homme, du beau style. Améthyste.

1049 — Tête d'homme à barbe courte, profil à gauche. Nicolo.

1050 — Buste de l'empereur Commode. Sardoine.

1051 — Tête imberbe. Sardoine brune.

1052 — Tête d'homme. Cornaline.

1053 — Buste de jeune femme couronnée de feuillage. Améthyste de la Renaissance.

1054 — Buste d'Agrippine. Améthyste.

1055 — Buste drapé de femme à gauche. Chalcédoine dans une monture d'argent.

1056 — Terme de jeune femme ; devant, un rameau. Beau style. Sardoine.

1057 — Buste drapé de femme, de face, couronné d'un croissant ; de chaque côté, un buste, l'un lauré, l'autre coiffé d'un bonnet asiatique. Sardonyx à bande blanche.

1058 — Griffon. Cornaline.

1059 — Griffon de l'ancien style. Chalcédoine.

1060 — Truie ailée. Sardoine brune.

1061 — Nubien monté sur un dromadaire et tenant un flambeau. Sardoine.

1062 — Renard conduisant un bige de coqs. Jaspe rouge.

1063 — Vache allaitant son veau. Sardoine.

1064 — Deux vaches à gauche, dont l'une allaite son veau. Sardoine.

1065 — Vache à gauche. Améthyste.

1066 — Lion. Grenat.

1067 — Cigale armée d'un glaive et d'un bouclier. Grenat.

1068 — Fleur, tête de taureau, tête de lion, scorpion, capricorne, etc. Jaspe vert.

1069 — Grylles en jaspe rouge et en sardoine.

1070 — Pierres portant des légendes latines et grecques.

1071 — Cornaline montée en bague d'or moderne : Buste de Satyre, de face. **AMMΩNIOY.**

1072 — Tête d'Hercule jeune. Pâte de verre ; irisation bleue.

1073 — Jeune homme coiffé d'un pétase et conduisant un cheval. Style grec sévère. Pâte vitreuse.

1074 — Lion déchirant un taureau. Pendentif en pâte jaune d'ambre.

1075 — Lézard en fils d'or incrustés dans une pâte vitreuse bleue, doublée de
       blanc.

1076 — Tessère de verre jaune avec légende arabe.

1077 — Autre en pâte blanche avec décor géométrique en relief.

1078 — Une collection de plus de mille pierres gravées antiques, de camées
       antiques et de la Renaissance, de scarabées étrusques, de pâtes de verre
       et de pierres dures non gravées.

MARBRES ANTIQUES

1079 — Fragment de bas-relief égyptien. Buste d'Isis, à gauche, coiffée du disque
solaire et d'un uræus; devant, les restes d'une légende hiéroglyphique.

Haut., 565 millim. Larg., 43 cent.

1080 — Très beau torse d'Athéné de l'ancien style. La déesse est vêtue d'un
chiton en laine, à manches courtes et boutonnées, et d'un peplus ajusté
avec beaucoup d'art. Un masque de Méduse, aux yeux évidés, occupe
le centre de l'égide dont la bordure se compose de petits serpents.
Cheveux noués en chignon, bras gauche abaissé, jambe droite portée
en avant. La tête, l'avant-bras droit, la main gauche avec le poignet, les
pieds et la moitié attenante des jambes manquent. — Marbre grec.

Haut., 68 cent.

1081 — Tête d'éphèbe de l'ancien style, au visage souriant, aux cheveux bouclés
et nattés autour du front, entourés d'un bandeau, puis retombant en
masse plate sur la nuque. Les yeux sont évidés. — Marbre grec.

Le bout du nez est en plâtre. — Haut., 30 cent.

1082 — Double hermès de Dionysos barbu. 1) Reproduction d'un type de l'ancien style, à la longue chevelure retombant en boucles sur les épaules.
2) Tête couronnée de lierre et de korymbes; sur chaque épaule un
des lemnisques de la couronne, les cheveux bouclés, les lèvres entr'ouvertes. Réminiscence de l'ancien style. — Cette réunion de deux
types variés de la même divinité est on ne peut plus curieuse.

Nez modernes. — Haut., 45 cent. Larg., 34 cent.

1083 — Tête de Périklès : Sculpture iconique du beau style grec, représentant un
homme casqué, à la barbe courte, aux cheveux frisés en boucles. Il
porte un grand casque corinthien avec nasal et œillères. Malheureusement, le visage a souffert, mais le caractère général de la physionomie
n'est pas altéré. — Marbre de Paros.

Nez fruste; le buste et la nuque sont modernes. — Haut., 39 cent.

1084 — Tête d'éphèbe, plus grande que nature, du beau style grec. Les cheveux
sont coupés court, et l'artiste s'est contenté de les épanneler. — Marbre
de Paros.

Nez fruste. — Haut., 29 cent.

1085 — Magnifique tête de femme, plus grande que nature, un des fleurons de la
collection Castellani. Elle se tourne vers l'épaule droite ; les cheveux,
ondulés sur le front, sont retenus par un bandeau et noués en chignon
sur la nuque ; les lèvres sont légèrement entr'ouvertes. On l'a appelée
Artémis ; mais la physionomie se rapproche plutôt des Amazones
de l'époque de Polyclète. La conservation est irréprochable. — Trouvée en Sicile. — Marbre de Paros.

Haut., 50 cent.

1086 — Hermès de Platon, avec l'inscription ΠΛΑΤΩΝ sur la gaine. — Marbre
grec.

Nez fruste. — Haut., 1 m. 44 cent.

1087 — Tête d'Aphrodite, les cheveux noués en krobyle et ceints d'une bandelette. Beau style. — Marbre de Paros.

Haut., 28 cent.

1088 — Tête d'un jeune Satyre souriant. — Marbre de Paros.

Haut., 23 cent.

1089 — Fragment d'architecture du beau style grec, représentant la tête et une
partie de l'aile droite d'une Niké qui supporte une frise de feuilles et
d'oves. — Marbre de Paros.

Haut., 34 cent.

1090 — Partie inférieure d'une figure d'homme, assis de face sur un dauphin
(à gauche), la jambe droite recouverte de la chlamyde. Beau style. —
Marbre de Paros.

Haut., 25 cent. Larg., 42 cent.

1091 — Fragment de fronton : les têtes des chevaux d'un quadrige, en relief de
forte saillie ; une seule est bien conservée. Beau style. — Marbre de
Paros.

Long., 55 cent.

1092 — Hercule jeune, assis sur un rocher près de l'arbre des Hespérides, autour
duquel s'enlace un serpent. Le rocher est recouvert de la peau de lion.
— Bas-relief de la belle époque.

Haut., 28 cent. Larg., 30 cent.

1093 — Hercule nu, à gauche, appuyant le genou droit sur la biche cérynitique
qu'il saisit à la fois par la bouche et l'une de ses ramures. — Bas-relief
plat, pendant du numéro suivant.

Haut., 33 cent. Larg., 37 cent.

1094 — Thésée tuant le géant Périphétès. Renversé sur un rocher, au pied d'un
arbre, le géant lève en suppliant le bras gauche. Thésée, vêtu d'une
chlamyde qui flotte au gré du vent, et armé d'un glaive, saisit son
adversaire par la jambe droite en même temps qu'il brandit sa massue.
— Beau style grec.

Haut., 29 cent. — Larg., 37 cent.

1095 — Tête de Sarapis, coiffée d'un petit modius très élevé et orné de branches
d'olivier.

Nez fruste. — Haut., 35 cent.

1096 — Statuette de Silvain, couronné de pin et portant des fruits dans les plis
d'une nébride qui recouvre le pectoral gauche. Sa main gauche tient
une branche de pin, le bras s'accoude sur un tronc d'arbre, la main
droite porte une faucille. Jambe gauche fléchie, endromides aux pieds;
à la gauche du dieu, les restes d'un chien assis de face.

Sur la base, adhérente à la statuette, l'inscription :

SILVANO · SACRVM

L · PACCIVS · BASSVS

D   D

dans un encadrement.

L'avant-bras droit manque, mais la main subsiste; le fer de la faucille est fruste.
— Haut., 55 cent.

1097 — Petite base quadrangulaire. 1) Dionysos adolescent, de face, couronné
de feuilles, la nébride en écharpe. Sa main droite abaissée tient un
kanthare, son bras gauche s'appuie sur un thyrse formé de plusieurs
tiges; une panthère est couchée à ses pieds. 2) Jeune Satyre nu, de
face, jouant de la syrinx et portant un pedum au bras gauche. La
jambe droite est brisée. 3) Silène, de face, vêtu d'un tablier, les deux
bras levés, porte sur sa tête un panier de fruits. 4) Jeune Satyre nu, de
face; à sa droite un chevreuil qui saute après lui et qu'il prend par les
pattes de devant. Main gauche abaissée. La jambe gauche et le chevreuil sont frustes. — Bas-relief de forte saillie.

Haut., 33 cent. — Larg., 18 cent.

1098 — Masque de Pan, couronné de lierre et posé sur un rocher. Fragment de
haut-relief.

Haut., 34 cent.

1099 — Trois fragments d'une frise de sarcophage représentant une fête
bachique : Satyre ἀποσκοπεύων armé d'un pedum; Bacchantes jouant
du tambourin, portant des flambeaux et des thyrses; restes d'une
figure tenant une situle.

Haut., 125 millim. Longueur totale, 66 cent.

1100 — *Puteal.* Scène de vendanges. Dionysos enfant, nu et couronné de lierre, est assis de face sur un mulet et suivi d'un Satyrisque. Sa main gauche tient une coupe dont le liquide coule à terre ; la droite tient une patère dans laquelle un autre Satyrisque, grimpé sur un cep de vigne, dépose une grappe de raisin. — Satyrisque debout dans le pressoir et buvant dans un vase. Deux Satyres imberbes apportent des paniers pleins de raisins et les vident dans le pressoir, devant lequel un Satyre ivre est couché et endormi. Dans un cep de vigne, Satyrisque occupé à la cueillette. — Pan écartant la draperie d'une nymphe endormie sur un rocher. — Deux Panisques emportant Silène ivre.

Bas-relief plat ; basse époque.

Haut., 75 cent. Diam., 70 cent.

1101 — Grande colonne couverte de bas-reliefs : Amours, Pans et Satyrisques cueillant des raisins dans une vigne. Près de la base, Amours conduisant des biges. — Marbre blanc. Traces de dorure.

Haut., 3 mètres.

1102 · Combattant armé d'un bouclier rond et allant vers la droite. Fragment de bas-relief.

Manquent la tête, le bras droit et une partie des jambes. — Haut., 12 cent.

1103 — Enfant endormi, assis sur un rocher. Il est coiffé d'un bonnet et vêtu d'une tunique courte. Sa tête s'appuie sur les deux mains posées sur le genou gauche. — Statuette.

Haut., 37 cent.

1104 · Serpent marin nageant vers la gauche en retournant la tête en arrière. — Bas-relief.

Haut., 53 cent. — Larg., 69 cent.

1105 · Vase godronné, entouré de palmettes et de rinceaux. Sur le col, un aigle dévorant un lapin. — Bas-relief.

Haut., 33 cent. Larg., 31 cent.

1106 · Buste de femme drapée et parée d'un collier. Ancien style latin. Sur la base arrondie :

GEMINIA · C · F
CN · VATRONI · VXOR

Haut., 39 cent. Largeur de la base, 26 cent.

1107 · Petit buste d'un personnage romain du 1ᵉʳ siècle avant notre ère.

Nez refait. · · Haut., 22 cent.

1108 — Tête d'un personnage romain du dernier siècle de la République. Elle
représente un vieillard, au visage glabre, mais l'identification avec un
des hommes célèbres de cette époque n'est pas certaine. Le sommet
de la tête, qui manque, avait été sculpté séparément.

Haut., 31 cent.

1109 — Grande statue de femme drapée, rajustant de la main gauche son
manteau qui fait office de voile. Ses cheveux sont disposés par bandes
parallèles, comme à l'époque des premiers empereurs ; la jambe gauche
supporte le poids du corps, l'autre est fléchie en arrière ; les pieds sont
chaussés de sandales. Le côté droit de la statue est équarri, ce qui
indique qu'elle servait de décor à quelque monument, peut-être à un
tombeau. — Trouvée aux environs de Sorrente.

Nez brisé, de même la main droite qui était tendue en avant. — Haut., 2 mètres.

1110 — Tête de femme, plus grande que nature. Pupilles marquées au ciseau.

Nez refait. — Haut., 44 cent.

1111 — Tête de jeune homme, portrait romain du 1er siècle de l'Empire.

Nez brisé. — Haut., 24 cent.

1112 — Buste nu de femme (la tête manque), se détachant en haut-relief sur un
fond peint en rouge dont il subsiste un fragment.

Haut., 15 cent.

1113 — Profil découpé (à gauche) d'une tête de femme drapée, aux cheveux
ondulés. 1er siècle de l'Empire romain.

Haut., 31 cent.

1114 — Buste drapé de Marciane ; base ronde à cartouche.

Haut., 28 cent.

1115 — Tête de femme romaine de l'époque de Crispine ou de Julie Domne.
Pupilles marquées au ciseau.

Nez fruste. — Haut., 28 cent.

1116 — Tête de jeune femme en basalte noir, de la même époque, les cheveux
retenus par un strophium qui porte un petit disque au centre.

Haut., 22 cent.

1117 — Masque de femme. Sculpture romaine du IVe siècle.

Haut., 12 cent,

1118 — Inscription sépulcrale sur une dalle brisée en deux morceaux; lettres
    peintes en rouge :

D · M · S
OCTAVIAE RVFI
NAE CONIVGI IN
COMPARABILI · Q [.*y*. *a*.]
XXX · OCTAVIVS · FELIX
B · M · FECIT·

Haut., 28 cent. Largeur, 42 cent.

MÉDAILLES ANTIQUES

MÉDAILLES GRECQUES

ITALIE

SAMNIUM

1119 — Guerre sociale. Tête laurée de l'Italie à gauche; derrière, *Veitelio* en lettres osques.

℞ Soldat appuyé sur une haste et taureau couché. A l'exergue, un D osque. Æ. — Deux autres, avec lettres monétaires variées.

CAMPANIE

1120 — Cales. Tête de Pallas; bouclier dans le champ.

℞ Bige de la Victoire, à gauche. CAꞂENO. Æ.

1121 — Tête de Pallas à gauche.

℞ Le même. Æ.

1122 — Cumes. Tête de déesse.

℞ Coquille et grain d'orge. KVMAION. Æ.

1123 — Hyrina. Tête de Pallas, le casque orné d'une chouette.

℞ Taureau à face humaine. VDINA rétrograde. Æ.

1124 — Tête diadémée de Junon de face.

℞ Même type. YDINA rétrograde. Æ.

1125 — Naples. Tête de femme.

℞ Victoire couronnant un taureau à face humaine. A l'exergue : NEOΠOΛITΩN. Æ. Quatre pièces variées. — Trois autres avec la tête de femme à gauche, dont une avec le taureau à gauche.

1126 — NUCERIA ALFATERNA. Tête imberbe à gauche avec une corne de bélier sur la tempe. *Nuvkrinum Alafaternum* en lettres osques.
℞ Castor tenant son cheval. Æ.

1127 — ROME (Monnaies frappées en Campanie). Double tête laurée.
℞ Jupiter dans un quadrige suivi de la Victoire. **ROMA** en lettres incuses. Æ. 5 exemplaires.

1128 — Tête de Mars.
℞ Tête de cheval et strigile. **ROMA**. Petit bronze.
Tête d'Iulus, coiffée d'un bonnet asiatique.
℞ Chien. **ROMA**. Petit bronze.

CALABRE

1129 — TARENTE. Taras assis sur un dauphin et tenant à la main droite un polype. **TAPAS** en lettres rétrogrades.
℞ Pégase marin et coquille. Même légende. Bordure striée. Æ de l'ancien style.

1130 — Taras sur le dauphin, les deux bras étendus. **TARAΣ** rétrograde.
℞ Jeune homme assis sur un siège, tenant un fuseau et s'appuyant sur un bâton. Même légende dans la direction de gauche à droite. Æ. Trois variétés.

1131 — Taras sur le dauphin, à gauche, armé d'un bouclier rond; dessous, les flots de la mer. **TAPAΣ**.
℞ Cavalier et hippocome. Æ. *Rare*.
Taras à droite, le fuseau à la main gauche avancée. Légende peu lisible.
℞ Cavalier, la main droite posée sur la tête du cheval. Devant, un caducée. Æ.

1132 — Taras armé d'un trident, un dauphin sur la main droite. **TAPAΣ** et nom de magistrat, **ΙΩΓ**.
℞ Cavalier à gauche, armé d'un bouclier. **APIΣTΩN**. Æ. — Cinq autres variétés.

1133 — Taras portant un fuseau au bras gauche. **TAPAΣ**; dessous, un soc de charrue.
℞ Cavalier brandissant une lance. Æ. Six variétés.

1134 — Tête de femme à gauche.
℞ Cavalier couronnant son cheval. **TA** et dauphin. Æ.

LUCANIE

1135 — Laus. Taureau à face humaine, à gauche. ΛΑƧ.
℟ Le même, à droite. Légende rétrograde. Æ.

1136 — Métaponte. Épi de blé. META.
℟ Incus. Æ. 2 pièces.

1137 — Épi de blé; à gauche, ME; à droite, TA. Cercle de globules. Æ.

1138 — Tête barbue et casquée; derrière, une tête de lion.
℟ Épi et massue. META. Æ.

1139 — Tête de femme coiffée d'une opisthosphendoné.
℟ Épi; à droite, ME; à gauche, TA. Æ.

1140 — Tête de Cérès.
℟ Épi et Victoire. META. Æ.
Tête de femme. Légende fruste.
℟ Épi et ME. Æ.

1141 — Tête de femme à gauche.
℟ Épi. METAΠONTINΩN. Æ.
Autre, avec une feuille de lierre.

1142 — Posidonia. Neptune brandissant son trident. ΠOM. Bordure d'entrelacs.
℟ Incus; même légende rétrograde. Æ.

1143 — La même pièce avec deux légendes rétrogrades. — Même type. ΠOM.
℟ Incus, légende rétrograde. Æ ⁵.

1144 — Neptune brandissant son trident. ΠOMEƧ rétrograde.
℟ Taureau à gauche et même légende. Æ.
Même type. ΠOME.
℟ Taureau à gauche et même légende. Æ.

1145 — Sybaris. Taureau à gauche, dans une bordure perlée. A l'exergue : ΥM.
℟ Incus. Æ. 3 exemplaires.
Même sujet. Légende au-dessus du taureau. 2 pièces.

1146 — Même type. Æ ⁴.

1147 — THURIUM. Tête de Pallas au casque lauré.
℞ Taureau cornupète. ΘΟΥΡΙΩΝ. Poisson à l'exergue. Æ.
2 pièces.

1148 — Tête de Pallas; sur le casque, une Scylla et les lettres ΕΥΘ.
℞ Taureau cornupète. ΘΟΥΡΙΩΝ et ΣΩΚ. Tétradrachme. Æ.

1149 — Même tête, à gauche, sans signature.
℞ Le même, sans nom de magistrat. Tétradrachme. Æ.

1150 — Même tête, à droite.
℞ Taureau sur une base perlée. ΘΟΥΡΙΩΝ. Æ.

1151 — VELIA. Même tête, le casque ailé et lauré. Derrière, φ.
℞ Lion, ΥΕΛΗΤΩΝ, et dans le haut : grappe de raisin entre les
lettres φΙ. Æ.

1152 — Tête de Pallas, à gauche, le casque orné d'un griffon et d'un serpent.
℞ Lion dévorant une tête de bélier. ΥΕΛΗΤΩΝ. Dans le haut,
quadrupède entre les lettres φΙ. Æ.
Pièce semblable, le lion tourné à gauche.

1153 — Même tête, le casque orné d'un griffon et d'une palmette.
℞ Lion dévorant un cerf. ΥΕΛΗΤΩΝ. Æ. 2 pièces.

BRUTTIUM

1154 — BRETTII. Buste de la Victoire.
℞ Bacchus de face, avec thyrse et nébride. ΒΡΕΤΤΙΩΝ. Æ.
4 pièces avec symboles variés.

1155 — Tête de déesse, voilée et diadémée, un sceptre sur l'épaule.
℞ Neptune, à gauche. ΒRΕΤΤΙΩΝ et crabe. Æ.

1156 — CAULONIA. Apollon, un rameau à la main droite levée, une figurine sur
le bras gauche étendu. ΚΑVΛ et un cerf.
℞ Incus. Æ.

1157 — CROTONE. Trépied dans une bordure de perles. ϘΡΟ.
℞ Incus. 2 pièces. Æ.

1158 — Trépied. ϘΡΟ rétrograde.
℞ Aigle au vol, incus. Æ.

1159 — Aigle et tête de cerf.
    ℞ Trépied. ϞPO et feuille de lierre. Ⓡ.
    Aigle éployé sur un rameau d'olivier.
       ℞ Trépied. KPO et la lettre Δ. Ⓡ.

1160 — Tête laurée d'Apollon.
       ℞ Trépied. KPO et rameau orné de ténies. Ⓡ.

1161 — Même tête. Légende, ...TAΣ.
       ℞ Hercule enfant étranglant les serpents. Ⓡ.

1162 — LOCRES. Tête laurée de Jupiter. ΛΟΚΡΩΝ.
       ℞ Aigle dévorant un lièvre. Ⓡ.
    Tête de Pallas à gauche. ΛΟΚΡΩΝ.
       ℞ Pégase, à gauche, et foudre. Ⓡ. 3 pièces.

1163 — RHEGIUM. Dépouille d'une tête de lion.
       ℞ Jupiter imberbe, assis sur un siège à gauche et s'appuyant sur un
sceptre. ƧOИIƆƎЯ. Bordure d'olivier. Tétradrachme. Ⓡ.

1164 — La même.
       ℞ Jupiter barbu et la légende OИIƆƎЯ autrement disposée.

1165 — La même, avec RECINOƧ. Jupiter relève de la main gauche sa chlamyde
et tient une patère à la main droite.

1166 — TERINA. Tête de femme, parée de boucles d'oreilles. TEPINAIΩN.
       ℞ Victoire assise à gauche sur un autel et portant un oiseau sur la
main droite avancée. Ⓡ.

SICILE

1167 — AGRIGENTE. Aigle, à gauche. AKRACANTOƧ.
       ℞ Crabe dans un champ concave. Tétradrachme. Ⓡ. — Deux
autres en Ⓡ 4 ¹/₂; sur l'une, un fleuron sous le crabe.

1168 — Aigle, à droite. AK-AЯ.
       ℞ Crabe dans un champ concave. Ⓡ. Quatre variétés.

1169 — Aigle, à gauche. AKRAC-ƧOTИA. 2 pièces. Ⓡ.

1170 — CAMARINA. Tête d'Hercule barbu, coiffée de la peau de lion. KAMAPI-
NAION.
       ℞ Quadrige à gauche couronné par la Victoire. Exergue, cigogne.
Tétradrachme. Ⓡ.

1171 — Tête de déesse, de face, couronnée d'un bandeau et parée d'un collier de
perles.
℟ Victoire au vol, à gauche, portant un caducée et une ténie.
KAMAPI. *Très belle et très rare.*

1172 — Pallas à gauche, debout et armée d'une haste. **KAMARINAION**.
℟ Victoire au vol et cygne dans une couronne de feuilles. Æ ².

1173 — Catana. Tête laurée d'Apollon. **KATANAION**.
℟ Bige au pas. Tétradrachme. Æ.

1174 — Même tête, de l'ancien style, et même légende.
℟ Bige au pas. Tétradrachme. Æ.

1175 — Tête laurée d'Apollon, de face.
℟ Quadrige au galop, à gauche, couronné par une Victoire.
Exergue : **KATANAION** et un poisson. Tétradrachme. Æ.

1176 — Géla. Protome d'un taureau cornupète agenouillé. Légende emportée.
℟ Victoire couronnant un bige au pas. Palmette à l'exergue. Tétradrachme. Æ.

1177 — Même type. **CEΛΑΣ**.
℟ Bige près d'une colonne. Épi couché à l'exergue. Tétradrachme.
Æ. 2 pièces.

1178 — Même avers, d'un autre style.
℟ Victoire couronnant un bige. Tétradrachme. Æ. 5 pièces.

1179 — Même type. Légende rétrograde.
℟ Victoire couronnant un quadrige. Tétradrachme.

1180 — Même type. **CEΛΑΣ**.
℟ Cavalier brandissant sa lance. Æ. 13 pièces.

1181 — Héraclée Minoa. Tête de déesse couronnée de blé; trois dauphins
autour.
℟ Victoire couronnant un quadrige. Tétradrachme. Æ.

1182 — Himera. Coq à gauche.
℟ Crabe. Æ.

1183 — Leontini. Tête d'Apollon entre trois feuilles. ᴸEONTI-ON.
℞ Victoire couronnant un char attelé de trois chevaux. A l'exergue,
un lion courant. Tétradrachme. .Ʀ.

1184 — Tête de lion entre quatre grains d'orge. ΛEONTINON.
℞ Victoire couronnant un char attelé de trois chevaux. Tétradrachme.
.Ʀ. 4 pièces.

1185 — Tête laurée d'Apollon.
℞ Tête de lion entre quatre grains d'orge. ᴸEONTINON. Tétradrachme. .Ʀ. 21 pièces.

1186 — Même tête à gauche.
℞ Le même. Tétradrachme. .Ʀ. 4 pièces.

1187 — Tête de lion entre quatre grains d'orge. ᴸEONTINON (les lettres en
partie rétrogrades).
℞ Cavalier. .Ʀ. 3 pièces.

1188 — Messine. Lièvre courant. Dans le haut, un aigle; au-dessous, un épi
couché. Exergue: MEϞϞANION.
℞ Aurige dans un char attelé d'un mulet. Tétradrachme. .Ʀ.

1189 — Lièvre courant. MEϟϟENION.
℞. Aurige assis dans un char attelé d'un mulet. A l'exergue : une
palme. Tétradrachme. .Ʀ. 10 pièces.

1190 — Naxos. Tête de Bacchus, de l'ancien style, couronnée de lierre.
℞ Satyre accroupi, de face, approchant un kanthare de ses lèvres.
NAXION. Tétradrachme. .Ʀ.

1191 — Tête imberbe aux cheveux épars. NAΞIΩ[N]. Derrière, une feuille.
℞ Satyre accroupi, de face, tenant un thyrse et un kanthare; à sa
droite, un Terme; à sa gauche, une branche de lierre. Sur la base, la
signature de l'artiste : ΠPOKΛHϞ. — Ʀ.

1192 — Panorme. Tête de Cérès, à gauche, couronnée d'épis et parée d'un collier
et de pendants d'oreilles.
℞ Cheval. Dessus, le disque ailé entre deux uræus. Double statère
d'or.

1193 — Même tête.
℞ Cheval. Statère d'or. 5 pièces.

1194 — Même tête, à droite, entourée de quatre dauphins.
℞ Cheval au galop et palmier. Tétradrachme. Æ.

1195 — Même revers, la tête à gauche.
℞ Buste de cheval et un petit palmier. Légende punique : *Am machanat*. Tétradrachme. Æ.

1196 — Autre exemplaire, le palmier plus grand.

1197 — Autre exemplaire.

1198 — Autre exemplaire.

1199 — Deux autres, de style différent.

1200 — Même avers.
℞ Lettre punique sous le buste du cheval. 2 pièces.

1201 — Tête d'Hercule, coiffée de la peau de lion.
℞ Buste de cheval et palmier. Légende emportée. Tétradrachme. Æ.

1202 — Tête de Cérès, à gauche, couronnée d'épis.
℞ Cheval. Au-dessus, un soleil; dessous, la lettre punique O. Æ. 2 pièces.

1203 — Ségeste. Tête de femme parée d'un collier. ΣΕΓΕΣΤΑΙΙΒ.
℞ Chien et trois épis. Æ.
Tête de femme, de l'ancien style.
℞ Chien. Même légende, rétrograde. Æ.

1204 — Sélinonte. Feuille d'ache.
℞ Carré creux à ailes de moulin. Æ. 2 pièces.

1205 — Le fleuve Selinos personnifié, tenant un rameau et sacrifiant sur un autel. ΣΕΛΙΝΟΝΤΙΟΝ. Derrière lui, un taureau sur une base et une feuille d'ache.
℞ Dans un bige au pas, Diane et Apollon tirant de l'arc. Tétradrachme. Æ.

1206 — Hercule arrêtant un taureau et brandissant sa massue. ΣΕΛΙΝΟΝΤΙΟΝ.
℞ Le fleuve Hypsas personnifié, sacrifiant sur un autel. Derrière, une cigogne et une feuille d'ache. HVΨΑΣ. Æ. 2 pièces.

1207 — SYRACUSE. Aurige conduisant un char attelé de trois chevaux. SVRA.
℟ Tête d'Aréthuse, à gauche, au milieu d'un carré creux. Tétradrachme de l'ancien style.

1208 — Mêmes types, avec SVRAPOSION.

1209 — Autre exemplaire.

1210 — Tête d'Aréthuse, de l'ancien style, avec bandeau et collier de perles, entre quatre dauphins. ƧVRAPOƧION.
℟ Victoire couronnant un aurige qui conduit un bige à gauche. A l'exergue : ƧVPA. Tétradrachme *inédit*.

1211 — Même avers, la tête plus petite.
℟ Le même, sans la légende de l'exergue. Tétradrachme. .℟.
Même avers.
℟ Cavalier. .℟.

1212 — Tête d'Aréthuse, de l'ancien style, un collier de perles dans les cheveux. ƧVRAKOƧION.
℟ Victoire couronnant un char attelé de trois chevaux. Tétradrachme. .℟. 75 pièces.

1213 — Même type, avec coiffure variée. 4 pièces.

1214 — Même type, les cheveux retombant jusqu'au bas du cou. 2 pièces.

1215 — Même type, les cheveux dépassant la tranche du cou. 12 pièces.

1216 — Même type. ƧVRAKOƧION.
℟ Cavalier. ℟.

1217 — Tête d'Aréthuse, de l'ancien style, avec collier et bandeau de perles, entre quatre dauphins. Même légende.
℟ Victoire couronnant un aurige qui conduit au pas un char attelé de trois chevaux. A l'exergue, un serpent. Tétradrachme. ℟. 3 pièces.

1218 — Même tête, du style sévère, avec boucle d'oreille.
℟ Bige couronné par la Victoire. Un serpent à l'exergue. Tétradrachme. ℟.

1219 — Même avers.
℞ Victoire couronnant les chevaux d'un bige. Serpent à l'exergue.
Tétradrachme. Æ.

1220 — Même avers.
℞ Victoire couronnant un cavalier. Serpent à l'exergue. Di-
drachme. Æ.

1221 — Même tête, les cheveux ondulés sur le front et le chignon enserré dans
une bandelette.
℞ Victoire couronnant le conducteur d'un bige. Serpent à l'exergue.
Tétradrachme. Æ.

1222 — Même tête, avec boucles d'oreilles. 3 pièces.

1223 — Variété. La Victoire couronne les chevaux du bige. Tétradrachme. Æ.

1224 — Autre exemplaire, avec le serpent à l'exergue.

1225 — Autre exemplaire.

1226 — Tête d'Aréthuse, du style sévère, le cou dégagé.
℞ Le même. Tétradrachme. Æ. 4 pièces.

1227. — Même tête, avec boucle d'oreille.

1228 — Même type, un serpent à l'exergue. 8 pièces.

1229 — Même tête, la bandelette nouée au-dessus du front. 2 pièces.

1230 — Même type, avec des cheveux follets autour de l'oreille. 2 pièces.

1231 — Variété du type précédent. 3 pièces.

1232 — Même type, avec une double bandelette dans les cheveux.

1233 — Variété du type précédent. 4 pièces.

1234 — Même tête, le chignon en torsade.

1235 — Variété du type précédent. 17 pièces.

1236 — Même tête, coiffée d'un large bandeau.

1237 — Variété du type précédent. 5 pièces.

1238 — Autre, le chignon noué au sommet de la tête.
    ℞ Bige au galop, à gauche, Victoire couronnant l'aurige, serpent à l'exergue. 3 pièces.

1239 — Même tête, du beau style, les cheveux cachés sous un *sakkos* orné d'une bordure de méandres.
    ℞ Victoire couronnant le conducteur d'un bige.

1240 — Variété de la précédente. 3 pièces.

1241 — Même tête, du beau style, les cheveux entourés d'un triple bandeau. ΣΥΡΑΚΟΣΙΟΝ.
    ℞ Bige au pas et Victoire.

1242 — Tête d'Hercule, à gauche, coiffée d'une peau de lion. ΣΥ rétrograde.
    ℞ Tête d'Aréthuse, à gauche, au centre d'un carré creux. ΣΥΡΑ. Or. 2 pièces.

1243 — Tête de Koré, à gauche, couronnée de blé, parée d'un collier et de pendentifs; quatre dauphins autour. ΣΥΡΑΚΟΣΙΩΝ.
    ℞ Victoire couronnant le conducteur d'un quadrige qui galope vers la gauche. A l'exergue : cuirasse, knémides, bouclier, casque et lance. Médaillon d'argent du plus beau style grec, le type très complet.

1244 — Tête d'Aréthuse, de face, parée d'un bandeau sur lequel se lit la signature de l'artiste ΚΙΜΩΝ, d'un large collier et de boucles d'oreilles, les cheveux épars. De chaque côté, un dauphin. ΣΥ rétrograde, et au-dessus de la bordure de perles : ΑΡΕΘΟΣΑ.
    ℞ Victoire debout, au-dessus d'un quadrige galopant vers la gauche. ΣΥΡΑΚΟΣΙΩΝ. Épi couché à l'exergue. Magnifique médaillon d'argent.

1245 — Tête d'Aréthuse, à gauche, parée d'un bandeau, d'un collier de perles et de boucles d'oreilles, les cheveux bouclés. Quatre dauphins autour. ΣΥΡΑΚΟΣΙΩΝ.
    ℞ Victoire couronnant l'aurige d'un char à quatre chevaux galopant vers la gauche. A l'exergue : cuirasse, knémides, bouclier, casque et lance. — Médaillon d'argent du beau style.

1246 — Tête laurée d'Apollon à gauche; derrière, une aile.
  ℞ Trépied. ΣΥΡΑΚΟΣΙΩΝ. Or.

1247 — Même tête, à gauche.
  ℞ Lyre. ΣΥΡΑΚΟΣΙΩΝ. Or.

1248 — Tête de Koré, à gauche, couronnée de blé et parée de boucles d'oreilles.
  Dauphins autour.
   ℞ Quadrige au galop, à gauche. Dans le haut, triquètre. A l'exergue :
  ΣΥΡΑΚΟΣΙΩΝ et monogramme composé des lettres ΑΝ. Æ.

1249 — Même type. 4 exemplaires.

1250 — Tête de Pallas, un griffon sur le casque; derrière, un Terme armé.
  ℞ Pégase, ΣΥΡΑΚΟΣΙΩΝ et triquètre. Æ. 2 pièces.

1251 — Tête laurée d'Apollon, à gauche.
  ℞ Bige au galop et triquètre. ΣΥΡΑΚΟΣΙΩΝ. Or.

1252 — Tête de Pallas, à gauche.
  ℞ Pégase à gauche, et triquètre. Æ.

1253 — Même tête, à droite.
  ℞ Pégase à gauche. Æ.

1254 — Même tête, à gauche.
  ℞ Foudre. ΣΥΡΑΚΟΣΙΩ[N] et lettres monétaires. Æ.

ROIS DE SICILE

1255 — AGATHOCLE (317-289). Tête de Koré, coiffée d'épis de blé. ΚΟΡΑΣ.
  ℞ Victoire érigeant un trophée. ΑΓΑ..... et triquètre. Æ.

1256 — HICETAS II (287-278). Tête de Koré, à gauche, couronnée d'épis.
  ΣΥΡΑΚΟΣΙΩΝ.
   ℞ Victoire conduisant un bige au galop. ΕΠΙ ΙΚΕΤΑ. Or.

1257 — HIÉRON II (275-216). Tête de Koré, à gauche, couronnée d'épis.
  ℞ Bige. ΙΕΡΩΝΟΣ. Or.

1258 — Tête de Pallas, à gauche; un griffon sur le casque.
  ℞ Pégase. ΙΕΡΩΝΟΣ. Æ.

1259 — Philistis. Tête voilée de Philistis, à gauche.
℞ Victoire conduisant un quadrige au galop. **ΒΑΣΙΛΙΣΣΑ[Σ] ΦΙΛΙ-ΣΤΙΔΟΣ**. Æ.

1260 — Même avers. Derrière le buste, une fleur.
℞ Victoire conduisant un quadrige au pas. **ΒΑΣΙΛΙΣΣΑ[Σ] ΦΙΛΙ-ΣΤΙΔ[ΟΣ]**. Æ.

1261 — Gélon II. Buste diadémé de Gélon, à gauche.
℞ Victoire conduisant un bige. **ΣΥΡΑΚΟΣΙΟΙ ΓΕΛΩΝΟΣ**. Æ.

MÉSIE INFÉRIEURE

1262 — Istrus. Deux masques posés en sens inverse.
℞ Aigle déchirant un dauphin. **ΙΣΤΡΙΗ** et monogramme. Æ.

THRACE

1263 — Maronée. Tête de Bacchus, à gauche, couronnée de lierre.
℞ **ΜΑΡΩΝΙΤΕΩΝ ΕΠΙ ΗΡΟΦΙΛΟΥ** sur une bordure carrée renfermant un cep de vigne. Tétradrachme. Æ.

1264 — Lysimaque (roi, 323-282). Tête diadémée avec corne de bélier.
℞ Pallas Nicéphore assise à gauche. Caducée dans le champ. **ΒΑΣΙΛΕΩΣ ΛΥΣΙΜΑΧΟΥ**. Tétradrachme. Æ.

MACÉDOINE

1265 — Acanthe. Lion terrassant un taureau. A l'exergue, un bucrâne.
℞ Carré creux. Tétradrachme. Æ.

1266 — Protome de lion couché.
℞ Carré creux. Æ. 2 pièces.

1267 — Philippe (roi, 359-336). Tête laurée d'Apollon.
℞ Bige et kanthare. **ΦΙΛΙΠΠΟΥ**. Or.

1268 — Autre, avec une feuille de lierre.

1269 — Tête laurée de Jupiter.
　　　℞ Cavalier et kanthare. **ΦΙΛΙΠΠΟΥ**. Ӕ.

1270 — ALEXANDRE LE GRAND (roi, 336-323). Tête d'Hercule, coiffée de la peau
　　　de lion.
　　　　　℞ Jupiter aétophore, assis à gauche. **ΒΑΣΙΛΕΩΣ ΑΛΕΞΑΝΔΡΟΥ**·
　　　Tétradrachme. Ӕ. 5 pièces.

THESSALIE

1271 — THESSALIE *in genere*. Tête laurée de Jupiter.
　　　　　℞ Pallas combattant. **ΘΕΣΣΑΛΩΝ** et noms de magistrats. Ӕ.
　　　2 pièces.

ACARNANIE

1272 — ANACTORIUM. Tête casquée de Pallas, à gauche, et symbole monétaire.
　　　　　℞ Pégase à gauche. **AN** en monogramme. Ӕ. 3 pièces.

1273 — LEUCAS. Même type, avec un **Λ**. Ӕ.

BÉOTIE

1274 — THÈBES. Bouclier échancré.
　　　　　℞ Amphore et grappe de raisin. **ΘΕ**. Ӕ.

ATTIQUE

1275 — ATHÈNES. Tête casquée d'Athéné, de l'ancien style.
　　　　　℞ Chouette. **ΑΘΕ** et branche d'olivier. Ӕ.

1276 — Même tête, avec casque à cimier.
　　　　　℞ Chouette sur une amphore. **ΑΘΕ**·**ΠΟΛΥΧΑΡΜ**·**ΝΙΚΟΓ**·**ΑΠΟΛ-
　　　ΛΩΝΙΔ**. Caducée ailé. Tétradrachme. Ӕ.

1277 — ÉGINE. Tortue.
　　　　　℞ Carré creux à ailes de moulin. Ӕ.

ACHAÏE

1278 — CORINTHE. Tête de Pallas, à droite; derrière, un archer à gauche.
　　　　　℞ Pégase, de l'ancien style, à gauche. Ӕ.
　　　Tête de Pallas, à gauche, et symbole.
　　　　　℞ Pégase, à gauche, et la lettre **Ϙ**. Ӕ. 15 pièces.

PAPHLAGONIE

1279 — Sinope. Tête de femme, à gauche; devant, un acrostole.
℟ Aigle pêcheur sur un dauphin. ΣΙΝΩ et nom de magistrat. ℛ.

IONIE

1280 — Milet. Tête laurée d'Apollon, à gauche.
℟ Lion et soleil. Nom de magistrat et monogramme. ℛ.

ILES DE CARIE

1281 — Cos. Tête d'Hercule.
℟ Crabe. ΚΩΙΟΝ, massue et ΝΙΚΩΝ. ℛ.

1282 — Rhodes. Tête d'Hélios, de face.
℟ Rose. Légendes effacées. ℛ.

PAMPHYLIE

1283 — Aspendus. Deux lutteurs. FA.
℟ Frondeur et triquètre. ΕΣΤΓΕΔΙΙΥΣ. ℛ.

ROIS DE LYDIE

1284 — Croesus (?). Protome de lion et tête de bœuf affrontées.
℟ Carré creux. ℛ.

1285 — Deux têtes de veau affrontées; au milieu, un rameau feuillu.
℟ Carré creux. ℛ.

ÉGYPTE

1286 — Cléopâtre et Marc-Antoine. Buste drapé et diadémé de Cléopâtre.
ΒΑCΙΛΙCCΑ ΚΛΕΟΠΑΤΡΑ ΘΕΑ ΝΕΩΤΕΡΑ.
℟ Tête de Marc-Antoine. ΑΝΤΩΝΙΟC ΑΥΤΟΚΡΑΤΩΡ ΤΟ Γ
ΤΩΝ ΤΡΙΩΝ ΑΝΔΡΩΝ. Médaillon d'℟, le plus beau connu.

MÉDAILLES ROMAINES

DENIERS D'OR DE LA RÉPUBLIQUE

1287 — Cestia-Norbana. Buste drapé de femme. C·NORBANVS·PR. L·CES-
TIVS.
℞ Cybèle dans un bige de lions. S·C.

1288 — Buste de l'Afrique, coiffée d'une peau d'éléphant.
℞ Bisellium chargé d'un casque. L·CESTIVS, C·NORBA. Dans
le champ : S·C et PR.

DENIERS D'OR DE L'EMPIRE

1289 — Auguste. Tête laurée. CAESAR AVGVSTVS·DIVI·F·PATER·PA-
TRIAE.
℞ Les deux Césars debout, tenant chacun un bouclier rond et une
haste. Lituus et simpule dans le champ. ....DESIG· PRINC·IV-
VENT. Exergue : C·L·CAESARES.

1290 — Tibère. Buste lauré. TI CAESAR DIVI AVG. F AVGVSTVS.
℞ Femme assise. PONTIF MAXIM.

1291 — Autre exemplaire.

1292 — Néron Drusus. Tête laurée à gauche. NERO CLAVDIVS DRVSVS
GERMANICVS IMP.
℞ Arc de triomphe; sur la plate-forme, une statue équestre entre
deux trophées.

1293 — Néron. Tête nue. NERO·CAESAR·AVG·IMP.
℞ EX S C dans une couronne de chêne. PONTIF·MAX·TR·P·
V·P·P.

1294 — Tête laurée. NERO CAESAR.
℞ L'empereur, la couronne radiée sur la tête, tient une petite Victoire. AVGVSTVS GERMANICVS.

1295 — Othon. Tête nue. IMP M OTHO CAESAR AVG TR P.
℞ La Sécurité tenant un sceptre et une couronne. SECVRITAS P R.

1296 — Autre exemplaire.

1297 — Vespasien. Tête laurée. IMP CAESAR VESP AVG CENSOR.
℞ Temple de Vesta, orné de trois statues. VESTA.

1298 — Domitien. Tête laurée. DOMITIANVS AVGVSTVS.
℞ La Germanie captive, assise sur un bouclier. GERMANICVS COS XIIII.

1299 — Même avers.
℞ Pallas debout. GERMANICVS COS XV.

1300 — Nerva. Tête laurée. IMP NERVA CAES AVG P M TR P COS III P P.
℞ Deux mains jointes. CONCORDIA EXERCITVVM.

1301 — Trajan. Buste lauré. IMP CAES NER TRAIANO OPTIMO AVG GER DAC.
℞ Bonus Eventus debout, tenant une patère et des épis. P·M·TR·P·COS·VI·P·P·S·P·Q·R.

1302 — Hadrien. Tête laurée. HADRIANVS AVGVSTVS.
℞ L'empereur à cheval. COS III.

1303 — Même avers.
℞ L'Espérance. SPES P·R.

1304 — Antonin. Tête laurée. ANTONINVS AVG PIVS P P TR P XVII.
℞ L'empereur tenant un globe. COS IIII.

1305 — Buste lauré. ANTONINVS AVG PIVS P P.
℞ Vesta priant devant un autel allumé. TR POT COS II.

1306 — Même avers, tête nue.
℞ Rome assise tenant le Palladium. TR POT COS IIII.

1307 — Faustine mère. Buste drapé. DIVA FAVSTINA.
℞ Cérès voilée, tenant un sceptre et un bouquet d'épis. CERES.

1308 — Marc-Aurèle. Buste drapé. IMP M ANTONINVS AVG.
℞ Hygiée tenant un sceptre et donnant à boire à un serpent enroulé autour d'un autel. SALVTI AVGVSTOR TR P XVII COS III.

1309 — Tête nue. IMP CAES M AVREL ANTONINVS AVG.
℞ Marc-Aurèle et Vérus se donnant la main. CONCORDIAE AVGVSTOR TR P XV COS III.

1310 — Buste drapé. IMP M AVREL ANTONINVS AVG P M.
℞ Hygiée comme au nᵒ 1308. Même légende, avec TR P XVI.

1311 — Buste lauré et drapé. ANTONINVS AVG ARMENIACVS.
℞ Victoire appuyant sur un palmier un bouclier à la légende VIC AVG. Lég. circulaire : P M TR P XVIII. IMP II COS III.

1312 — Faustine jeune. Buste drapé. FAVSTINA AVGVSTA.
℞ Hygiée assise, donnant à boire à son serpent. SALVTI AVGVSTAE.

1313 — Verus. Buste drapé. L VERVS AVG ARMENIACVS.
℞ L'Arménie captive, assise près d'un trophée. TR P III. IMP II COS II. Exergue : ARMEN.

1314 — Buste lauré. L VERVS AVG ARM PARTH MAX.
℞ Vérus à cheval, terrassant un ennemi. TR P VI IMP III COS II.

1315 — Buste lauré et drapé. Même légende.
℞ Déesse assise, tenant une balance et une corne d'abondance. TR·P·VIII·IMP·V·COS·III.

1316 — Lucille. Buste drapé. LVCILLAE AVG ANTONINI AVG F.
℞ Vénus tenant un sceptre et un globe. VENVS.

1317 — Monnaies grecques, la plupart de Sicile; plusieurs centaines de pièces
       d'argent.

1318 — Grande-Grèce et Sicile; 15 monnaies de bronze de très belle conser-
       vation.

1319 — Quadrans, triens et sextans romains; 15 p.

1320 — Une trouvaille de monnaies consulaires en argent; 290 p.

1321 — Quelques deniers d'argent romains du Haut-Empire, et une tessère
       d'Auguste, en bronze.

1322 — Monnaies italiennes en or et en argent.

1323 — Jetons italiens.

1324 — Une collection de sceaux-matrices du Moyen-Age et de la Renaissance.

1325 — Une collection de bagues antiques et modernes en cuivre et en argent,
       dont plusieurs niellées.

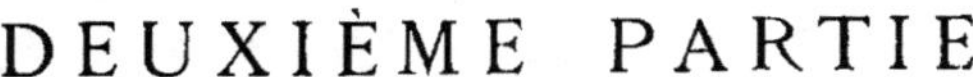

DEUXIÈME PARTIE

OBJETS D'ART

DU MOYEN-AGE

DE LA RENAISSANCE

ET

DES TEMPS MODERNES

DÉSIGNATION DES OBJETS

FAÏENCES ITALIENNES

1 — Fabrique de Gubbio. — Coupe ronde à décor à reflets métalliques, rouges
et mordorés, rehaussé de bleu, de brun et de vert. Groupe de cavaliers

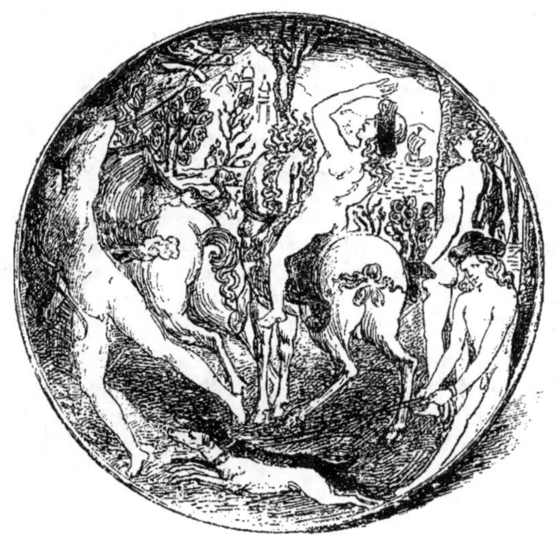

Nº 1.

nus revenant de la chasse. Au premier plan, groupe de trois chiens,
dont deux sont tenus en laisse. Dessin archaïque d'un très beau caractère. Un cartouche placé au bas du sujet porte les lettres I. A. Malgré
ces initiales, qui peuvent être celles d'un des personnages représentés,
nous attribuons cette pièce au *maestro Giorgio Andreoli*. — Diam.,
24 cent.

2 — Fabrique de Gubbio. — Plat rond et creux à large bord plat. Décor à reflets métalliques irisés, rouge cuivreux et bleu nacré, par le *maestro Giorgio Andreoli*. Au fond, adolescent passant jouant de la flûte. Au bord, paysage avec vue de ville. A droite, vieillard s'appuyant sur un bâton et ayant à ses pieds une tête de mort. A gauche, enfant agenouillé montrant le ciel de son bras droit. Au revers, le monogramme de l'artiste, la date de 1525 et des feuillages à reflets. — Diam., 275 millim.

3 — Fabrique de Gubbio. — Pot à panse ovoïde avec anse côtelée et goulot allongé formant corps avec la panse. Décor à reflets métalliques rouge rubis, mordorés et bleu nacré, attribué au *maestro Giorgio Andreoli*. Sur la face du vase, un écusson renfermant un buste de jeune fille et un buste de jeune homme en regard ; au-dessus et entouré d'ornements, un buste d'homme barbu de profil à gauche. Ce groupe se détache sur un fond blanc pointillé, encadré d'une large couronne de fruits et de feuillages, et divers ornements se développent sur la panse. On lit sur une banderole placée à la partie supérieure du goulot : *Ock⁵ Scar* . — Pièce remarquable. — Haut., 33 cent.; diam., 25 cent.

4 — Fabrique de Gubbio. — Petit plat rond et creux à décor à reflets métalliques rouge rubis, bleu nacré et irisés, rehaussé de bleu. Au fond, buste de jeune fille de profil à gauche, exécuté en bleu avec bonnet rouge à reflets se détachant sur un fond mordoré. Au pourtour, imbrications feuillagées à reflets mordorés sur fond blanc, et, au marli, feuilles en spirale à reflets rouges et mordorés rehaussés de bleu. Cette pièce intéressante nous parait avoir été exécutée vers 1525. — Diam., 215 millim.

5 — Fabrique de Gubbio. — Coupe ronde sur pied bas avec feuillages et fruits gaufrés en relief. Décor à reflets métalliques rouge cuivreux rehaussé de bleu. Au fond, Amour assis sur un colimaçon. Au pourtour, des feuillages et des fruits en relief rehaussés de bleu. Vers 1530. — — Diam., 255 millim.

6 — Fabrique de Gubbio. — Plat rond décoré à reflets métalliques rouge cuivreux, bleu nacré et mordorés. Au fond, Amour jouant avec un serpent et se détachant sur fond bleu. Au marli, entrelacs émaillés vert et contournés de bleu, se détachant sur un fond à reflets cuivreux et mordorés alternant. La chute est à reflets mordorés. (Vers 1530.) — Diam., 268 millim.

7 — Fabrique de Gubbio. — Plat rond à décor à reflets métalliques rouge rubis, bleu nacré et irisés, rehaussé de bleu et de vert. Dans un paysage,

Satyre assis tenant un vase ; près de lui, un enfant lui prend la barbe et
tient une grappe de raisin. Au revers, des rinceaux feuillagés à reflets,
la date de 1528, et le sigle du *maestro Giorgio Andreoli, da Ugubio.*
— Diam., 247 millim.

8 -- FABRIQUE DE GUBBIO. — Coupe ronde à décor en relief et à reflets métalliques rouge rubis, bleu nacré et mordorés, rehaussé de bleu sur fond
blanc. Au centre, les armes du pape Jules II, surmontées de la tiare et
des clefs de saint Pierre. Au pourtour, cornes d'abondance reliées par
des palmettes et séparées par des feuilles. Vers 1520.' — Haut., 55 millim.; diam., 210 millim.

9 — FABRIQUE DE GUBBIO. — Coupe ronde sur pied bas à décor à reflets métalliques rouge cuivreux et bleu nacré. Buste de jeune fille de profil à
droite, avec coiffure jaune décorée d'arabesques bleuâtres et costume à
fond rougeâtre. Le buste se détache sur un fond bleu et on lit sur une
banderole : CANA. ORE. BELLA. Au revers, des rinceaux feuillagés à
reflets, la date de 1537, et le sigle du *maestro Giorgio Andreoli.* —
Diam., 235 millim.

10 --- FABRIQUE DE GUBBIO. — Grande coupe ronde évasée sur piédouche à riche
décor à reflets métalliques rouge rubis et bleu nacré, rehaussé de vert
et de bleu. A l'intérieur et au centre, Amour nu, debout dans un paysage et tenant une draperie enflée par le vent. Au pourtour, palmettes,
rinceaux et cornes d'abondance se détachant sur un fond bleu intense.
Au bord supérieur, trophées d'armes, dauphins se terminant en rinceaux et cartouche portant les initiales de la devise romaine S. P. Q. R.,
le tout décoré en rouge, vert et bleu, sur fond à reflets mordorés. L'extérieur est couvert de rinceaux, de faux godrons en spirale, de palmettes,
de rosaces et de cartouches à reflets métalliques sur fond bleu intense.
Vers 1530.' — Haut., 18 cent.; diam., 38 cent.

11 --- FABRIQUE DE GUBBIO. — Coupe ronde sur pied bas à décor en bas-relief et
à reflets métalliques rouge cuivreux, mordorés et bleu nacré, rehaussé
de bleu. Au fond, saint martyr en prières. Au pourtour, feuillages et
fruits. (Vers 1535.' --- Haut., 60 millim.; diam., 260 millim.

12 --- FABRIQUE DE GUBBIO. — Vase en forme de balustre, à panse large, à col
rétréci et à deux anses en S reliant la gorge à la panse. Décor à reflets
métalliques rouge cuivreux, bleu nacré et irisés, rehaussé de bleu. Au
culot, godrons se détachant sur fond bleu. Au col et à la partie supérieure de la panse, palmettes et ornements se détachant sur fond bleu
et blanc alterné. --- Haut., 280 millim.; diam., 250 millim.

13 — Fabrique de Gubbio. — Petite coupe ronde et basse à une anse, offrant en bas-relief la figure de la Vierge vue à mi-corps et portant l'Enfant Jésus de ses deux bras. Décor à reflets métalliques mordorés, rehaussé de bleu sur fond rayonnant à reflets rouges et mordorés, et ornements au bord supérieur. — Haut., 40 millim.; diam., 120 millim.

14 — Fabrique de Pesaro. — Grand plat rond à décor à reflets métalliques mordorés, rehaussé de bleu. Au fond, buste de guerrier casqué de profil à droite, et banderole portant le nom de *Lisandro*. Au marli, couronne de fleurs. Le revers est émaillé brun jaunâtre. — Diam., 410 millim.

15 — Fabrique de Pesaro. — Grand plat rond à décor à reflets métalliques rouge cuivreux, bleu nacré et irisés, rehaussé de bleu. Au fond, femme debout et drapée portant une corne d'abondance de la main gauche, et tenant de la droite une tortue surmontée d'une couronne ouverte. Dans le fond, une vue de ville. Au marli, imbrications et palmettes alternant. Le revers est émaillé brun jaunâtre. — Diam., 40 cent.

16 — Fabrique de Pesaro. — Plat rond et creux à décor à reflets métalliques rouge cuivreux et irisés, rehaussé de bleu. Au fond, sirène ailée à corps de femme, tenant de sa patte droite un écusson armorié. Elle est assise sur un carrelage à damier varié de nuances, et le fond est semé de rosaces. Le marli est décoré d'imbrications, et le revers est émaillé brun-jaune verdâtre. — Diam., 42 cent.

17 — Fabrique de Pesaro. — Plat rond à décor à reflets métalliques mordorés et bleu nacré, rehaussé de bleu. Au fond, buste de jeune femme de profil à droite entre deux branches de fleurs, et banderole portant le nom de *Chasandra*. Au marli, imbrications et rayons séparés par des fleurettes. — Diam., 395 millim.

18 — Fabrique de Gubbio. — Plat rond à décor à reflets métalliques mordorés, rehaussé de bleu. Au fond, un cœur déchiré par deux mains et surmonté d'une couronne ouverte. Au-dessous, sur une banderole, l'inscription suivante : *Abbi di me pieta*. Au marli, palmettes et ornements. Le revers est émaillé brun jaunâtre. — Diam., 42 cent.

19 — Fabrique de Pesaro. — Plat rond à décor à reflets métalliques mordorés et bleu nacré, rehaussé de bleu. Au fond, un écusson armorié entre deux cornes d'abondance ornées. Au marli, palmettes, imbrications et ornements. Le revers est émaillé brun jaunâtre. — Diam., 40 cent.

20 — Fabrique de Pesaro. — Plat rond à décor à reflets métalliques irisés,
rehaussé de bleu. Au fond, large écusson armorié entouré d'ornements
variés qui se développent sur le marli. Le revers est émaillé brun jaunâtre. — Diam., 3g5 millim.

21 — Fabrique de Pesaro. — Plat rond à décor à reflets métalliques mordorés
et bleu nacré, rehaussé de bleu. Au fond, buste de femme de profil à
gauche et banderole portant l'inscription suivante : *La vita et la fine
eldi Loda La Sera*. Au marli, compartiments de palmettes, d'imbrications
et d'ornements. Le revers est émaillé jaune d'ocre. — Diam., 40 cent.

22 — Fabrique de Pesaro. — Plat rond à décor à reflets métalliques irisés et
bleu nacré, rehaussé de bleu. Au fond, large écusson armorié entouré
de rinceaux feuillagés et de fleurs. Au marli, compartiments imbriqués,
palmettes et ornements. Émail très brillant. Le revers est émaillé jaune.
— Diam., 445 millim.

23 — Fabrique de Pesaro. — Plat rond à décor à reflets métalliques bleu nacré
et irisés, rehaussé de bleu. Au fond, écusson armorié entouré de rubans
et au marli une couronne de fleurs et d'ornements. Le revers est
émaillé jaune verdâtre. — Diam., 3g cent.

24 — Fabrique de Pesaro. — Plat rond à décor à reflets métalliques mordorés
et bleu nacré, rehaussé de bleu, à rosaces, dit queue de paon. Le revers
est émaillé brun jaunâtre. — Diam., 40 cent.

25 — Fabrique de Pesaro. — Vase cylindrique, forme dite cornet, à décor à
reflets métalliques bleu nacré et mordorés, rehaussé de bleu. Bustes de
jeune homme et de jeune femme dans des médaillons ronds reliés
par des palmettes. Haut et bas, couronnes d'ornements variés dans le
sens horizontal. — Haut., 26 cent.

26 — Fabrique de Pesaro. — Vase en forme de pomme de pin, à piédouche bas,
ouverture légèrement évasée et feuilles en relief. Décor à reflets métalliques cuivreux, rehaussé de bleu. — Haut., 26 cent.

27 — Fabrique de Pesaro. — Plat rond à décor polychrome. Au fond, buste de
femme, le sein découvert, coiffée d'un turban jaune et tenant un œillet.
Au marli, compartiments imbriqués, rinceaux sur fond jaune d'ocre et
ornements. — Diam., 3g cent.

28 — Fabrique de Pesaro. — Plat rond à décor polychrome. Au fond, bustes
de jeune homme et de jeune femme se donnant la main et se détachant

sur fond vert. Au marli, compartiments imbriqués et rinceaux fleuris. — Diam., 40 cent.

29 — Fabrique de Pesaro. — Plat rond à décor bleu, jaune et vert. Au fond, Judith, vêtue d'une simple draperie verte; elle tient un glaive de la main droite, la tête d'Holopherne de la main gauche, et se détache sur un fond blanc. Au marli, couronne d'ornements se détachant en vert sur le fond bleu. — Diam., 40 cent.

30 — Fabrique de Pesaro. — Plat rond à décor analogue à celui qui précède. Celui-ci présente au fond un buste de jeune femme, de profil à gauche, et une banderole portant l'inscription suivante : *So La Miseria chadet invidia*. — Diam., 395 millim.

31 — Fabrique de Pesaro. — Plat rond à décor polychrome. Au fond, guerrier debout et couronné tenant un sceptre. Au marli, compartiments imbriqués, palmettes et ornements. — Diam., 41 cent.

32 — Fabrique de Pesaro. — Petit plat rond et creux, décor polychrome à imbrications, rinceaux fleuris et ornements. — Diam., 215 millim.

33 — Fabrique de Pesaro. — Vase sans couvercle, en forme de pomme de pin, à nervures saillantes et à décor polychrome. — Haut., 21 cent.

34 — Fabrique de Pesaro. — Vase analogue à celui qui précède, mais à reliefs moins prononcés. — Haut., 20 cent.

35 — Fabrique d'Urbino. — Plat rond à décor à reflets métalliques irisés et bleu nacré, par *Francesco Xanto da Rovigo*. A droite, au premier plan et dans un intérieur, un vieillard couché vient d'être blessé par un guerrier debout qui occupe le centre du plat et qui est armé d'un glaive et d'un bouclier. Au-dessus de cette figure, une renommée voltigeant tient une couronne de feuillages verts. A gauche, un Amour s'enfuit par une porte ouverte. Au revers, la date de 1536, l'inscription suivante : *Tal atto imita chi vuol pregio in armi*, et le sigle de l'artiste. — Diam., 26 cent.

36 — Fabrique d'Urbino. — Plat rond à décor polychrome. A droite et sous un monument supporté par des colonnes, une statue d'Amour sur un socle orné. Près de cette statue, un groupe de trois personnages debout ainsi qu'un personnage agenouillé. A gauche, un guerrier armé d'un arc et d'une flèche semble vouloir atteindre le personnage agenouillé devant lui. Dans le fond du paysage, un écusson armorié et deux figures debout. (Vers 1530.) — Diam., 266 millim.

37 — FABRIQUE D'URBINO. — Coupe ronde sur pied bas, décor polychrome. Au centre et sous une niche monumentale, la Vierge assise tient l'Enfant Jésus sur ses genoux et auprès d'elle le petit saint Jean. A droite et à gauche, saint Paul et saint Pierre debout. Sur les marches du trône, un ange assis joue de la viole. (Vers 1540.) — Diam., 245 millim.

38 — FABRIQUE D'URBINO. — Coupe ronde à décor polychrome. La Vierge vue à mi-corps, drapée de brun et d'un manteau bleu, tient l'Enfant Jésus de son bras droit. Ce dernier tient une fleur. (Vers 1545.) — Diam., 265 milllim.

39 — FABRIQUE D'URBINO. — Plat rond et creux à décor polychrome, représentant Vulcain forgeant les armes du dieu Mars. A gauche, Vénus et l'Amour. Les figures se détachent en clair sur une grotte sombre. Au revers l'indication : *Vulcano et Venere*. (Vers 1535.) — Diam., 242 millim.

40 — FABRIQUE D'URBINO. — Grand plat rond, décor polychrome, représentant le triomphe et le couronnement d'un guerrier portant le costume romain. Autour du groupe principal, groupe de guerriers; à droite, une ville, et, à gauche, l'entrée d'un camp. Le marli est décoré de figures de génies, de grotesques et de camées sur fond blanc. — Diam., 465 millim.

41 — FABRIQUE D'URBINO. — Plat rond à décor polychrome. Au centre, un personnage debout semble offrir une pomme à une femme assise sur un escabeau, reposant sur un édicule à double marche. A gauche, un personnage vêtu de vert est assis et s'appuie sur un socle oblong. Ce plat porte au revers une inscription italienne, la date de 1545 et la signature : *el frate fecit*. — Diam., 285 millim.

42 — FABRIQUE D'URBINO. — Coupe ronde et profonde, à godrons et à bords festonnés, décorée de grotesques et de camées sur fond blanc. Au fond intérieur, un guerrier romain est debout devant une statue et semble l'implorer. Le fond extérieur est décoré d'un dauphin en camaïeu bleu. — Haut., 14 cent.; diam., 37 cent.

43 — FABRIQUE D'URBINO. — Coupe d'accouchée, de forme ronde et sur piédouche avec couvercle plat, décor polychrome. A l'intérieur de la coupe, scène d'intérieur ayant trait à l'emploi de la pièce, et, à l'extérieur, paysage accidenté. Le couvercle présente à l'extérieur un sujet analogue à celui de l'intérieur de la coupe, encadré d'une couronne de fleurs et de feuillages, et il offre à l'intérieur une figure d'Amour voltigeant. — Hauteur totale, 11 cent.; diam., 22 cent.

44 — Fabrique de Gubbio. — Plat rond à décor à reflets métalliques mordorés et bleu nacré, rehaussé de bleu sur fond bleu intense. Au centre, un trophée d'armes. Au marli, deux médaillons ronds renfermant, l'un un buste d'homme casqué de profil à gauche, et l'autre, une tête d'homme tournée du même côté. Ces médaillons sont reliés entre eux par des trophées d'armes et des têtes de dauphins, dont les corps se terminent par des rinceaux fleuris. Le revers est décoré d'imbrications bleues tracées au trait. (Vers 1535.) — Diam., 255 milllim.

45 — Fabrique d'Urbino. — Très grand plat rond, décor polychrome. Au centre, médaillon rond à fond bleu, décoré de deux figures de génies debout, soutenant un écusson armorié, surmonté d'un casque à cimier formé d'une tête de cygne et d'où s'échappent des feuilles en camaïeu grisaille. Au marli, large filet autour duquel s'enroulent des feuillages en camaïeu vert. L'entre-deux est couvert d'un riche décor de palmettes et d'ornements exécuté par le procédé connu sous le nom de : *bianco sopra bianco*. Ce plat porte au revers la date de 1544. — Diam., 45 cent.

46 — Fabrique de Caffagiolo. — Très grand plat rond à décor bleu et jaune d'ocre. Au centre, dans un médaillon rond, un phénix les ailes éployées sur un foyer incandescent. Au pourtour, triple couronne, l'une d'elles composée de fleurs et de feuillages et les deux autres d'ornements. Le marli est couvert de riches rinceaux feuillagés se détachant en camaïeu bleu sur fond jaune d'ocre, et la chute du plat est décorée d'une frise d'ornements exécutés par le procédé dit : *bianco sopra bianco*. Le revers du plat est décoré, au centre, d'une rosace, et, au pourtour, d'une double frise de fleurs et de feuillages en bleu et jaune d'ocre sur fond blanc. (Vers 1530.) — Diam., 55 cent.

47 — Fabrique de Caffagiolo. — Coupe ronde sur piédouche, décorée au fond d'un médaillon rond renfermant un écusson armorié surmonté d'une couronne et entouré du cordon de l'ordre de la Toison d'or. Au pourtour, frise d'ornements feuillagés, rinceaux, rosaces et livres ouverts, en camaïeu bleu sur fond jaune d'ocre. L'extérieur de la coupe et le piédouche sont décorés de branches de feuillages jaunes cerclés de bleu. (Vers 1535.) — Haut., 115 millim. ; diam., 260 millim.

48 — Fabrique de Caffagiolo. — Coupe ronde sur pied bas à décor polychrome. A l'intérieur, groupe de sept enfants entourant une enclume et frappant à coups redoublés sur une langue rouge que l'un d'eux tient dans une pince. Au fond, paysage avec monuments ; dans le bas et au premier plan, animal fantastique ailé entre deux enfants nus et couchés. On lit sur la base de l'enclume : *Lingva pravorvm peribit*. L'extérieur est décoré de rinceaux fleuris et feuillagés en camaïeu bleu et porte à son centre la lettre initiale S. (Vers 1530.) — Diam., 323 millim.

49 — Fabrique de Caffagiolo. — Petite coupe ronde à décor polychrome. Au centre, écusson armorié, surmonté d'un casque à cimier formé d'un bras tenant une tête de renard qui laisse échapper un listel sur lequel on lit : *Meditare finem*. Du même cimier s'échappent des feuillages de caractère archaïque. Au pourtour, couronne de fleurettes et frise composée de palmettes se détachant en couleurs sur fond jaune d'ocre. Le fond extérieur présente une rosace feuillagée en camaïeu bleu. (Vers 1530.) — Diam., 252 millim.

50 — Fabrique de Caffagiolo. — Coupe ronde à décor polychrome. Au centre, buste de femme de profil à gauche se détachant sur fond jaune d'or, et listel portant le nom : Lavra B. Au pourtour, canaux creux décorés de niellures sur fond bleu foncé et jaune d'or avec entre-deux émaillés vert. Au bord, frise d'ornements noirs sur fond jaune d'ocre. L'extérieur est décoré d'ornements jaunes et bleus. (Vers 1535.) — Haut., 60 millim.; diam., 270 millim.

51 — Fabrique de Caffagiolo. — Petit plat rond et creux à large marli, décoré d'une rosace et d'une quintuple couronne d'ornements variés en bleu et jaune d'ocre. A l'extérieur, rosace à palmes, dessinée au trait, de mêmes nuances. (Vers 1535.) — Diam., 241 millim.

52 — Fabrique d'Urbino. — Petit plat rond et creux, décoré au centre d'un écusson portant un bras tenant trois fleurs, sur fond jaune d'or, et encadrement en camaïeu gris se détachant sur un fond gros bleu. Le marli est décoré de palmettes exécutées par le procédé dit : *bianco sopra bianco*. — Diam., 24 cent.

53 — Fabrique de Caffagiolo. — Petit plat rond à décor bleu et jaune d'ocre, rehaussé de vert. Au centre, buste de jeune garçon de profil à gauche et coiffé d'une toque. Au pourtour et au marli, six couronnes d'ornements variés concentriques. Au revers, rosace composée d'ornements dessinés au trait en bleu et jaune d'ocre. Vers 1535. — Diam., 25 cent.

54 — Fabrique de Caffagiolo. — Plat rond à décor archaïque en bleu, jaune d'ocre et vert. Au centre, buste de femme de profil à gauche et banderole portant le nom d'Orsella B. Au pourtour, triple rang d'imbrications vertes et jaunes. Au marli, quatre compartiments circulaires contenant, l'un le chiffre E. M., les deux autres chacun un buste d'homme se regardant et l'un d'eux casqué, le quatrième un cœur percé d'une flèche. Les entre-deux sont remplis par des imbrications et par des palmettes se détachant sur un fond jaune d'ocre. Le revers est décoré d'ornements bleus et jaune d'ocre dessinés au trait. (Vers 1530.) — Diam., 372 millim.

55 — Fabrique de Caffagiolo. — Petite coupe ronde sans bords, à décor bleu
et jaune. Au centre, un écu portant un dragon ailé rampant, en bleu
foncé sur fond jaune d'or. Au pourtour, ornements dessinés en bleu et
frise d'ornements feuillagés se détachant en bleu sur fond jaune d'ocre.
A l'extérieur, palmes en bleu dessinées au trait et entre-deux à décor
jaune. — Diam., 169 millim.

56 — Fabrique de Caffagiolo. — Plateau rond à riche décor polychrome sur
fond bleu, composé d'animaux fantastiques ailés, de trophées d'armes,
de rinceaux d'où s'échappent des cornes d'abondance sur lesquelles
reposent deux Amours tenant chacun une salamandre. Deux écussons
armoriés servent d'appui à des oiseaux fantastiques tenant chacun un
flambeau. Au revers, cercles concentriques émaillés jaune et bleu. (Vers
1535.) — Diam., 24 cent.

57 — Fabrique de Caffagiolo. — Plaque d'angle incomplète décorée d'armoiries polychromes et portant sur une bande jaune de chrome les lettres
S. R. On lit au revers : *1498. Chi me voltara li texoro avra.* — Haut.,
37 cent.; larg., 15 cent.

58 — Fabrique de Caffagiolo. — Fond de plat de forme ovale, décor polychrome représentant un personnage, vu à mi-jambes, tenant un ours
par la gueule. (Vers 1535.) — Haut., 18 cent.; larg., 23 cent.

59 — Fabrique de Pesaro. — Plat rond à décor polychrome. Au fond, les
divers établis et ustensiles d'un potier, et sur une banderole l'inscription suivante : *Qvi sella vora de Pigniati.* Au marli, larges feuilles se
détachant en couleurs sur jaune d'ocre. — Diam., 365 millim.

60 — Fabrique de Caffagiolo. — Coupe ronde à décor polychrome représentant le Jugement de Pâris. Cette scène se passe dans un paysage au
centre duquel sont les trois déesses; à gauche, une ville; à droite, Pâris
est assis devant un bloc de rochers. Un cartouche rectangulaire, placé
au bas du tableau, porte les deux vers suivants :

> *Detti Paris Laurato pomo a venere*
> *Del che puoi Troïa fu conversa in cenere.*

— Diam., 306 millim.

61 — Fabrique de Faenza. — Plat rond à décor archaïque en bleu, vert et violet.
Au fond, adolescent debout portant le costume des gens de qualité du
xv⁵ siècle. Il montre, de la main gauche, le mot : *Ama,* écrit devant lui

en caractères gothiques. Au marli, couronne de fleurs et de feuillages:
à la chute, couronne de feuilles. (Vers 1490.) — Diam., 315 millim.

62 — Fabrique de Faenza. — Fort broc à une anse et à col trilobé, décoré en
bleu et jaune d'ocre. Il représente un âne assis jouant de la musette.

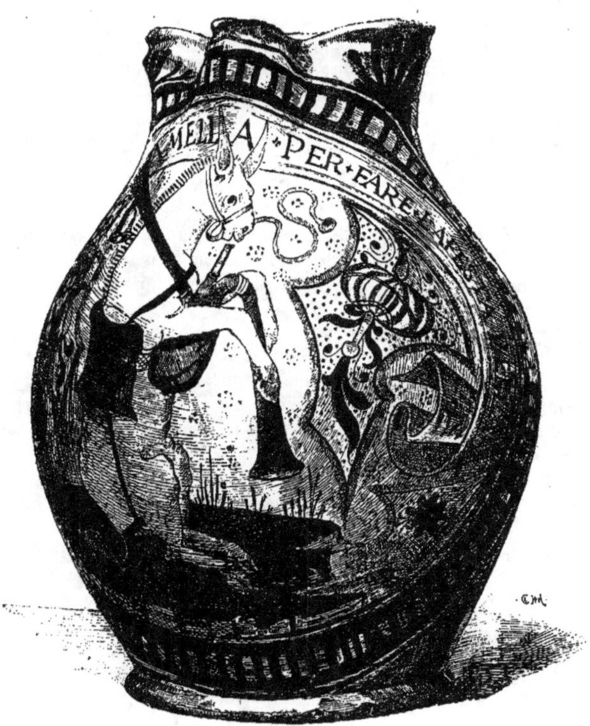

N° 62.

Dans le champ, deux branches de chardon, et, sur une banderole sur-
montant le sujet principal, l'inscription suivante : Io. sono laciala-
mella. per. Fare. la festa. bella. Au pourtour, encadrement composé
d'ornements bleus. (Vers 1525.) — Haut., 35 cent.; diam., 25 cent.

63 — Fabrique de Faenza. — Bassin rond et creux à pourtour et bords légère-

ment évasés. Décor polychrome de style archaïque. Au fond, dans un médaillon rond, une sirène à corps de femme tenant un peigne et un miroir. Au pourtour, bandes rayonnantes décorées d'ornements variés en couleurs et en jaune d'or alternés. Une de ces bandes porte des armoiries. (Vers 1500.) — Haut., 97 millim.; diam., 380 millim.

64 — FABRIQUE DE PESARO. — Plat rond à décor archaïque en bleu, vert et violet. Au fond, buste de femme de profil à gauche, coiffée d'un bonnet vert, et ornements bleus. Au marli, ornements exécutés à l'enlevé sur fond violacé avec rehauts de points d'émail vert. Le revers est émaillé brun jaunâtre. (Vers 1490.) — Diam., 38 cent.

65 — FABRIQUE DE PESARO. — Plat rond à décor archaïque polychrome, de style oriental. Au fond, groupe de trois fruits et de fleurs. Au marli, ornements bleus et violets. (Vers 1490.) — Diam., 39 cent.

66 — FABRIQUE DE PESARO. — Plat rond à décor en bleu, jaune et vert. Au fond, un écusson armorié portant un lion debout, en bleu sur fond jaune d'ocre. Au marli, feuilles en zigzag émaillées bleu, jaune et vert. (Vers 1520.) — Diam., 38 cent.

67 — FABRIQUE DE PESARO. — Plat rond à décor bleu, jaune, vert et violet, composé d'un médaillon central renfermant des triangles émaillés jaune et vert. Au pourtour, quadruple zone d'ornements variés, et, au marli, feuilles en spirale émaillées jaune et bleu sur fond blanc pointillé de bleu. (Vers 1510.) — Diam., 39 cent.

68 — FABRIQUE DE PESARO. — Petit plat rond à décor de même style. Au centre, deux carrés entre-croisés offrant au centre la lettre N. Au pourtour, ornements bleus, et, sur le marli, rinceaux feuillagés bleus sur fond jaune d'ocre. — Diam., 235 millim.

69 — FABRIQUE DE PESARO. — Petit plat rond à décor archaïque polychrome. Au centre, tête d'homme de profil à gauche, et, au pourtour, rinceaux et fleurs. — Diam., 215 millim.

70 — FABRIQUE DE DERUTA. — Coupe ronde sur pied bas, à décor en bas-relief et à reflets métalliques mordorés et irisés, rehaussé de bleu, représentant le sujet de l'Adoration des bergers. Dans le haut, trois anges tiennent une banderole sur laquelle on lit : *Gloria in excelsis Deo.* (Vers 1530.) L'extérieur est décoré de fleurettes à reflets métalliques.—Diam., 272 millim.

71 — FABRIQUE DE DERUTA. — Plat rond à décor à reflets métalliques mordorés et bleu nacré, rehaussé de bleu sur fond blanc. Au centre, sainte femme

debout tenant la palme du martyre. Au pourtour, décor en bas-
relief, composé de mascarons, de sirènes, de dauphins, d'animaux fantastiques et d'une couronne de fruits. Au revers, cercles concentriques
à reflets. (Vers 1530.) — Diam., 335 millim.

72 — FABRIQUE DE DERUTA. — Vase en forme de balustre, à panse sphérique sur
piédouche et à deux anses en S reliant le col à la panse. Décor à reflets

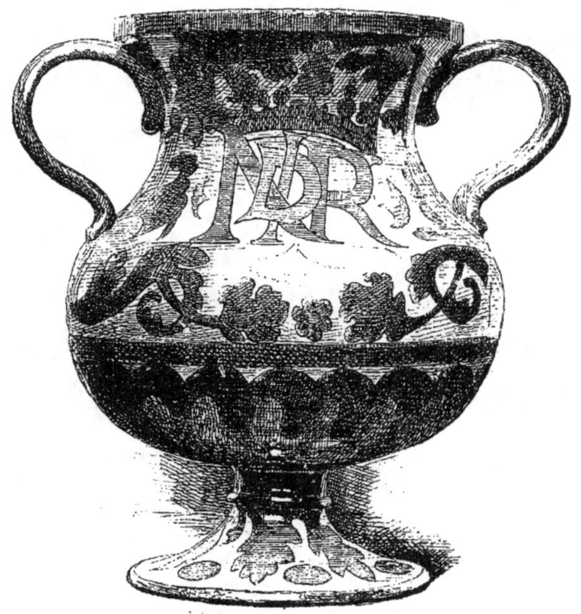

N° 72.

métalliques mordorés, rehaussé de bleu, composé d'ornements feuillagés,
de faux godrons et présentant sur chacune des faces de la gorge les
lettres enlacées du nom : *Andrea*. (Vers 1530.)—Haut., 26 cent.; diam.,
20 cent.

73 — FABRIQUE DE DERUTA. — Vase de même forme, à couvercle légèrement
conique, surmonté d'un bouton. Décor à reflets métalliques mordorés
et irisés, rehaussé de bleu, composé de palmettes feuillagées, d'imbrica-

tions et de faux godrons. — Haut., 25 cent.; diamètre, sans les anses,
16 cent.

74 — FABRIQUE DE DERUTA. — Vase de même forme, mais sans couvercle, à
décor à reflets marbrés et irisés, rehaussé de bleu, composé d'arabesques et de fleurettes sur la panse et de faux godrons au piédouche. —
Haut., 21 cent.; diamètre, sans les anses, 16 cent.

75 — FABRIQUE DE DERUTA. — Vase à panse cylindrique, à deux anses et sur piédouche, avec couvercle conique surmonté d'un bouton. Décor à reflets
métalliques, rehaussé de bleu dit à queue de paon. — Haut., 27 cent.;
diamètre, sans les anses, 16 cent.

76 — FABRIQUE DE DERUTA. — Saucière oblongue et à contours, à deux anses,
décorée d'ornements et d'une fleur de lis à reflets métalliques mordorés.
— Haut., 55 millim.; larg., 200 millim.

77 — FABRIQUE DE PESARO. — Grand plat rond à décor en camaïeu bleu,
rehaussé de jaune. Au fond, le Martyre de saint Sébastien. Au marli,
large couronne de laurier. — Diam., 39 cent.

78 — FABRIQUE DE PESARO. — Grand plat rond à décor archaïque, en camaïeu
bleu, rehaussé de vert et de jaune. Au fond, curieux sujet de chasse. Au
marli, ornements en bleu et jaune. (Vers 1490.) — Diam., 43 cent.

79 — FABRIQUE DE CAFFAGIOLO. — Plat rond à décor polychrome, composé, au
centre, de deux carrés engagés, avec fleuron au centre, et, au pourtour,
d'ornements variés, de feuilles et d'un tore de lauriers. Au revers, ornements variés exécutés en jaune et bleu. — Diam., 282 millim.

80 — FABRIQUE DE PESARO. — Plat rond à décor polychrome. Au fond, un écusson armorié. Au pourtour, double rang de bâtons en zigzag et entrelacés. — Diam., 25 cent.

81 — FABRIQUE DE FAENZA. — Cornet à décor polychrome, composé de deux
couronnes de laurier et de diverses zones d'ornements. Au pourtour,
une indication pharmaceutique : *Dia Mosco.* (Vers 1500.) — Haut.,
255 millim.; diam. 150 millim.

82 — FABRIQUE DE FAENZA. — Deux cornets à décor polychrome, composé pour
chacun d'une couronne de laurier renfermant, pour l'un un petit buste
d'homme et deux cornes d'abondance sur fond bleu, pour l'autre deux

centaures ailés jouant de la viole et deux cornes d'abondance sur fond jaune d'ocre. Ils portent la date de 1567. — Haut., 215 millim.; diam., 120 millim.

83 — FABRIQUE DE FAENZA. — Cornet à décor polychrome très curieux, circonscrit par une couronne de laurier. Dans le haut, jeune femme donnant un remède à un enfant à demi couché, à l'aide d'un entonnoir; cette scène se détache sur un fond bleu intense. Dans le bas, deux aigles sur jaune d'ocre. — Haut., 21 cent.; diam., 13 cent.

84 — FABRIQUE DE FAENZA. — Deux cornets à décor polychrome, composé pour chacun des vases d'un buste de femme dans une couronne d'ornements. — Haut., 22 cent.; diam., 13 cent.

85 — FABRIQUE DE FAENZA. — Deux cornets à décor polychrome à larges ramages et offrant dans un médaillon rond, encadré d'une couronne de laurier, un œillet avec feuillages. Dans le bas, une inscription pharmaceutique. (Vers 1500.) — Haut., 25 cent.; diam., 14 cent.

86 — FABRIQUE DE FAENZA. — Cornet à décor polychrome, représentant deux scènes séparées par une inscription pharmaceutique. Dans le haut, adolescent, en costume de la fin du XVe siècle, tenant un mortier entre ses jambes et pilant. Dans le bas, animal fantastique dévorant un enfant. (Vers 1510.) — Haut., 22 cent.; diam., 12 cent.

87 — FABRIQUE DE FAENZA. — Deux cornets à décor polychrome, composé d'un lion héraldique debout et d'ornements sur fond bleu et jaune d'or. Un des lions pose sa patte sur une boule fleurdelisée. (Vers 1510.) — Haut., 230 millim. et 225 millim.; diam., 12 cent.

88 — FABRIQUE DE FAENZA. — Cornet à décor polychrome, représentant, sur sa face principale, dans un médaillon rectangulaire, un singe debout tenant un chien en laisse. (Vers 1510.) — Haut., 22 cent.; diam., 18 cent.

89 — FABRIQUE DE FAENZA. — Fort cornet à décor polychrome, composé d'une couronne de laurier renfermant quatre lièvres se détachant sur fond bleu et séparés deux à deux par une inscription pharmaceutique. — Haut., 30 cent.; diam., 19 cent.

90 — FABRIQUE DE FAENZA. — Curieux vase à verser, de forme cylindrique et posé dans le sens horizontal, à décor polychrome composé de vases, d'arabesques feuillagées et d'ornements variés. Sa poignée et son goulot

sont formés d'une femme nue tenant une tête de bœuf émaillée jaune,
le tout en ronde bosse. C'est cette dernière qui sert de goulot. Pièce
intéressante par son décor et très curieuse de forme. (Vers 1500.) —
Haut., 41 cent.; diam., 38 cent.

91 — FABRIQUE DE FAENZA. — Vase en forme de bouteille à décor polychrome.
David debout tenant la tête de Goliath, dans un médaillon ovale encadré d'arabesques se détachant en jaune sur fond gros bleu. Dans le bas,
une inscription pharmaceutique en caractères gothiques. (Vers 1510.) —
Haut., 43 cent.; diam., 26 cent.

92 à 94 — FABRIQUE DE FAENZA. — Cinq vases de même forme que celui qui
précède, à décor polychrome composé de cornes d'abondance, de couronnes de laurier, de dauphins et d'ornements variés. Chacun d'eux
porte un écusson armorié et une inscription pharmaceutique. (Vers
1510.) — Haut., 39 cent.; diam., 24 cent.

95 — FABRIQUE DE FAENZA. — Vase en forme de bouteille à décor polychrome,
composé d'une figure d'Orphée assis dans un paysage et jouant de la
viole, dans un médaillon rond encadré de l'inscription : A. MELISSE et
d'une couronne de fruits et de fleurs. (Vers 1520.) — Haut., 49 cent.;
diam., 29 cent.

96 — FABRIQUE DE FAENZA. — Deux vases sphériques sur piédouche bas, à décor
polychrome archaïque, composé d'une couronne de laurier renfermant
un lion et une lionne passant et d'ornements feuillagés. (Vers 1510.) —
Haut., 37 cent.; diam., 29 cent.

97 — FABRIQUE DE FAENZA. — Vase à panse sphérique, à col évasé et à deux
anses torsades, décor polychrome composé d'un buste d'homme de
profil à gauche et coiffé d'un large chapeau. A droite et à gauche, branches de feuillages jaunes sur fond bleu, et au-dessous le mot : *Diacor*,
en caractères gothiques. — Haut., 23 cent.; diam., 20 cent.

98 — FABRIQUE DE FAENZA. — Vase ovoïde à deux anses serpents, décor polychrome archaïque, composé d'un écusson armorié encadré d'ornements;
couronnes de laurier, et banderole portant une inscription. (Vers 1510.)
— Haut., 265 millim.; diam., 220 millim.

99 — FABRIQUE DE FAENZA. — Broc à anse avec goulot droit, décor polychrome
à double motif sur fond jaune d'ocre, séparés par une inscription pharmaceutique. Dans le haut, un pélican et ses petits entre deux animaux
fantastiques. Dans le bas, deux enfants nus se battant. L'ensemble est
placé dans une couronne de laurier. — Haut., 22 cent.; diam., 17 cent.

100 — Fabrique de Faenza.— Broc de même forme et de décor analogue ; chiens et dragons dans une couronne de laurier. — Haut., 23 cent.; diam., 16 cent.

101 — Fabrique de Faenza. — Vase ovoïde à deux anses dragons et à goulot court ; décor polychrome composé d'un dragon ailé debout tenant un ancre, et se détachant en jaune sur fond bleu. Au pourtour, couronne de laurier et fleurs arabesques. — Haut., 38 cent.; diam., 28 cent.

102 — Fabrique de Faenza. — Vase analogue à celui qui précède. Le goulot de celui-ci est formé d'une tête de dragon ailé. — Haut., 37 cent.; diam., 25 cent.

103 — Fabrique de Faenza. — Deux vases ovoïdes à deux anses dragons et à goulot droit et court. Décor polychrome composé d'un écusson armorié dans un cartouche flanqué de grotesques et surmonté d'une tête de chérubin se détachant en couleurs sur fond bleu. Au pourtour, couronne de laurier et fleurs arabesques sur fond blanc. — Hauteur, sans le couvercle en bois doré, 40 cent.; diam., 28 cent.

104 — Fabrique de Faenza. — Vase de même forme et de décor analogue aux vases qui précèdent. Le médaillon de celui-ci renferme une croix devant laquelle deux bras sont croisés. Son couvercle est en faïence. — Hauteur totale, 45 cent.; diam., 27 cent.

105 — Fabrique de Faenza. — Vase en forme de bouteille, à panse sphérique surbaissée, à décor polychrome foncé. Sur la panse, banderole portant une inscription pharmaceutique en caractères gothiques. Le reste du vase est couvert de quadrillages, de damiers et d'ornements feuillagés. — — Haut., 20 cent.; diam., 17 cent.

106 — Fabrique de Faenza. — Vase ovoïde à deux anses, à décor bleu et jaune d'ocre, composé de couronnes de laurier renfermant une inscription pharmaceutique et des fleurs arabesques, ces dernières sur fond bleu. Le reste du vase est couvert d'un décor analogue. — Haut., 27 cent.; diam., 23 cent.

107 — Fabrique de Faenza. — Vase ovoïde à une anse large et plate et à goulot droit. Décor polychrome composé d'un chiffre encadré d'une couronne de feuillages et flanqué de deux bustes de profil, et de listels portant les noms de *Pandolfo* et *Salamon*. — Haut., 33 cent.; diam., 24 cent.

108-109 — Fabrique de Faenza. — Trois vases analogues à celui qui précède,

mais sans goulot et à deux anses. Ceux-ci sont décorés du même chiffre
deux fois répété, encadré d'ornements feuillagés, mais sans buste. —
— Haut., 32 cent.; diam., 27 cent.

110 — FABRIQUE DE FAENZA. — Broc à une anse plate et à goulot à bec, à décor
polychrome archaïque composé de larges arabesques et à médaillon
circulaire contenant le nom : *Isabella*. — Haut., 26 cent.; diam.,
22 cent.

111 — FABRIQUE DE FAENZA. — Deux vases ovoïdes à deux anses plates et à
décor bleu et manganèse, composé d'ornements variés, simulant des
branches de feuillages. — Haut., 36 cent.; diam., 30 cent.

112 — FABRIQUE DE FAENZA. — Chauffe-mains en forme de livre à décor polychrome, à rosaces et ornements variés de style archaïque. — Haut.,
75 millim.; long., 140 millim.; larg., 110 millim.

113 — FABRIQUE DE FAENZA. — Coupe oblongue incomplète, supportée par des
lions et des figurines en ronde bosse. Décor polychrome à fleurs arabesques et armoiries. — Haut., 18 cent.; long., 22 cent.; larg.,
16 cent.

114 à 117 — FABRIQUE DE FAENZA. — Sept cornets de pharmacie à décors polychromes variés et portant chacun une inscription pharmaceutique.
Trois d'entre eux sont datés de 1506 et de 1507. — Haut., 23 cent.;
diam., 12 et 13 cent.

118 — FABRIQUE DE FAENZA. — Vase en forme de pomme de pin sur piédouche,
mais sans couvercle, à décor polychrome composé d'ornements variés
sur fond jaune d'ocre, et à mascarons têtes fantastiques circonscrits
dans des losanges et séparés par des palmettes. — Haut., 23 cent.;
larg., 15 cent.

119 — FABRIQUE DE FAENZA. — Carreau décoré de la tiare et des clefs de saint
Pierre réservées en blanc sur fond bleu. — Diam., 155 millim.

120 — FABRIQUE DE FAENZA. — Petit cornet décoré en bleu et jaune en deux
tons, à couronne de fruits et à palmettes en hauteur et renversées alternant. A la partie supérieure de la panse une inscription pharmaceutique.
Haut., 19 cent.; diam., 10 cent.

121 — FABRIQUE DE FAENZA. — Broc à panse ovoïde avec anse plate et goulot
droit, relié au col du vase à l'aide d'une torsade. Décor polychrome

composé de deux sujets séparés par une inscription pharmaceutique et
encadrés par une couronne de laurier. Dans le haut, enfant sortant de
la gueule d'un animal fantastique et, dans le bas, enfant entrant dans la
gueule d'un animal semblable. — Haut., 24 cent.; diam., 15 cent.

122 — FABRIQUE DE CASTEL-DURANTE. — Coupe ronde sur pied bas, à décor
en camaïeu brun clair rehaussé de blanc, et écusson d'armoiries
en couleurs sur fond bleu. Au centre, un cahier de musique ouvert,
prenant toute la largeur de la pièce. Au-dessus, deux sphinx ailés et un
mascaron encadrant les armoiries dont il est parlé ci-dessus. Au-dessus
du cahier, rinceaux, mascaron et instruments de musique. Émail brillant et décor soigné. (Vers 1530.) — Haut., 45 millim.; diam.,
24 cent.

123 — FABRIQUE DE CASTEL-DURANTE. — Coupe ronde sur pied bas, à décor
polychrome sur fond bleu. Au centre, un écusson d'armoiries soutenu
par deux Amours à califourchon sur des dauphins. Au-dessus, une tête
de chérubin supportant une corbeille de fruits et deux cornes d'abondance renversées. Au revers, filets bleus concentriques. (Vers 1520. —
Haut., 40 millim.; diam., 216 millim.

124 — FABRIQUE DE CASTEL-DURANTE. — Petit plat rond et creux, décoré au fond
d'un écusson armorié polychrome, et, au marli, de jeux d'enfants tritons, en camaïeu bleu sur fond bleu. (Vers 1530.) — Diam., 236 millim.

125 — FABRIQUE DE CASTEL-DURANTE. — Coupe ronde sur pied bas et à bords
évasés, décorée de ramures de chêne en relief et émaillées jaune sur fond
bleu foncé. Au centre, buste d'homme couronné de laurier, de profil à
gauche, peint en grisaille sur fond bleu. — Haut., 57 millim.; diam.,
252 millim.

126 — FABRIQUE DE CASTEL-DURANTE. — Petit vase en forme de balustre, décoré
de trophées d'armes et d'ornements en grisaille sur fond bleu, et portant
sur deux cartouches les lettres initiales de la devise romaine et la date
de 1535. — Haut., 21 cent.

127 — FABRIQUE DE CASTEL-DURANTE. — Vase ovoïde à couvercle et à col droit,
relié à la panse du vase par deux anses larges. Il est décoré de trophées
d'armes et d'instruments de musique en camaïeu brun sur fond bleu, et
présente sur sa face, dans un médaillon, une figure d'Amphitrite debout
sur un dauphin nageant. — Haut., 41 cent.; diam., 25 cent.

128 — FABRIQUE DE CASTEL-DURANTE. — Petite coupe en forme de coquille,

contenant à l'intérieur un dauphin en relief dont la tête sert d'orifice à
la coupe. Le dauphin est décoré en grisaille, avec rehauts de bleu, et la
coupe présente à l'intérieur des ornements polychromes sur fond bleu.
L'extérieur est décoré à l'imitation d'une coquille naturelle. — Haut.,
65 millim.; long., 170 millim.; larg., 150 millim.

129 — Fabrique de Castel-Durante. — Plaque ronde encadrée par une couronne de fruits et de feuillages, modelée en relief et décorée au naturel.
Elle présente, à son centre, un écusson à fond bleu décoré d'une gerbe
de blé et portant les lettres initiales P. T., ainsi que la date de 1522.
Au pourtour, tête de chérubin, rubans et dauphins en grisaille sur fond
noir. — Diam., 28 cent.

130 — Fabrique de Castel-Durante. — Grand broc à une anse large et à col
trilobé. Décor polychrome composé de deux cornes d'abondance encadrant un cartouche qui renferme un bœuf debout, en camaïeu brun sur
fond bleu. — Haut., 39 cent.; diam., 25 cent.

131 — Fabrique de Castel-Durante. — Petit plat rond et creux, décoré au marli
de trophées d'armes en camaïeu brun sur fond bleu, et offrant au fond
un écusson d'armoiries polychromes, mi-partie Médicis. — Diam.,
178 millim.

132 — Fabrique de Castel-Durante. — Vase modèle cornet, décoré de trophées
et d'instruments de musique polychromes sur fond bleu. — Haut.,
29 cent.; diam., 17 cent.

133 — Fabrique de Castel-Durante. — Vase de même forme, incomplet (une
anse et le col manquent), à décor polychrome, composé d'un écusson
armorié, placé au-dessous d'une inscription pharmaceutique et encadré
d'une couronne de feuillages. Il porte la date de 1548. — Haut.,
33 cent.; diam., 18 cent.

134 — Fabrique de Castel-Durante. — Vase ovoïde à deux anses double serpent et à goulot droit et court. Décor en camaïeu jaune et bleu sur fond
bleu et blanc alternés; trophées d'armes, instruments de musique,
chiffre et devise pharmaceutique. — Haut., 37 cent.; diam., 28 cent.

135 — Fabrique de Castel-Durante. — Vase en forme de bouteille, à deux
anses à mascarons têtes de Satyres. Décor polychrome à feuillages
verts sur fond blanc, et listel portant l'inscription : Aqva. Rosata. —
Haut., 33 cent.; diam., 22 cent.

136 — FABRIQUE DE CASTEL-DURANTE. — Grand broc à une anse à volutes et à goulot trilobé. Décor polychrome représentant deux pénitents blancs agenouillés près d'une croix. Cette scène est encadrée d'une couronne de feuillages verts et d'ornements. — Haut., 33 cent.; diam., 22 cent.

137 — FABRIQUE DE CASTEL-DURANTE. — Vase ovoïde à gorge avec couvercle. Décor polychrome à fleurs arabesques sur fond bleu et cartouche orné, renfermant une figure de saint François recevant les stigmates. — Hauteur totale, 46 cent.; diam., 30 cent.

138 — FABRIQUE DE CASTEL-DURANTE. — Vase à panse sphérique, décoré de fleurs arabesques en camaïeu bleu rehaussé de blanc sur fond bleuté. — Haut., 25 cent.; diam., 28 cent.

139 — FABRIQUE VÉNITIENNE. — Charmant plateau rond sur piédouche bas à réseau découpé à jour, rehaussé d'un décor exécuté par le procédé dit : *bianco sopra bianco*. Le médaillon central présente un groupe de deux bustes en camaïeu bleu peints dans le goût de Michel-Ange. Cette pièce porte à l'extérieur l'inscription suivante : 1543. *In Venetia a San Barnaba M° Jacomo.* Pièce très intéressante et d'une parfaite conservation. — Haut., 48 millim.; diam., 235 millim.

140 — FABRIQUE VÉNITIENNE. — Coupe ronde sur pied bas et évasée à couverte bleutée, décorée d'ornements en camaïeu bleu de la plus grande finesse d'exécution et rehaussée d'ornements émaillés blanc. Elle offre, au fond, un médaillon rond décoré d'un trophée d'armes et d'instruments de musique en camaïeu bleu sur fond bleu foncé, et l'extérieur est rehaussé de quelques ornements blancs et bleus. — Haut., 75 millim.; diam., 295 millim.

141 — FABRIQUE ITALIENNE. — Vase sphérique à décor polychrome, dans le goût des faïences de Castel-Durante. Il est décoré de trophées d'armes et d'un buste d'homme, et porte sur un cahier ouvert l'inscription suivante : *Jacovo cefali dinecastro la fece in hyraci alli 1617. Givseppe Piraina dinecastro la pinse.* — Haut., 29 cent.; diam., 29 cent.

142 — FABRIQUE ITALIENNE. — Groupe d'un âne et d'un bœuf couchés près d'un panier oblong. Décor polychrome. — Haut., 25 cent.; long., 33 cent.

143 — FABRIQUE D'URBINO. — Salière triangulaire à côtés rentrants et à angles coupés. Décor polychrome sur fond gros bleu. Au pourtour, animaux fantastiques à têtes de bélier et feuilles vertes dressées dans les angles. Sur le dessus, rinceaux, cornes d'abondance, mascarons et armoiries, et,

dans la cavité, ornements en *bianco sopra bianco*. — Haut., 75 millim.;
diam., 140 millim.

144 — FABRIQUE D'URBINO. — Encrier en forme d'écu, disposé pour recevoir un
tiroir, décoré d'ornements polychromes et surmonté d'un dragon ailé
en ronde bosse. — Haut., 10 cent. ; long., 18 cent.; larg., 13 cent.

145 — FABRIQUE D'URBINO. — Encrier formé d'une tortue décorée en camaïeu
bleu à l'extérieur et à compartiments intérieurs rehaussés de jaune. —
Long., 23 cent. ; larg., 17 cent.

146 — FABRIQUE D'URBINO. — Salière formée d'un édicule carré à décor polychrome, grotesques et ornements, et offrant dans la cavité circulaire un
buste de femme de profil peint en grisaille. — Haut., 12 cent. ;
larg., 10 cent.

147 — FABRIQUE D'URBINO. — Flambeau de forme vénitienne décoré de grotesques polychromes sur fond blanc. — Haut., 18 cent.

148 — FABRIQUE D'URBINO. — Petit broc à une anse et à col trilobé, décoré de
grotesques polychromes et à médaillon : Saint évêque debout. —
Haut., 17 cent.

149 — FABRIQUE D'URBINO. — Petit plat rond décoré de grotesques sur fond
blanc et offrant au centre une figure de suivant de Bacchus debout
tenant une grappe de raisin décorée en couleurs sur fond jaune. Ce
plat est malheureusement incomplet. — Diam., 224 millim.

150 — FABRIQUE ITALIENNE. — Carreau décoré d'un cœur traversé par deux
flèches et par une banderole portant l'inscription suivante : PER NON
PODERE FARE ALTRO. Au-dessus, une couronne ouverte, et, dans les deux
angles, deux mains enlacées également surmontées de couronnes. —
Haut., 200 millim. ; larg., 153 millim.

151 — FABRIQUE ITALIENNE. — Bas-relief rectangulaire en hauteur, représentant
la Vierge vue à mi-corps, vêtue de long, la tête nimbée et couverte
d'un voile. Elle tient l'Enfant Jésus nu de ses deux bras. Décor polychrome dans lequel le bleu et le jaune dominent. Dans le bas du
tableau, un livre ouvert porte les premiers versets de l'Avé Maria.
(Vers 1525.) — Hauteur, sans le cadre en bois, 43 cent.; larg.,
30 cent.

152 — FABRIQUE ITALIENNE. — Tableau rectangulaire en largeur, représentant la

Vierge vue à mi-corps tenant l'Enfant Jésus de ses deux bras. A droite et à gauche du groupe principal, deux saints personnages également vus à mi-corps. A la partie inférieure du tableau l'inscription suivante : *Ave colonda* (sic) *che senpre sia la vdata*. (Vers 1500.) — Haut., 41 cent.; larg., 53 cent.

153 — FABRIQUE DE LA FRATA. — Écritoire à base carrée découpée, sur laquelle reposent deux lions et deux aigles en ronde bosse supportant un récipient circulaire. I   t à décor gravé sous engobe et émaillé vert et jaune. Pièce d'   caractère archaïque. — Haut., 160 millim.; diam., 165 millim.

154 — FABRIQUE DE LA FRATA. — Gourde formée de deux colombes debout et accolées, à décor gravé sous engobe et émaillé brun, gris et vert. — Haut., 30 cent.; larg., 19 cent.

155 — FABRIQUE DE LA FRATA. — Plat rond à décor gravé sous engobe à médaillon d'oiseau entouré d'une triple frise d'ornements. Il est marbré d'émail brun et vert. — Diam., 425 millim.

156 — FABRIQUE DE LA FRATA. — Grande et belle coupe ronde décorée au pourtour d'une couronne de fleurs en relief, à bord inférieur dentelé et piédouche garni de feuilles rapportées en ronde bosse et retombant. Décor gravé sous engobe et émaillé brun et vert marbré. A l'intérieur, large écusson armorié surmonté d'un casque dont le cimier est formé d'un écureuil et entouré de larges ramages et couronne d'ornements au bord inférieur. (Vers 1500.) — Haut., 25 cent.; diam., 35 cent.

157 — FABRIQUE DE LA FRATA. — Petit plat rond et creux à décor gravé sous engobe. Au marli, ornements émaillés blanc laiteux sur fond brun clair. Au fond, écusson armorié rehaussé d'émail bleu et violet, entouré d'une couronne de laurier marbrée de brun, de violet et de vert. — Diam., 258 millim.

158 — FABRIQUE DE LA FRATA. — Petite coupe ronde évasée et à deux anses enroulées, avec couvercle surmonté d'une tourelle carrée avec créneaux découpés au pourtour. Cette pièce est décorée de fleurs et d'ornements gravés sous engobe et émaillés brun, vert et bleu marbré. L'intérieur de la coupe offre une branche de fleurs qui se détache en bleu, vert et jaune sur le fond blanc laiteux. — Hauteur totale, 155 millim.; diamètre, sans les anses, 140 millim.

159 — FABRIQUE DE LA FRATA. — Gourde ovoïde garnie de chaque côté de trois

attaches, à décor gravé sous engobe composé de rinceaux fleuris dans lesquels se jouent des chiens et des oiseaux. Couverte brun clair sur fond brun acajou. Bouchon en étain. — Haut., 20 cent.

160 — FABRIQUE DE LA FRATA. — Bas-relief représentant la Vierge vue à mi-corps tenant l'Enfant Jésus de ses deux bras, dans un encadrement formant corps avec le tableau et composé de deux colonnettes et d'un fronton orné de dauphins. Décor gravé sous engobe et couverte marbrée de vert et de brun. — Haut., 40 cent. ; larg., 26 cent.

161 — FABRIQUE DE LA FRATA. — Fragment de plat décoré d'une colombe et d'ornements gravés sous engobe et émaillé bleu, vert et jaune marbré. — Diam., 315 millim.

162 — FABRIQUE ITALIENNE (Pesaro ?). — Grand plat rond profond et à marli étroit à décor vert et manganèse. Au fond, deux lions héraldiques debout et rampant, avec arbuste en entre-deux sur fond quadrillé. Au pourtour et au marli, des ornements ; le tout de style archaïque. — Diam., 47 cent.

163 — FABRIQUE ITALIENNE. — Plat rond décoré au centre d'armoiries polychromes entourées d'ornements exécutés en *bianco sopra bianco*. — Diam., 33 cent.

164 — FABRIQUE ITALIENNE. — Grand plat rond à décor en camaïeu bleu rehaussé de blanc sur fond vert. Saint apôtre prêchant entouré d'un certain nombre d'auditeurs. Composition de quinze figures dans un paysage. Curieux type de décor qu'il ne nous a pas encore été donné de rencontrer. — Diam., 43 cent.

165 — FABRIQUE ITALIENNE. — Plat rond à ombilic entouré d'ornements repoussés à bossages et à cannelures rayonnantes. Décor à reflets rouges cuivreux et mordorés, rehaussé de bleu. Sur l'ombilic, deux lions, des fleurs et des oiseaux. Au pourtour, arbustes, oiseaux et ornements. Le tout sur fond blanc. — Diam., 455 millim.

166 — FABRIQUE DE SAVONE. — Plat rond à ombilic et à côtes rayonnantes. Sur l'ombilic, armoiries polychromes surmontées d'une couronne ouverte. Au pourtour, animaux, oiseaux et arbustes en camaïeu bleu sur blanc. — Diam., 445 millim.

167 — FABRIQUE ITALIENNE. — Plateau rond sur pied bas, décoré au centre d'une figure d'Amour debout armé d'un arc et d'une flèche, en camaïeu jaune

avec rehauts de vert, et au pourtour de feuillages verts sur fond bleuté. — Diam., 27 cent.

168 — Fabrique italienne. — Plateau rond sur pied bas, décoré au centre d'un cartouche en camaïeu jaune avec fer de lance bleu au centre. Au pourtour, feuillages et fruits en bleu et jaune sur fond blanc. — Diam., 25 cent.

169 — Fabrique d'Urbino. — Deux vases ovoïdes à deux anses à enroulements à double principe de décor. Sur une de leurs faces, grotesques, Amours et figure de femme ailée en couleurs sur fond blanc. Au revers, vase de fleurs et feuillages en camaïeu bleu. — Haut., 30 cent.; diam., 23 cent.

170 — Fabrique d'Urbino. — Coupe ronde repoussée à bossages et à coquilles, sur pied bas à décor d'entrelacs et quadrillages en bleu et jaune, et offrant à son centre, dans un losange, un oiseau se détachant en bleu sur fond jaune. Sur chacun des quatre côtés du losange, la date de 1562.— Haut., 8 cent.; diam., 28 cent.

171 — Fabrique italienne. — Fort vase à panse sphérique et à deux anses, couvert de ramures, de mascarons et d'écussons saillants à décor vert et manganèse. Sur chacun des écussons sont des armoiries réservées en biscuit et émaillées blanc, jaune et manganèse. Pièce curieuse par son caractère primitif. — Haut., 35 cent.; diam., 31 cent.

172 — Fabrique italienne. — Fort vase sphérique à décor de fleurs arabesques en bleu sur blanc. — Haut., 35 cent.; diam., 34 cent.

173 — Fabrique de Faenza. — Vase à panse ovoïde à col droit et à deux anses plates, à décor d'arbustes et vase garni de feuillages en bleu sur blanc. — Haut., 26 cent.; diam., 22 cent.

174 — Fabrique de Faenza. — Curieux groupe de cinq figures en ronde bosse entourant une fontaine hexagone avec édicule au centre. A droite, un groupe de trois femmes debout; à gauche, un guerrier accroupi et endormi ayant derrière lui un personnage debout portant la boule du monde. Décor polychrome de caractère archaïque. — Haut., 27 cent.; larg., 33 cent.

175 — Fabrique italienne. — Niche ogivale avec fronton composé d'ornements découpés, sous laquelle se trouve un groupe de deux figures en ronde bosse représentant le sujet de l'Annonciation. Décor polychrome. — Hauteur totale, 48 cent.; larg., 35 cent.

176 — **Fabrique de Pesaro.** — Vase à panse cylindrique, à deux anses, et sur
    piédouche conique à nœud. Décor bleu à entrelacs et ornements
    variés. Les anses sont émaillées vert. — Haut., 195 millim.; diam.,
    160 millim.

177 — **Fabrique italienne.** — Vase de forme ovoïde allongée, à deux anses se
    terminant à torsades, à goulot droit et à col étroit garni d'un bouchon
    tourné. Il est décoré de festons de fleurs en bleu sur blanc. — Haut.,
    48 cent.; diam., 22 cent.

178 — **Fabrique vénitienne.** — Buire de forme antique, à col trilobé et anse rat-
    tachée à la panse à l'aide d'un mascaron, à couverte brun foncé uni et
    à décor à froid, composé d'un buste d'homme de trois quarts à droite,
    vêtu de noir et portant une grande collerette blanche avec entourage de
    fleurs, le tout en couleurs et rehauts de dorure. Elle est accompagnée
    d'un plat rond à couverte brun foncé uni, décoré d'ornements dorés et
    portant au centre un écusson armorié. xvii° siècle. — Hauteur de la
    buire, 28 cent.; diamètre du plat, 42 cent.

179 — **Fabrique italienne.** — Petite buire de forme ovoïde, à double goulot droit,
    à deux anses à mascarons en relief et à poignée en forme d'anneau suré-
    levé avec mascaron à sa partie supérieure. Couverte noire unie rappelant
    les produits antiques de l'Étrurie. — Haut., 25 cent.; diam., 11 cent.

180-181 — **Fabrique italienne primitive.** — Trois pots à anse et trois fragments
    de pots en terre émaillée, portant des traces de décor vert et noir. Ces
    pièces nous semblent devoir remonter au xiii° siècle. — Haut., 24, 21
    et 14 cent.

182 — **Fabrique de Pesaro.** — Grand plat rond, à décor bleu, jaune et vert. Au
    fond, un écu avec chiffre. Au marli, ornements feuillagés. Le revers est
    émaillé brun jaunâtre. — Diam., 45 cent.

183 — **Fabrique de Faenza.** — Fond de plat de forme circulaire, à décor poly-
    chrome, offrant à son centre un buste de femme de profil à gauche,
    et, au pourtour, des imbrications sur fond jaune d'ocre. — Diam.,
    195 millim.

184 — **Fabrique italienne.** — Pot à panse ovoïde avec goulot droit et à une anse
    à double torsade. Il est décoré de fleurs en camaïeu bleu sur fond bleuté,
    et d'armoiries polychromes. Au pourtour, bandeau portant une inscrip-
    tion pharmaceutique. — Haut., 22 cent.; diam., 15 cent.

185 — Fabrique d'Urbino. — Deux petits brocs à une anse, décorés de grotesques sur fond blanc et offrant sur leur face la figure d'un saint personnage debout. — Haut., 17 cent.; diam., 13 cent.

186 — Fabrique d'Urbino. — Grand broc à une anse, décoré de grotesques sur fond blanc, et portant la date de 1625. — Haut., 34 cent.; diam., 24 cent.

187 — Fabrique de Castel Durante. — Cornet à double renflement, décor polychrome à cartouche central, encadré de deux branches de feuillages et banderole portant une inscription pharmaceutique. — Haut., 31 cent.; diam., 17 cent.

188 — Fabrique italienne. — Cornet de même forme, à deux anses à double torsade, décoré de fleurs arabesques en bleu sur blanc, avec rehauts de jaune et de vert, et listel portant le mot : *Mostarda.* — Haut., 32 cent.; diam., 20 cent.

189 — Fabrique des Abruzzes. — Plat rond à côtes et ornements en relief, décor polychrome à sujets mythologiques. — Diam., 46 cent.

190 — Fabrique d'Urbino. — Fragment de plat représentant une Pieta en décor polychrome, d'une exécution remarquable. — Diam., 21 cent.

191 — Fabrique de Faenza. — Cornet à deux anses en torsades, à décor en bleu et jaune d'ocre, à armoiries et ornements. — Haut., 25 cent.; diam., 13 cent.

192-193 — Fabriques italiennes. — Sept vases ou cornets de formes et de décors variés. — Haut., 23, 21, 17 et 13 cent.

194 — Fabrique de Castelli. — Deux plaques rectangulaires représentant des jeux d'Amours. — Hauteur, sans les cadres en bois sculpté et doré, 90 millim.; larg., 260 millim.

195 — Fabrique italienne. — Plaque carrée offrant en relief le monogramme du Christ entouré de rayons, se détachant en blanc sur fond bleu et portant également une inscription dont les caractères sont réservés en blanc sur le même fond bleu. — Haut., 27 cent.; larg., 26 cent.

196 — Fabrique italienne. — Bas-relief sans fond représentant un tigre assis, à décor bleu et jaune. Caractère archaïque. — Haut., 195 millim.; larg., 100 millim.

197 — **Fabrique italienne.** — Lampe formée d'un pied humain avec cartouche
armorié rapporté et mascaron en relief, le tout émaillé brun. On lit
au-dessous, gravé dans la pâte : *C. F. F. 1659. P. Bastiano.* —
Haut., 105 millim.; larg., 170 millim.

198 — **Fabrique de Castelli.** — Vase en forme de balustre à couvercle bombé,
décoré d'ornements rocaille en relief, renfermant des sujets tirés du
Nouveau Testament et des sujets champêtres peints en couleurs avec
encadrements d'ornements jaunes. — Haut., 55 cent.

199 — **Fabrique de Castelli.** — Petit plat rond, décor polychrome. Au centre,
bestiaux et pâturage. Au marli, génies ailés, corbeille de fleurs et
coquilles. — Diamètre, sans le cadre octogone en bois noir, 23 cent.

200 — **Fabrique de Castelli.** — Petit plat rond, à décor polychrome au fond,
représentant Vénus et l'Amour et offrant au marli deux figures de génies
ailés debout, un buste et des ornements en grisaille sur fond jaune. —
Diamètre, sans le cadre octogone en bois noir, 235 millim.

201 — **Fabrique de Castelli.** — Petit plat rond à décor polychrome au centre,
représentant le Triomphe d'Amphitrite. Le marli est décoré d'enfants
centaures tenant des palmes, de figures de génies ailés, d'un cartouche
avec buste et d'un vase en grisaille violacée sur fond jaune.—Diamètre,
sans le cadre octogone en bois noir, 23 cent.

202 — **Fabrique de Castelli.** — Petit plat rond, décoré au centre d'une figure
de nymphe endormie surprise par un Satyre, et, au marli, de cariatides
de femmes ailées, d'ornements, d'un vase et de festons de laurier en grisaille sur fond jaune. — Diamètre, sans le cadre octogone en bois noir,
23 cent.

203 — **Fabrique de Castelli.** — Plat rond à décor polychrome, représentant le
Triomphe de Bacchus et d'Ariane montés sur un char traîné par des
panthères et entourés de Faunes et de Bacchantes. Au marli, génies,
mascarons et fleurs se détachant en couleurs sur fond jaune. — Diamètre, sans le cadre octogone en bois noir, 32 cent.

204 — **Fabrique de Castelli.** — Plat rond à décor polychrome représentant un
sujet de chasse à l'ours dans le goût de Tempesta. Le marli représente
un décor analogue à celui du plat qui précède. — Diamètre, sans le cadre
en bois noir, 32 cent.

205 — **Fabrique de Castelli.** — Deux vases cylindriques à couvercles bombés

surmontés d'un fruit. Décor polychrome à arbustes, rochers et fleurs au pourtour de la panse et sur le couvercle, et à frises d'ornements sur le col et sur l'épaulement du vase. — Haut., 33 cent.; diam., 20 cent.

206 — Fabrique de Castelli. — Presse-papier en forme de grand cachet à décor polychrome, dont le dessus représente un jeune homme et une jeune femme en costumes Louis XV vus à mi-corps, et le pourtour à ornements. — Haut., 105 millim.; diam., 90 millim.

207 — Fabrique de Castelli. — Deux tasses hautes et évasées sans anse. Décor polychrome rehaussé de dorure à paysages, l'une d'elles avec figure de chasseur et chiens. — Haut., 70 millim.; diam., 75 millim.

208 — Fabrique de Castelli. — Deux soupières rondes à couvercle surélevé et à contours, reposant sur quatre pieds de lion, et à anses formées de mascarons. Décor polychrome à fleurs et ornements. — Hauteur totale, 25 cent.; diam., 20 cent.

209 — Fabrique de Castelli. — Deux soupières oblongues et à contours, reposant sur quatre pieds bas, avec anses formées de figurines d'enfants avec chiens, et à couvercle surmonté d'un groupe de fruits, de fleurs et de légumes. Décor polychrome à paysages, fleurs et ornements. — Hauteur totale, 31 cent.; larg., 33 cent.

210 — Fabrique des Abruzzes. — Écuelle ronde, à deux anses et à couvercle surmonté d'un petit vase couvert et de deux figures d'Amours assis. Décor polychrome à figures d'enfants dans des paysages, et à l'intérieur de la coupe le sujet de la crèche et une couronne de fleurs. — Haut., 22 cent.; diam., 18 cent.

211 — Fabrique des Abruzzes. — Buire en forme de vase, à goulot trilobé et à anse à rinceaux reposant sur une cariatide d'enfant. Décor polychrome à arabesques et à médaillon, renfermant deux têtes accolées sous une même couronne. — Haut., 33 cent.

212 — Fabrique de Pesaro du xviiiᵉ siècle. — Deux grands vases à panse ovoïde, col droit, goulot cylindrique, anses formées de cariatides de femme ailée et couvercle surmonté d'un fruit. Décor polychrome à fleurs et ornements, et sur le col inscription pharmaceutique. — Haut., 50 cent.; diam., 23 cent.

213 — Fabrique italienne du xviiiᵉ siècle. — Deux vases ovoïdes sur piédouche, à ouverture large, à décor polychrome composé de festons de fleurs et d'ornements. — Haut., 230 millim.; diam., 155 millim.

214 — Fabrique italienne. — Lion passant, sur un socle à moulures, en faïence blanche. On lit sur le socle l'inscription suivante, gravée en creux : MVNIF.P.II.SEXTI.P.M. — Haut., 36 cent.; long., 43 cent.

215 — Fabrique italienne. — Deux grands vases en faïence blanche, en forme de balustre, à deux anses composées de branches de fleurs en haut-relief et à couvercle surmonté d'un bouquet de fleurs. — Haut., 48 cent.; diam., 30 cent.

216 — Fabrique italienne. — Grand vase incomplet en faïence blanche, à anse formée d'une cariatide de femme ailée. — Haut., 60 cent.; diam., 30 cent.

217 — Fabrique italienne. — Petit vase en forme de bouteille, à long col et à deux anses à torsade, décor en vert et jaune orangé à rosaces et ornements. — Haut., 255 millim.

218 — Fabrique vénitienne (?). — Coupe ronde et profonde, sur pied bas, à couverte brune et décor de rosaces et d'ornements émaillés bleu et à pois blancs. Curieux spécimen de style oriental, qui nous parait remonter au xvᵉ siècle. — Haut., 13 cent.; diam., 15 cent.

219 — Fabrique de Deruta. — Couvercle de vase légèrement bombé, à décor à reflets métalliques irisés, rehaussé de bleu, composé de rayons et de fruits. Le bouton manque. — Diam., 170 millim.

220 — Fabrique italienne. — Fort vase sphérique, à décor bleu et jaune, à médaillons sujets mythologiques et feuillages. Le col, qui a été rapporté, est garni de deux anses. — Haut., 50 cent.; diam., 38 cent.

221 — Fabrique d'Urbino. — Trois carreaux de forme hexagone, à décor polychrome, représentant pour chacun trois des mois de l'année figurés par des personnages munis des attributs ou des emblèmes du mois représenté. — Diam., 11 cent.

TERRES ÉMAILLÉES DES ROBBIA

222 — Médaillon rond de *Luca della Robbia*, offrant en bas-relief la figure de la Vierge vue à mi-corps, vêtue de long et tenant l'Enfant Jésus nu de ses deux bras. Les deux figures sont nimbées et se détachent en blanc sur le fond bleu azur. L'encadrement est formé d'une couronne de fleurs et de feuillages décorés au naturel. — Diamètre total, 42 cent.

223 — Bas-relief circulaire de *Luca della Robbia*, représentant la Vierge nimbée, les mains jointes et vue à mi-corps, en adoration devant l'Enfant Jésus couché devant elle. A droite, trois anges tenant un rouleau et chantant; à gauche, le petit saint Jean. Dans le fond, des branches de lis et de feuillages. Les figures émaillées blanc se détachent sur le fond bleu azur. Les plantes sont décorées au naturel. — Diam., 63 cent.

224 — Statuette d'enfant nu, debout, tenant un dauphin autour de son cou et dont le corps passe derrière sa tête. La figure est émaillée vert clair. École des Robbia. — Haut., 525 millim.

225 — Pendentif-applique formé d'un groupe de fruits émaillés au naturel. — Haut., 145 millim.; larg., 130 millim.

FAIENCES SICULO-ARABES

226 — Deux vases en forme de cornet, à décor à reflets métalliques cuivreux, rehaussé de bleu. Ils sont couverts de fleurs arabesques et portent dans un médaillon circulaire un écusson armorié et des rinceaux. Dernier quart du xvᵉ siècle. — Haut., 31 cent.; diam., 13 cent.

227 — Vase de même forme, à décor à reflets métalliques mordorés, composé d'un groupe de deux figures : jeune homme paraissant s'agenouiller devant une jeune femme; fleurs, ornements, et, au revers, un sanglier. Dernier quart du xvᵉ siècle. — Haut., 31 cent.; diam., 12 cent.

228 — Vase en forme de cornet, décoré de zones de feuillages superposées alternant bleu et à reflets métalliques mordorés. Dernier quart du xvᵉ siècle. — Haut., 27 cent.; diam., 12 cent.

FAIENCES HISPANO-MORESQUES

229 — Grand et beau plat rond, à godrons en spirale et à ombilic, à décor à reflets métalliques cuivreux sur blanc, composé de compartiments de fleurs et d'entrelacs variés et alternant. Au centre de l'ombilic, un aigle héraldique aux ailes éployées. (Vers 1500.) — Diam., 48 cent.

230 — Grand plat rond, à décor à reflets métalliques cuivreux. Le fond légèrement bombé représente un lion héraldique passant et une branche de

fleurs. Au pourtour, quatre médaillons renfermant des quadrillages séparés par des fleurettes. Au marli, de faux godrons à rosaces réservées sur fond à reflets cuivreux et d'autres en entre-deux décorés de fleurs et d'ornements. Au revers, des ramages et un oiseau. — Diam., 49 cent.

231 — Plat rond décoré d'arabesques à reflets métalliques du plus beau style et d'un lion héraldique debout, se détachant en bleu sur le fond du plat. — Diam., 41 cent.

232 — Plat rond à ombilic et à godrons en spirale au marli. Décor à reflets métalliques cuivreux, rehaussé de bleu et composé de zones d'ornements, de fleurs et d'imbrications variées. Sur l'ombilic, un aigle aux ailes éployées (armes d'Aragon). Au revers, ramages sur toute la surface du plat et rosace au centre. — Diam., 45 cent.

233 — Plat rond à décor à reflets métalliques cuivreux, rehaussé de bleu. Au centre, les armes de Castille entourées de trois zones concentriques de feuillages bleus et cuivreux alternant. Au revers, aigle aux ailes éployées couvrant toute la surface du plat, avec arabesques décorant les contours. — Diam., 425 millim.

234 — Plat rond décoré au centre d'un écusson renfermant une cloche dessinée en bleu, sur fond à reflets métalliques mordorés. Au pourtour et sur le marli, lignes concentriques de menus feuillages à reflets métalliques. Au revers, un filet en spirale couvrant toute la surface du plat. — Diam., 42 cent.

235 — Plat rond et creux, à ombilic et marli à godrons en spirale. Décor à reflets métalliques mordorés, composé de couronnes de fleurs arabesques et d'ornements variés alternant. Sur l'ombilic, un écusson renfermant un taureau. Au revers, rosaces et ornements feuillagés, à reflets. — Diam., 46 cent.

236 — Plat rond à décor à reflets métalliques irisés, rehaussé de bleu. Ornements au fond et faux godrons au marli. A l'extérieur, ornements et filets. — Diam., 39 cent.

237 — Plat rond à ornements gaufrés au marli et à décor à reflets métalliques cuivreux et mordorés. — Diam., 38 cent.

238 — Bassin rond et conique à bord vertical, à décor à reflets métalliques mordorés, à huit zones d'arabesques et rosaces superposées. A l'extérieur, une couronne de feuillages et des filets. — Haut., 19 cent.; diam., 49 cent.

239 — Plat rond à décor à reflets métalliques mordorés. Au centre, un canard ;
au pourtour, une fausse inscription, et, au marli, des rayons simulant
une étoile avec ornements en entre-deux. — Diam., 34 cent.

240 — Plat rond à ombilic et marli à godrons en spirale. Décor à reflets métalliques cuivreux, rehaussé de filets bleus. Au centre, les armes d'Aragon :

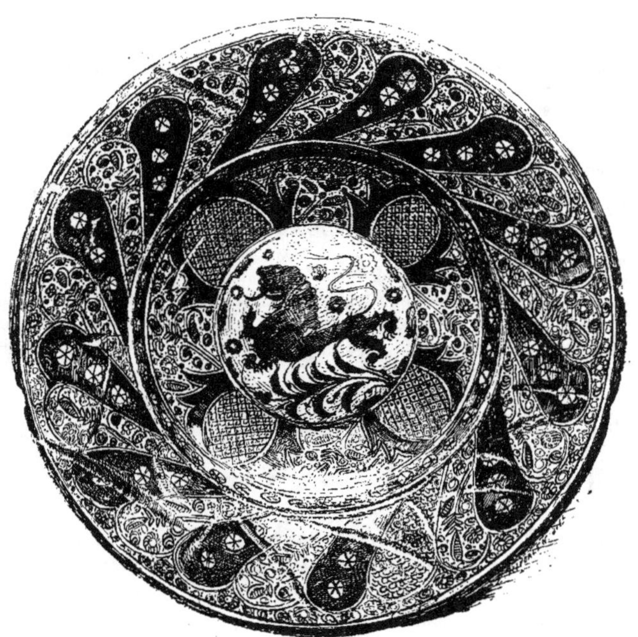

N° 230.

au pourtour et sur le marli, ornements variés. A l'extérieur, feuillages
et arabesques. — Diam., 365 millim.

241 — Plat rond décoré d'ornements et de filets à reflets métalliques cuivreux.
— Diam., 32 cent.

242 — Petit plat rond et creux, à bord vertical, décoré de cinq rosaces et de
branches de feuillages réservées, sur fond à reflets métalliques cuivreux.

A l'extérieur, couronne d'ornements et filets concentriques. — Haut.,
7 cent.; diam., 24 cent.

243 — Coupe ronde à décor à reflets métalliques cuivreux, de très beau style,
composé d'une rosace à quatre branches feuillagées et de compartiments
avec inscriptions simulées. Cette pièce est malheureusement incomplète. — Haut., 85 cent.; diam., 265 millim.

244 — Petite coupe ronde à décor à reflets mordorés, rosace et inscription
simulée. Cette pièce est incomplète. — Haut., 55 cent.; diam.,
210 millim.

245 — Joli vase à panse sphérique et col droit, reliés par quatre anses ou
attaches. Il est couvert à l'extérieur d'ornements élégants à reflets métalliques cuivreux, rehaussés de bleu. L'intérieur du col est décoré d'ornements à reflets mordorés. — Haut., 19 cent.; diam., 19 cent.

246 -- Autre joli vase à panse sphérique, sur pied à épatement et à col légèrement
évasé, à godrons en spirale. Le col et la panse sont reliés par quatre
petites anses et il est couvert dans toutes ses parties d'ornements feuillagés, à reflets métalliques cuivreux. — Haut., 155 millim.; diam.,
140 millim.

247 --- Petit vase à panse sphérique, col droit et à quatre petites anses ou
attaches, à décor d'ornements variés à reflets métalliques cuivreux. —
Haut., 19 cent.; diam., 17 cent.

248 --- Petit vase de même forme que celui qui précède et de décor analogue,
mais rehaussé de bleu. — Haut., 16 cent.; diam., 13 cent.

249 --- Vase à panse sphérique, sur piédouche large et à gorge droite reliée à la
panse par quatre anses à double épatement. Décor à reflets métalliques
cuivreux, à fleurs, ornements, animaux et armoiries surmontées de la
tiare. --- Haut., 32 cent.; diam., 25 cent.

250 --- Vase entièrement semblable à celui qui précède, mais un peu plus petit.
Dans celui-ci les animaux sont remplacés par des oiseaux. — Haut.,
31 cent.; diam., 23 cent.

251 — Vase ovoïde à col droit relié à la panse du vase par quatre anses ou
attaches. Il est entièrement couvert de fleurs arabesques à reflets métalliques cuivreux. --- Haut., 35 cent.; diam., 30 cent.

252 — Deux vases à panse ovoïde et col droit, reliés par quatre anses surmontées
chacune d'une tête humaine. Décor à reflets métalliques cuivreux, composé de fleurs, d'oiseaux, d'animaux, d'ornements variés et d'écussons
armoriés. Leurs couvercles bombés sont garnis chacun d'une petite
anse. — Hauteur totale, 53 cent. ; diam., 25 cent.

253 — Deux vases à panse sphérique et col à gorge reliés par deux anses. Décor
à reflets métalliques cuivreux, à fleurs, oiseaux et ornements. — Haut.,
30 cent.; diam., 14 cent.

254 — Curieuse gourde formée d'un cylindre placé horizontalement avec
goulot droit central et à deux anses arrondies formant attaches. Elle
est couverte de fleurs arabesques et d'ornements à reflets métalliques
cuivreux et présente les armes d'Espagne sur chacune de ses deux faces
principales. — Haut., 22 cent. ; long., 30 cent.

255 — Gourde de forme analogue, avec poignée centrale reliant une tête d'animal
servant de goulot à un récipient cylindrique. Décor à reliefs métalliques
cuivreux, composé de fleurs, de feuillages, d'oiseaux et d'un aigle à
deux têtes placé à une de ses extrémités. L'ensemble de cette pièce
figure un animal grotesque. — Haut., 22 cent.; long., 26 cent.

256 — Petite coupe sphéroïdale supportée par quatre figurines grotesques jouant
de divers instruments et à couvercle surmonté de quatre oiseaux en
ronde bosse. Décor à reflets métalliques cuivreux. — Haut., 12 cent.;
diam., 12 cent.

FAIENCES DE PERSE

257 — Beau plat rond à bord plat festonné et à riche décor polychrome sur
fond gros bleu. Au fond, deux branches de fleurettes blanches et bleues
montant presque verticalement entre deux branches de muguet et entre
deux branches de larges fleurs arrondies et contournées elles-mêmes par
deux autres branches de muguet. Au marli, fleurs formant rosaces et
petites branches de fleurs alternant. — Diam., 365 millim.

258 — Autre beau plat rond à bords plats festonnés, décoré de branches de
fleurs polychromes, roses, œillets, etc., sur fond bleu. — Diam.,
265 millim.

259 — Grand plat rond à bords festonnés, décoré de branches d'œillets et de

roses émaillées en couleurs sur fond blanc. Le marli est décoré d'arabesques bleues. — Diam., 405 millim.

260 — Plat rond, décoré d'imbrications bleues et vertes séparées par deux motifs d'ornements feuillagés arrondis et rehaussés d'émail rouge. Au marli, ornements mamelonnés et arabesques bleus. — Diam., 36 cent.

261 — Plat rond et creux à bords festonnés, décoré d'œillets et de fleurs variées émaillées en couleurs sur fond blanc. Au marli, ornements mamelonnés bleus et feuilles vertes. — Diam., 34 cent.

262 — Plat de même forme, à décor bleu sur blanc. Au centre, une petite rosace entourée de six bouquets de fleurs. Au marli, couronne de fleurs arabesques. — Diam., 36 cent.

263 — Plat rond et creux, décoré au fond et au marli de fleurs et d'ornements en camaïeu bleu. — Diam., 35 cent.

264 — Grand bol rond et profond, à décor bleu. A l'extérieur, quadrilobes ornés, reliés par des branches de fleurs; à l'intérieur, corbeilles de fleurs au fond et couronne d'ornements au bord supérieur. — Haut., 19 cent.; diam., 42 cent.

265 — Plaque de revêtement en forme d'étoile à huit pointes, à décor à reflets métalliques cuivreux, composé de fleurs arabesques placées symétriquement et se détachant en blanc sur fond brun niellé de blanc. Au pourtour, une longue inscription. — Diam., 31 cent.

266 — Plaque de revêtement semblable à celle qui précède. — Diam., 31 cent.

267 — Plaque de revêtement en forme d'étoile à huit pointes, à décor à reflets métalliques au centre, composé de trois canards et de fleurs, et encadrement formé d'ornements bleus. — Diam., 20 cent.

268 — Plaque de revêtement de même forme et de décor analogue à celle qui précède. Celle-ci est décorée d'un canard au centre. — Diam., 20 cent.

269 — Plaque de revêtement en forme d'étoile à huit pointes, à décor à reflets métalliques cuivreux, rehaussé de bleu. Au centre, un oiseau rappelant le fong-hoang chinois et ornements au pourtour. — Diam., 20 cent.

270 — Plaque de revêtement de même forme et de décor analogue à celle qui
précède. Celle-ci est décorée au centre de deux lapins assis dos à dos
et son encadrement se compose d'inscriptions simulées. — Diam.,
20 cent.

271 — Plaque de revêtement à huit pointes et à décor métallique cuivreux. Elle
est décorée de branches de fleurs et de poissons niellés de brun sur
blanc et se détachant sur le fond cuivreux. Les contours à fond blanc
portent une longue inscription. — Diam., 31 cent.

272 — Plaque de revêtement de forme rectangulaire, émaillée bleu clair et
décorée d'une rosace et de rinceaux fleuris bleu foncé paraissant
avoir été exécutés à l'aide d'une forme découpée. — Long., 21 cent.;
larg., 11 cent.

273 — Deux fragments de plaque de revêtement à fond bleu niellé d'émail
blanc à fleurs arabesques et portant des caractères en relief bordés de
rouge et conservant des traces de dorure. — Haut., 25 cent. ; larg.,
20 cent.

274 — Plaque de revêtement rectangulaire, décorée de branches de fruits et de
fleurs polychromes sur fond bleu foncé et bleu clair alternant. Dans le
bas, bordure d'arabesques réservées en blanc avec rehauts de bleu clair
sur fond bleu foncé. — Long., 23 cent. ; haut., 27 cent.

275 — Plaque de revêtement en forme d'étoile à huit pointes, à décor à reflets
métalliques cuivreux, composé de fleurs arabesques au centre, et avec
bordure composée d'inscriptions sur fond blanc. — Diam., 31 cent.

276 — Plaque de revêtement analogue à celle qui précède. Celle-ci est décorée
de fleurs et de feuillages. — Diam., 31 cent.

277 — Plaque de revêtement à quatre branches se terminant en pointes, décor à
reflets métalliques cuivreux à arabesques et inscriptions. — Longueur
et largeur, 30 cent.

278 — Plaque de revêtement en forme d'étoile à huit pointes, à décor à reflets
métalliques, rehaussé de bleu. Au centre, fleurs et oiseaux et inscriptions simulées au pourtour. — Diam., 205 millim.

279 — Plaque de revêtement analogue à celle qui précède. Celle-ci est décorée,
au centre, d'un canard et de fleurs, et, au pourtour, d'ornements variés.
— Diam., 205 millim.

280 — Plaque de revêtement de même style. Le centre de celle-ci est occupé par une rosace. — Diam., 205 millim.

281 — Deux plaques de revêtement carrées, décorées de fleurs arabesques et de ramages en bleu clair, vert et bleu foncé sur fond blanc. — Diam., 30 cent.

282 à 284 — Trois petites plaques rectangulaires formant frise, à fleurs et oiseaux en relief décorés en bleu, violet et jaune sur fond jaune. — Haut., 75 millim. ; larg., 185 millim.

285 — Neuf plaques de revêtement ou fragments de plaques de forme rectangulaire, décorées d'arabesques réservées en blanc sur fond bleu foncé et rehaussées de bleu clair. — Haut., 75 millim. ; larg., 290 millim., 200 millim., 150 millim.

286 — Plaque de revêtement de forme carrée, décorée d'arabesques réservées sur fond bleu clair et de fleurs et de feuillages émaillés vert, bleu et violet. — Longueur et largeur, 23 cent.

287 — Plaque de revêtement de forme carrée, décorée d'un vase de fleurs, de demi-rosaces et de branches de fleurs émaillées vert, brun, violet et bleu clair sur fond bleu foncé. — Haut., 26 cent. ; larg., 25 cent.

288 — Plaque de revêtement destinée à décorer un angle. Dessin à compartiments bleus et verts décorés de fleurs et de fleurettes ton sur ton, et bordure à arabesques réservées en blanc sur fond bleu foncé. — Haut., 26 cent. ; larg., 26 cent.

289 — Quatre plaques de revêtement carrées, à décor analogue à celle qui précède. La bordure de celle-ci n'est pas à retour d'angle et elle est décorée en deux tons, vert et bleu foncé. — Long., 27 cent. ; larg., 24 cent.

290 — Plaque de revêtement carrée, avec bordure analogue à celles des plaques qui précèdent. Le dessin général de celle-ci se compose d'une grappe de raisin et de feuilles de vigne, de branches de tulipes, le tout sur fond bleu foncé et gris bleuté, et d'une partie d'arceaux sur fond vert. — Long., 26 cent. ; larg., 26 cent.

291 — Plaque de revêtement carrée, décorée de branches de tulipes et de fleurs variées, émaillées bleu en deux tons, vert et violet sur fond blanc, et de médaillons contournés contenant des arabesques sur fond bleu. — Long., 265 millim. ; larg., 265 millim.

292 — Plaque carrée, offrant un compartiment rectangulaire décoré de rosaces à fond bleu foncé et fond bleu clair, encadré de fleurs. — Long., 24 cent.; larg., 22 cent.

293 — Plaque rectangulaire décorée d'une rosace oblongue à arabesques rehaussées de vert sur fond bleu foncé, encadrée d'ornements émaillés vert et bleu sur fond blanc. — Long., 30 cent.; larg., 16 cent.

294 — Plaque carrée décorée d'une rosace et de fragments de rosaces à fleurs et fleurettes sur fond bleu, gris et vert alternant. — Long., 23 cent.; larg., 21 cent.

295 — Plaque carrée à décor bleu, vert et violet, à grappe de raisin et fleurs sur fond blanc et bordure sur un des côtés, décorée de fleurs et de feuillages sur fond bleu clair. — Long., 23 cent.; larg., 22 cent.

296 — Plaque rectangulaire présentant un décor analogue à celle qui précède. La bordure de celle-ci est incomplète. — Long., 235 millim.; larg., 170 millim.

297 — Plaque de revêtement rectangulaire, décorée d'un médaillon de tulipes et feuillages au pourtour en bleu et violet. — Long., 255 millim.; larg., 185 millim.

298 — Cinq plaques de revêtement de forme carrée, décorées de fleurs et de compartiments à arabesques émaillées bleu et vert sur fond blanc. — Long., 29 cent.; larg., 29 cent.

299 — Six plaques de revêtement de même décor que celles qui précèdent, mais offrant sur un de leurs côtés une bordure d'arabesques réservées en blanc sur fond bleu foncé. — Long., 29 cent.; larg., 29 cent.

300 — Deux plaques provenant de la même suite que celles qui précèdent, mais avec bordure cintrée dans un des angles coupés. — Long., 30 cent.; larg., 30 cent.

301 — Huit fragments de plaques de même décor que celles qui précèdent, variées de dimensions.

302 — Onze curieux fragments de plaques de revêtement, à décor d'arabesques émaillées en couleurs très intenses et exécutées à l'aide de pâtes rapportées, dont la surface seule porte une couche d'émail. Ce lot sera divisé.

303 — Plaque rectangulaire décorée de tulipes et de fleurs variées émaillées bleu, vert et violet sur fond blanc avec bordure sur un de ses côtés, décorée d'ornements et de feuilles sur fond bleu turquoise. — Long., 26 cent.; larg., 24 cent.

304 — Plaque rectangulaire, décorée au centre d'un médaillon renfermant un vase de fleurs sur fond vert et entouré de feuillages verts et violets sur fond bleu foncé. — Long., 24 cent.; larg., 22 cent.

305 — Plaque de revêtement de forme carrée, décorée de fleurs, de fruits et d'arabesques émaillés bleu, vert et violet. — Long., 268 millim.; larg., 256 millim.

306 — Plaque carrée, décorée de branches de fleurs émaillées vert, bleu et violet sur fond blanc. — Long., 23 cent.; larg., 22 cent.

307 — Plaque rectangulaire, décorée de branches de vigne et de fleurs émaillées vert et violet sur fond bleu et de deux bandes courbes, décorées de fleurettes sur fond vert. — Long., 260 millim.; larg., 225 millim.

308 — Trois plaques rectangulaires portant des caractères réservés en blanc et reliés par des feuillages verts et des fleurs bleu clair sur fond bleu foncé. Dans le bas, frise d'arabesques à contours noirs se détachant en blanc sur un fond vert et bleu foncé alternant. — Long., 27 cent.; larg., 27 cent.

309 — Plaque carrée, décorée d'un médaillon à fond bleu turquoise avec arabesques réservées en blanc et encadrement composé de feuillages bleus et verts. — Long. et larg., 23 cent.

310 — Plaque carrée à fleurs et ornements en bleu, vert et violet sur blanc, et offrant sur un de ses côtés une bordure de lambrequins réservés en blanc sur fond bleu. — Long. et larg., 23 cent.

311 — Plaque carrée, décorée de fleurs sur fond blanc et bandes de fleurs sur fond bleu turquoise. — Long. et larg., 22 cent.

312 — Plaque carrée, décorée d'arabesques exécutées en bleu et vert sur blanc. — Long. et larg., 23 cent.

313 — Plaque de revêtement incomplète, décorée de sapins et de petits vases de fleurs sur fond blanc. — Haut., 22 cent.; larg., 22 cent.

314 — Plaque carrée, décorée d'arabesques bleu sur blanc. — Long. et larg.,
20 cent.

315 — Deux plaques carrées, décorées de fleurs, de feuillages et d'arabesques en
bleu et vert sur blanc. — Long. et larg., 25 cent.

316 — Plaque incomplète, portant des caractères exécutés en bleu foncé et bleu
clair sur blanc. — Long., 25 cent.; larg., 23 cent.

317 — Plaque carrée incomplète, à rosace à quatre pointes et à compartiments de
fleurs, le tout en bleu foncé et bleu clair sur blanc. — Long. et larg.,
23 cent.

318 — Plaque rectangulaire à décor de fleurs arabesques en violet sur fond bleu
turquoise et à bande bleu foncé. — Long., 19 cent.; larg., 12 cent.

319 — Deux plaques réunies en un même cadre, décorées d'arabesques réservées
en blanc sur fond bleu foncé et bleu turquoise et autres ornements exécutés en vert sur blanc. — Long., 27 cent.; larg., 26 cent.

320 — Deux plaques portant des caractères qui se détachent en émail bleu turquoise sur le fond de terre cuite. — Haut., 28 cent.; larg., 27 cent.

321 — Plaque octogone à ouverture centrale lobée, décorée d'ornements en
relief et émaillée bleu uni. — Diam., 29 cent.

322 — Plaque hexagone à couverte vitreuse bleu turquoise uni. — Diam.,
19 cent.

323 — Tableau composé de six plaques, dont deux arrondies à leur partie supérieure, et décoré d'un vase de fleurs et d'une bordure d'ornements exécutés en bleu et vert sur blanc. — Hauteur, sans le cadre en bois,
66 cent.; larg., 36 cent.

324 — Grande plaque carrée, décorée de fleurs arabesques émaillées rouge, vert
et bleu sur blanc, et offrant à son centre un médaillon à arabesques
réservées en blanc avec rehauts de rouge sur fond bleu turquoise.
L'encadrement est formé d'ornements bleus sur blanc. — Long.,
51 cent.; larg., 44 cent.

325 — Tableau composé de huit plaques et représentant de larges fleurs, des
feuillages et des ornements exécutés en bleu et vert sur blanc. — Hauteur, sans le cadre en bois noir, 87 cent.; larg., 42 cent.

326 — Plaque carrée, décorée de deux figures en bas-relief, assises sur des divans et émaillées en bleu, vert et violet. — Haut., 22 cent.; larg., 21 cent.

327 — Plaque rectangulaire en hauteur, à figure de cavalier en bas-relief, à décor polychrome sur fond bleu, rehaussé de fleurs. — Haut., 18 cent.; larg., 12 cent.

328 — Plaque analogue à celle qui précède. Celle-ci représente un chasseur à cheval forçant deux sangliers. Décor polychrome sur fond bleu. — Haut., 19 cent.; larg., 13 cent.

329 — Deux plaques rectangulaires en hauteur; personnage accroupi en bas-relief; sur l'une, le costume est blanc, et sur l'autre il est émaillé jaune. Le fond bleu est rehaussé de fleurs. — Haut., 16 cent.; larg., 12 cent.

330 — Plaque ronde incomplète, décorée de deux figures en bas-relief émaillées en bleu clair sur fond bleu foncé, rehaussé de fleurs peintes. — Diam., 19 cent.

331 — Plaque carrée, décorée de fleurs arabesques en bleu, vert et violet sur blanc. — Haut., 22 cent.; larg., 22 cent.

332 — Plaque hexagone, décorée d'une rosace en bleu sur blanc. — Diam., 165 millim.

333 — Plaque incomplète, à médaillon oblong en hauteur, décoré de fleurs en vert et rouge sur fond bleu, et à encadrement composé d'ornements émaillés rouge. — Haut., 23 cent.; larg., 24 cent.

334 — Plaque de revêtement en forme d'étoile à huit pointes, à décor à reflets cuivreux, composé d'ornements au centre, et avec bordure portant des inscriptions sur fond blanc. — Diam., 315 millim.

335 — Plaque rectangulaire incomplète, à décor composé de compartiments bordés de bleu et renfermant chacun des fleurs et des feuillages émaillés bleu, vert et violet. — Haut., 215 millim.; larg., 180 millim.

336 — Plat rond à bords festonnés, décoré d'une gerbe de fleurs polychromes couvrant tout le fond du plat et décoré au marli d'ornements bleus. — Diam., 39 cent.

337 — Joli petit plateau rond, décoré au fond d'un bouquet de tulipes et de roses

émaillées vert, violet et bleu en deux tons sur blanc. Il est décoré de fleurettes à l'extérieur. — Diam., 205 millim.

338 — Plat rond à marli étroit décoré d'une large fleur, de branchages et de petites arabesques en bleu sur blanc avec rehauts de vert au centre. — Diam., 30 cent.

339 — Grand bol rond et profond, décoré de médaillons d'oiseaux en camaïeu bleu et de gerbes de fleurs en entre-deux émaillées bleu, vert et violet. A l'intérieur, bordure d'ornements et paysage avec biche de style chinois en camaïeu bleu. — Haut., 18 cent. ; diam., 34 cent.

340 — Petit bol à décor intérieur et extérieur à reflets métalliques cuivreux, composé d'un vase de fleurs, d'ornements et de gerbes de fleurs variées. — Haut., 85 millim. ; diam., 185 millim.

341 — Petite coupe ronde avec ombilic sphéroïdal à l'intérieur, décorée intérieurement et extérieurement de fleurs polychromes. Cette pièce a reçu un coup de fumée ou de cendre qui lui a laissé un aspect des plus curieux. — Haut., 50 millim. ; diam., 138 millim.

342 — Fragment de plat à décor d'arabesques à reliefs métalliques cuivreux et mordorés. — Diam., 21 cent.

343 — Petit plateau oblong à lobes, émaillé bleu empois à l'intérieur et garni de deux petites anses plates découpées à jour et émaillées bleu turquoise et violet. La couverte intérieure de la coupe est violacée. — Long., 164 millim. ; larg., 150 millim.

344 — Plateau rectangulaire à bords évasés, émaillé bleu empois uni. A l'extérieur, une marque en bleu. — Long., 18 cent. ; larg., 14 cent.

345 — Petite coupe hémisphérique émaillée bleu turquoise et décorée à l'intérieur d'arbustes violets. Cette coupe est incomplète. — Haut., 60 millim. ; diam., 150 millim.

346 — Coupe ronde émaillée bleu uni et dont le bord plat est décoré d'ornements violacés. — Haut., 60 millim. ; diam., 220 millim.

347 — Jolie petite coupe ronde et profonde à bord légèrement évasé, offrant à l'extérieur des palmes gaufrées en relief et décorée de fleurs et d'ornements dessinés au trait et rehaussés d'émail vert, bleu et jaune. Au fond

extérieur, marque composée de trois étoiles en bleu. — Haut.,
74 millim. ; diam., 108 millim.

348 — Vase en forme de balustre, décoré de larges fleurs et d'ornements en bleu,
vert et violet. La panse est garnie de trois petites anses ou attaches de
suspension. — Haut., 255 millim.

349 — Bassin rond à ouverture large, décoré au pourtour d'animaux et de
nervures en relief réservés en blanc sur fond bleu empois. — Haut.,
115 millim. ; diam., 250 millim.

350 — Beau vase à panse ovoïde et col droit, décoré sur la panse de fleurs arabesques et d'ornements en bleu foncé et bleu clair sur blanc, et sur le col
de fleurs de mêmes nuances sur fond bleu foncé.

351 — Chope cylindrique à une anse découpée, décorée au pourtour d'animaux dessinés au trait sur fond vert. — Haut., 230 millim. ; diam.,
115 millim.

352 — Flacon piriforme à côtes, décoré d'animaux, d'oiseaux et d'arbustes à
reflets métalliques cuivreux sur fond bleu. — Haut., 24 cent.

353 — Grand bol à décor bleu de style chinois. A l'extérieur, personnages dans
un paysage ; à l'intérieur, cheval dans un parc et ornements. Haut.,
18 cent.; diam., 40 cent.

354 — Flacon piriforme à décor à reflets métalliques cuivreux, composé d'ornements et de compartiments renfermant des fleurs. Le temps a donné à
cette pièce un curieux aspect d'aventurine. — Haut., 25 cent.

355 — Flacon de même forme, mais à côtes fond bleu turquoise, à décor à
reflets métalliques en partie effacé. — Haut., 25 cent.

356 — Vase à panse ovoïde et à col droit légèrement évasé, décoré d'arabesques
en volutes et d'ornements en bleu sur blanc. — Haut., 215 millim.

357 — Gargoulette piriforme à col droit avec renflement médian. Elle est
couverte d'imbrications vertes avec réserves en forme de feuilles et de
cœurs rehaussées d'émail rouge très intense. Le renflement du col est
décoré d'ornements bleus. — Haut., 33 cent.

358 — Gargoulette à panse sphérique, décorée d'arabesques réservées en blanc

avec rehauts de bleu sur fond d'émail rouge épais et très intense. Le
col à renflement sphérique est décoré d'ornements bleus avec rehauts
de points d'émail rouge. — Haut., 35 cent.

359 — Pot à anse en forme de balustre, décoré d'imbrications bleues et vertes
avec rinceaux et ornements réservés en blanc, et rehaussé d'émail
rouge. — Haut., 24 cent.

360 — Vase à panse ovoïde et col droit, à décor en bas-relief composé de
figures debout sous des portiques, d'animaux, d'oiseaux et d'une frise
à rosaces, le tout émaillé bleu uni. — Haut., 29 cent.; diam.,
20 cent.

361 — Vase de même style à panse ovoïde, décoré de compartiments hexagones
renfermant chacun un personnage monté sur un animal debout, le tout
en relief et émaillé bleu. — Haut., 39 cent. ; diam., 32 cent.

362 — Pot à anse en forme de balustre, décoré de branches de tulipes en bleu
et vert avec rehauts d'émail rouge sur fond blanc. — Haut., 25 cent.

363 — Pot de même forme, à fond gros bleu avec réserves circulaires, décoré
de fleurettes ou rosaces manganèse et feuillages verts. — Haut.,
19 cent.

364 — Petit vase à panse sphérique et col droit, à fond bleu à réserves contenant
chacune une fleur en vert et gris. — Haut., 12 cent.

365 — Boîte de forme ronde surbaissée et à couvercle bombé, décorée de
branches de fleurs et de tulipes, de feuillages et d'ornements en
couleurs sur fond blanc. Le bouton du couvercle a été rapporté en
cuivre. — Haut., 14 cent. ; diam., 19 cent.

366 — Vase en forme de potiche, à décor bleu représentant un paysage de style
chinois avec animaux et oiseaux, et bordure d'ornements haut et bas. —
Haut., 35 cent. ; diam., 27 cent.

367 — Flacon incomplet de forme aplatie, à ornements gaufrés en relief et décor
bleu. — Haut., 12 cent. ; larg., 11 cent.

368 — Panse de Kalian piriforme, décorée de rosaces bleues et d'entre-deux à
arabesques rouges. — Haut., 17 cent. ; diam., 19 cent.

369 — Panse de Kalian ovoïde à décor bleu, bandes d'ornements et entre-deux à
fleurs. — Haut., 26 cent. ; diam., 17 cent.

370 — Flacon piriforme à décor bleu, fleurs et ornements. Le col est garni en
cuivre gravé. — Haut., 31 cent.

371 — Panse de buire piriforme aplatie, à ornements découpés à jour, au centre
de la pièce, et à décor bleu. — Haut., 13 cent. ; larg., 11 cent.

372 — Flacon de Kalian à panse sphérique, décoré d'arbustes bruns et de
barques ou jonques de style chinois en bleu sur blanc. Le col fracturé
a été remplacé par une monture de cuivre gravé. — Haut., 28 cent. ;
diam., 18 cent.

373 — Deux petits pots droits à côtes et à gaufrures alternant avec un décor de
feuillages blanc sur bleu. — Haut., 10 cent.

374 — Flacon de Kalian piriforme, décoré d'arabesques bleues. Le col est en
cuivre gravé. — Haut., 32 cent. ; diam., 19 cent.

375 — Grande théière incomplète de forme droite et à huit fortes côtes avec
rosaces rapportées en relief, le tout à couverte bleu turquoise unie.
La poignée et le goulot manquent. — Haut., 20 cent.; diam.,
16 cent.

376 — Petit vase sphérique, décoré de feuilles à reflets métalliques cuivreux et
irisés. La gorge est en cuivre gravé. — Haut., 13 cent.; diam., 11 cent.

377 — Vase porte-fleurs, à panse ovoïde, col droit, et à trois orifices évasés
placés à la partie supérieure de la panse, décor de fleurs gravées en partie
et émaillées bleu, sur fond blanc jaunâtre. — Haut., 22 cent.; diam.,
16 cent.

378 — Coupe ronde et couverte, à compartiments gaufrés et entre-deux décorés
de fleurs et d'ornements bleus. — Haut., 18 cent.; diam., 18 cent.

379 — Vase ou flacon piriforme aplati, décoré de fleurs et de feuilles arabesques
en bleu sur blanc, avec médaillons réservés décorés de fleurs en vert et
brun rougeâtre. — Haut., 27 cent.; larg., 18 cent.

380 — Flacon de Kalian à panse sphérique, décoré de fleurs arabesques bleues et
d'une couronne de fleurs et de feuillages émaillés rouge et vert. —
Haut., 25 cent.; diam., 17 cent.

381 — Deux grandes jardinières profondes, munies chacune de quatre anses droites et décorées de fleurs, d'ornements et de soleils en camaïeu bleu.

382 — Petit vase en forme de potiche, décoré de médaillons ronds, à imbrications et bandes d'ornements bleus de style chinois. — Haut., 11 cent.; diam., 9 cent.

383 — Petit vase de forme surbaissée, émaillé bleu uni. La gorge est en cuivre uni. — Hauteur totale, 12 cent.; diam., 11 cent.

384 — Fragment de plaque de revêtement en forme d'étoile, à fond bleu et décorée d'une branche de fleurs et de feuillages dorés et détails émaillés blanc. — Haut., 18 cent.

385 — Plaque de revêtement carrée, décorée de deux frises de fleurs et d'ornements, l'une sur fond blanc, l'autre sur fond bleu foncé. — Long., 26 cent.; larg., 25 cent.

386 — Plaque de revêtement de forme rectangulaire, décorée de branches de fleurs en bleu et vert, sur fond blanc. — Long., 23 cent.; larg., 20 cent.

387 — Plaque carrée décorée d'un médaillon de fleurs réservées en blanc, sur fond bleu foncé, et d'une grappe de raisin et de feuillages en vert et brun, sur fond blanc. — Long., 22 cent.; larg., 22 cent.

388 — Plaque carrée à décor d'arabesques dessinées au trait, avec rehauts d'émail rouge sur fond bleu clair et compartiments de fleurs polychromes sur fond bleu foncé. — Long. et larg., 25 cent.

389 — Plaque rectangulaire divisée en deux zones décorées de fleurs, l'une sur fond blanc, l'autre sur fond bleu. — Long., 24 cent.; larg., 19 cent.

390 — Fragment de plaque à décor en relief, dessiné au trait en rouge, avec rehauts de dorure sur fond bleu verdâtre. — Long., 10 cent.; larg., 7 cent.

391 — Petite coupe ovale et à côtes extérieures, émaillée bleu turquoise de très beau ton. — Haut., 22 millim.; larg., 68 millim.

392 — Six petites plaques en forme d'étoile à huit pointes, émaillées vert uni. — Diam., 95 millim.

393 — Six plaques cruciformes émaillées bleu foncé uni. — Diam., 95 millim.

FAIENCES DIVERSES

394 — Faïence arabe. — Petite lampe en terre émaillée vert. Le dessus circulaire présente un cerf passant, réservé sur un fond à arabesques découpées à jour. Cette pièce nous semble appartenir à une époque très reculée. — Long., 15 cent.; diam., 85 millim.

395 — Faïence arabe. — Tambourin en terre émaillée vert, à rosaces et ornements gravés en creux. Il a la forme d'un vase à panse sphérique surbaissée dont le fond est remplacé par une peau d'âne. — Haut., 30 cent.; diam., 27 cent.

396 — Faïence turque. — Buire à anse à torsade, émaillée vert uni et décorée à froid d'ornements et de feuillages bronzés et de rosaces et d'oiseaux en relief. — Haut., 42 cent.

397 — Faïence turque. — Buire analogue à celle qui précède, mais à fond blanc. Haut., 38 cent.

398 — Faïence espagnole. — Groupe formant reliquaire et représentant la Vierge noire, coiffée de la tiare et portant un riche costume à fond bleu, garni d'ornements polychromes en relief. Elle porte l'Enfant Jésus couronné sur son bras gauche. — Haut., 58 cent.; largeur à la base, 31 cent.

399 — Faïence espagnole. — Vase formé d'une statuette de femme de qualité, debout, en costume polychrome du milieu du xviiie siècle. Elle porte un chien de son bras gauche. Le dessous de cette pièce porte l'inscription suivante : Vivva el senor don Damian de Santa. — Haut., 335 millim.

400 — Faïence espagnole (?). — Plat ovale à godrons rayonnants au fond et au marli, à fond bleu verdâtre, marbré de brun. — Long., 47 cent.; larg., 40 cent.

401 — Faïence italienne. — Coupe ronde à pourtour vertical arrondi à sa partie supérieure et à piédouche bas. Décor bleu et jaune au fond, enlèvement d'une naïade par un centaure; au pourtour, Amours dans les flots. La pièce est décorée d'arabesques dans ses autres parties. xviie siècle. — Haut., 17 cent.; diam., 37 cent.

402 — Faïence de Delft. — Deux bouteilles à décor bleu et laquées noir à froid, avec rehauts d'or de style chinois. — Haut., 26 cent.

403 — Terre émaillée brun. — Pot à deux anses, dont l'une surélevée et l'autre formant poignée. Il est orné de médaillons en relief, dont l'un porte le double aigle de l'Empire. — Haut., 30 cent.

404 — Faïence italienne. — Citron en ronde bosse, décoré au naturel, formant flacon. — Long., 14 cent.

VERRERIE VÉNITIENNE

405 — Très beau vase à boire, de forme légèrement ovoïde, sur pied élevé à nœud et à godrons, en verre bleu. La coupe est décorée d'un double sujet émaillé en couleurs, de style archaïque. L'un d'eux représente une femme debout, à demi nue, entourée de deux groupes de jeunes filles armées de flambeaux. Au-dessous de la figure principale se lit le mot : *Venite*, et au-dessus, dans une tourelle portant le mot mal écrit : *Veiglio*, est un enfant vu à mi-corps. L'autre sujet se compose de trois guerriers, dont deux à cheval, et ces deux scènes sont placées dans un paysage avec vue de ville et château fort au fond. Le bord supérieur de la coupe est rehaussé d'ornements dorés. Le pied, y compris le nœud, a été refait. Travail vénitien du xvᵉ siècle. — Haut., 22 cent.; diamètre de la coupe, 8 cent.

406 — Grand vase à boire en forme de calice à coupe large et évasée, sur pié-douche, en verre incolore. La coupe est décorée de deux larges écussons armoriés, soutenus chacun par deux anges agenouillés, et au centre desquels se voit un saint Georges monté sur un cheval blanc, se déta-chant sur un fond émaillé brun rouge. Le bord supérieur présente une frise d'ornements réservés sur fond d'or en partie effacé. Pièce rare des dernières années du xvᵉ siècle. — Haut., 285 millim.; diam., 180 millim.

407 — Beau vase à boire, en verre incolore, de même forme que celui qui pré-cède et sur pied à nœud rapporté. La coupe de celui-ci est ornée à sa partie inférieure d'une couronne d'ornements travaillés à la pince et elle est décorée dans son pourtour de deux groupes de cariatides se faisant face; l'une, d'homme barbu couronné de laurier; l'autre, de femme; soutenant ensemble un cartouche oblong à l'aide de rubans, et se ter-minant par des rinceaux à volutes. Les entre-deux sont occupés par des corbeilles de fruits. Tous ces décors sont exécutés à l'aide d'émaux polychromes et le bord supérieur présente des imbrications d'or rehaussées de points d'émail colorés. Ouvrage des premières années du xvıᵉ siècle. — Haut., 200 millim.; diam., 137 millim.

408 — Petite gourde de forme lenticulaire aplatie, sur piédouche, à goulot cylindrique et à quatre petites attaches formant anses, en verre blanc opaque.
Elle est décorée de deux médaillons polychromes rappelant par leur
coloris les produits des fabriques de faïence d'Urbino. L'un d'eux
représente dans un paysage un guerrier assis, tenant son épée de ses
deux mains, et une figure de femme nue, debout devant lui. L'autre
médaillon représente un Amour assis sur un pont et pêchant. A droite,
à la croisée monumentale d'un édifice, est une femme vue à mi-corps.
Toutes les autres parties de cette pièce sont décorées de feuillages et
d'arabesques exécutés en bleu sur blanc et le col est enrichi d'une couronne d'or, rehaussée de points d'émail rouge. Travail vénitien des premières années du xvie siècle. — Haut., 16 cent.; larg., 10 cent.

409 — Coupe ronde légèrement évasée, en verre bleu, décorée à l'extérieur d'une
bordure imbriquée d'or et offrant à l'intérieur un buste d'homme de
face, émaillé en couleurs, avec chevelure dorée. Le fond et l'encadrement à points d'émail violet sont rehaussés de dorure. Précieux travail
vénitien du dernier quart du xve siècle. — Haut., 50 millim.; diam.,
132 millim.

410 — Vase à boire à coupe légèrement ovoïde, garnie à sa partie inférieure
d'une collerette travaillée à la pince et sur piédouche à côtes, en verre
bleu. Le pourtour de la coupe présente une couronne de feuillages
dorés, placée entre des bordures d'ornements, le tout rehaussé de points
saillants d'émail coloré. Le pied a conservé des traces de dorure. Spécimen plein de goût de la verrerie vénitienne au xve siècle. — Haut.,
140 millim.; diam., 75 millim.

411 — Vase à boire à coupe arrondie, garnie à sa partie inférieure d'une couronne feuillagée et reposant sur un piédouche uni, le tout en verre bleu.
Le pourtour de la coupe est décoré de fleurs, de feuillages et d'ornements dorés, rehaussés de points saillants d'émail bleu et blanc. Venise,
fin du xve siècle. — Haut., 105 millim.; diam., 113 millim.

412 — Vase à boire à coupe évasée, piédouche à nervures saillantes et nœud à
godrons, en verre vert. La coupe est décorée d'ornements dans lesquels
se jouent des cygnes, le tout doré et rehaussé de points saillants d'émail
bleu, blanc et rouge. Le piédouche et le nœud sont semés d'or. Très
belle pièce vénitienne du dernier quart du xve siècle. — Haut.,
195 millim.; diam., 123 millim.

413 — Belle coupe ronde sur piédouche à godrons et à couvercle, surmonté
d'un bouton sphérique à côtes. La coupe et le couvercle sont couverts

d'un réseau de nervures saillantes et dorées dont les entre-deux sont
occupés par des cabochons ovales de verre bleu, jaune, vert et violet,
avec point central d'émail blanc du plus curieux effet. Le bord supérieur de la coupe est décoré de rosaces à fond d'or et composées d'un
point d'émail vert, entouré de points blancs. Le piédouche à godrons
saillants dorés est bordé de verre bleu à sa partie inférieure, et il est
orné à sa partie supérieure d'une collerette à feuilles en verre vert. Pièce
rare et bien complète de travail vénitien et de la fin du xvᵉ siècle.
— Hauteur totale, 245 millim.; diam., 150 millim.

414 — Grand et beau vase en forme de calice, avec couvercle et sur piédouche
élevé, en verre incolore à godrons saillants. La panse du vase présente
à sa partie inférieure une couronne de feuilles travaillées à la pince et
son bord supérieur présente une couronne d'ornements à fond d'or
avec points saillants d'émail bleu, vert, rouge et blanc. Pièce remarquable par ses proportions, de travail vénitien et de la fin du xvᵉ siècle.
— Haut., 45 cent.; diam., 20 cent.

415 — Coupe ronde légèrement évasée, et sur piédouche en verre brun. La
coupe est décorée au pourtour d'imbrications d'or rehaussées de points
saillants d'émail bleu et blanc. Le piédouche est semé d'or. Venise,
xvᵉ siècle. — Haut., 134 millim.; diam., 210 millim.

416 — Coupe ronde évasée sur piédouche bas, en verre incolore, décorée à l'intérieur d'une rosace émaillée bleu, blanc et rouge, et offrant à l'extérieur, dans l'intervalle des nervures saillantes et dorées, des rosaces
composées de taches d'émail bleu, rouge et blanc alternant. Le bord
extérieur est également décoré d'imbrications dorées et rehaussées de
points d'émail bleu, blanc et rouge. Venise, xvᵉ siècle.— Haut., 70 millim.; diam., 255 millim.

417 — Coupe ronde sur piédouche bas, en verre incolore, décorée au centre des
armoiries de Louis XII et d'Anne de Bretagne émaillées en couleurs et
surmontées d'une couronne ouverte. Au pourtour, encadrement rond à
fond d'or rehaussé de points d'émail bleu et blanc. Au bord, couronne
de quadrillages dessinés à l'enlevé sur fond d'or et rehauts de points
d'émail blanc et bleu. Venise, fin du xvᵉ siècle. — Haut., 64 millim.;
diam., 242 millim.

418 — Coupe de même forme et de même époque. Elle est décorée au centre
d'un médaillon rond renfermant un canard de style archaïque émaillé
en couleurs. Le bord est décoré d'imbrications dorées et rehaussées de
points d'émail blanc, rouge et bleu. — Haut., 55 millim.; diam.,
235 millim.

419 — Vase à boire, de forme cylindrique, avec bourrelets à la partie inférieure
et piédouche à nœud. Décor d'or rehaussé de points d'émail blanc,
bleu et rouge, composé de deux couronnes de fleurs et de feuillages sur
la panse et d'imbrications sur le piédouche. Travail vénitien de la fin
du xvᵉ siècle. — Haut., 220 millim.; diam., 82 millim.

420 — Hanap de forme conique renversée, sur pied à moulures, avec goulot
saillant et à anse en S en verre incolore, décoré haut et bas d'une couronne d'ornements à fond d'or rehaussé de points d'émail blanc, rouge
et bleu, et offrant sur chacune de ses faces un médaillon rond peint en
émaux de couleurs, dont l'un représente un lion au galop, et l'autre un
cerf au repos. Travail vénitien de la fin du xvᵉ siècle. — Haut.,
180 millim.; diam., 125 millim.

421 — Coupe ronde sur piédouche bas, en verre incolore, décorée au centre d'un
médaillon renfermant une biche couchée peinte en émaux de couleurs
et offrant au bord une couronne d'imbrications d'or rehaussées de
points d'émail blanc et rouge. Venise, fin du xvᵉ siècle.—Haut., 55 millim.; diam., 245 millim.

422 — Coupe analogue à celle qui précède, également décorée au bord d'une
bordure imbriquée et offrant au centre une rosace. — Haut., 52 millim.;
diam., 235 millim.

423 — Gobelet en verre bleu, décoré de feuillages et d'ornements dorés rehaussés de points d'émail blanc et rouge. Venise, fin du xvᵉ siècle. — Haut.,
100 millim.; diam., 70 millim.

424 — Vase de forme élégante, à panse sphérique et à gorge sur pied à balustre
côtelé et à couvercle bombé, en verre incolore rehaussé de parties
dorées, et offrant sur le couvercle et sur la panse du vase des rosaces
rapportées en relief et dorées. Venise, xviᵉ siècle.— Haut., 430 millim.;
diam., 130 millim.

425 — Deux panses de vases en forme de coquillages, en verre incolore marbré
de taches d'émail, à rosaces multicolores. Venise, xviᵉ siècle. — Haut.,
21 cent.

426 — Grande buire de forme antique, en verre incolore, à goulot trilobé, col
garni d'une collerette d'ornements saillants, panse ovoïde et anse à
volute, ornée à sa partie inférieure d'un médaillon mufle de lion rapporté en relief. Venise, xviᵉ siècle. — Haut., 37 cent.

427 — Vase de forme élégante, en verre incolore, à panse sphérique et à gorge,
sur pied à balustre orné de mufles de lion en relief et à couvercle
bombé. Le couvercle et la panse sont décorés de rosaces rapportées en
relief qui sont, comme le pied, rehaussées de dorure. Venise, xvie siècle.
— Haut., 33 cent.; diam., 14 cent.

428 — Vase à panse ovoïde, en verre incolore, repoussée à bossages formant des
lignes horizontales régulières, et sur piédouche uni. L'anse, surélevée
en forme d'arceau surmonté d'un bouton doré, est enrichie, ainsi que
la gorge du vase, d'ornements en verre bleu rapportés. Venise, xvie siècle.
— Haut., 31 cent.; diam., 12 cent.

429 — Vase de forme ovoïde, sur piédouche et à gorge, avec deux anses en S en
verre filigrané d'émail bleu et blanc alternant, et à dessin en spirale.
La panse est repoussée à bossages diamantés et à godrons. Venise,
xvie siècle. — Haut., 23 cent.; diam., 13 cent.

430 — Vase semblable à celui qui précède, pouvant lui faire pendant mais un
peu plus petit. — Haut., 220 millim.; diam., 125 millim.

431 — Vase en verre violet, à panse sphérique et col cylindrique reliés à l'aide
de deux anses en S. La panse est décorée de deux filets et de petites
côtes rapportés en émail blanc, et le col a conservé des traces de dorure
à froid. Venise, xvie siècle.

432 — Vase ovoïde et à gorge, en verre agatisé verdâtre. Il est garni d'une riche
monture en cuivre repoussé et doré, composée d'un piédouche orné de
deux montants découpés à jour, surmontés de gueules de lion d'où
s'échappent deux anses serpents. La gorge est également garnie d'ornements en cuivre doré. Venise, xvie siècle. — Haut., 325 millim.; diamètre, sans les anses, 170 millim.

433 — Vase en verre incolore, à panse sphérique repoussée à godrons mufles de
lion et à ornements et à gorge unie, reposant sur un pied à balustre
côtelé. Au centre intérieur de la coupe est un bouton ovoïde en verre
craquelé imitant la glace. Venise, xvie siècle. — Haut., 20 cent.; diam.,
13 cent.

434 — Vase ovoïde à gorge droite, en verre agatisé de Venise verdâtre, garni
d'une monture à deux anses en cuivre doré. xvie siècle. — Haut.,
205 millim.; diam., 110 millim.

435 — Vase en forme de balustre, à ouverture large, sur piédouche bas et à deux

anses en S en verre incolore, à bande verticale filigranée d'émail blanc
en spirale. Venise, xvıe siècle. — Haut., 155 millim.; diam., 105 millim.

436 — Deux petites buires de forme élégante, en verre incolore rehaussé de filets
et de rosaces en verre bleu, et décorées autour de la panse et à la partie
supérieure de l'anse de mufles de lion rapportés en relief. Venise,
xvıe siècle. — Haut., 195 millim.; larg., 115 millim.

437 — Vase à boire, à coupe cylindrique arrondie à sa partie inférieure, et sur
pied à triple nœud en verre de Venise à filets d'émail blanc entre-croisés
et bulles d'air dans les entre-deux. — Haut., 157 millim.

438 — Vase cylindrique en verre incolore, sur piédouche à nœud, partie en verre
incolore et partie en verre bleu semé d'or. Le couvercle, bombé et à
godrons, est surmonté d'un bouton sphérique à côtes en verre bleu,
semé d'or. Venise, xvıe siècle. — Haut., 27 cent.

439 — Petit vase en forme de balustre, en verre blanc opaque marbré d'émail
rouge et bleu. Le piédouche, les deux anses et la collerette sont en verre
blanc opaque. Venise, xvıe siècle. — Haut., 15 cent.

440 — Deux petits vases de même forme que celui qui précède, en verre brun
jaspé de bleu, de vert et de jaune rougeâtre. Venise, xvıe siècle.— Haut.,
14 cent.

441 — Verre à boire en verre incolore, à coupe très évasée, godronnée et à filets
saillants, sur pied à balustre uni. Venise, xvıe siècle. — Haut., 12 cent.;
diam., 125 millim.

442 — Coupe ronde et profonde, sur pied bas, en verre marbré bleu et blanc.
Venise, xvıe siècle. — Haut., 85 millim.; diam., 153 millim.

443 — Coupe ronde légèrement évasée, en verre bleu clair, sur pied à balustre
en verre incolore orné de trois mascarons saillants en verre bleu. Venise,
xvıe siècle. — Haut., 15 cent.; diam., 15 cent.

444 — Verre à boire à coupe profonde, à petites côtes verticales, en verre blanc
opaque taché d'émail bleu, et sur pied à double nœud en verre blanc
opaque uni. — Haut., 21 cent.; diam., 85 cent.

445 — Petit bassin rond et surbaissé, en verre jaunâtre transparent, à bord supé-

rieur émaillé bleu et à deux anses mascarons rapportées en relief en
verre bleu. Venise, xvi⁰ siècle. — Haut., 50 millim.; diam., 120 millim.

446 — Plat rond en verre incolore, dont le marli est couvert de rinceaux ornés
gravés à la pointe. Venise, xvi⁰ siècle. — Diam., 335 cent.

447 — Gourde à panse lenticulaire et col évasé, en verre bleu foncé décoré d'ornements gravés à la pointe et conservant la trace d'un décor d'or à
froid. Les anses sont incomplètes. Venise, xvi⁰ siècle. — Haut., 31 cent.;
diam., 155 millim.

448 — Calice à coupe évasée et sur piédouche, en verre incolore, garni d'une
curieuse monture en cuivre doré à feuilles découpées. xv⁰ siècle. —
Haut., 23 cent.; diam., 12 cent.

449 — Petite coupe ronde et basse à bords évasés, en verre incolore godronné
et à bordure composée d'imbrications dorées rehaussées de points saillants en émail bleu et blanc et d'un filet de verre bleu. Venise, xvi⁰ siècle.
— Haut., 60 millim.; diam., 146 millim.

450 — Coupe ronde et profonde, à bords évasés et à pans en verre vert doublé
de jaune, et offrant à l'extérieur quatre mascarons saillants et quatre
rosaces alternant rapportés en relief et portant des traces de dorure.
Venise, xvi⁰ siècle. — Haut., 86 millim.; diam., 135 millim.

451 — Petite coupe ronde à gorge évasée reposant sur trois boules et à deux
anses, en verre incolore avec filet supérieur et boule intérieure en verre
bleu. Venise, xvi⁰ siècle. — Haut., 82 millim. ; diam., 96 millim.

452 — Buire de forme antique, à panse ovoïde et goulot trilobé, en verre incolore
à larges filets d'émail blanc et entre-deux à filets blancs entrelacés. La
partie inférieure de l'anse est enrichie d'un mufle de lion en relief.
Venise, xvi⁰ siècle. — Haut., 29 cent.

453 — Vase cylindrique en verre vert à rosaces rapportées en relief et à panse
décorée de trois filets d'émail blanc saillants. Venise, xvi⁰ siècle. —
Haut., 19 cent. ; diam., 82 millim.

454 — Petit broc en verre aventuriné de Venise sur fond noir. L'anse et l'intérieur sont émaillés brun. — Haut., 105 millim.

455 — Verre à boire sur pied à nœud et à côtes, avec couvercle bombé, en
verre agatisé verdâtre et aventuriné de Venise. — Haut., 28 cent.

456 — Petite coupe ronde et évasée, en verre incolore, avec collerette bleue à la
partie inférieure de la panse et pied à balustre à côtes garni de deux
ailettes travaillées à la pince, le tout en verre incolore. Venise, xvie siècle.
— Haut., 95 millim. ; diam., 98 millim.

457 — Très grand verre à boire avec couvercle et sur pied à large rosace, en
verre incolore et parties en verre bleu, avec rosaces marbrées rapportées en relief et ailerons travaillés à la pince. — Hauteur totale,
50 cent.

458 — Verre à boire sur pied élevé, composé de quatre nœuds superposés reliés
par des ornements ou ailettes à jour. Le couvercle est surmonté d'un
vase et d'ornements analogues à ceux des pieds. Verre incolore et rosaces
rapportées en verre bleu. — Haut., 49 cent.

459 — Vase en forme de navire, sur pied à nœud et cordages surmontés d'un
dauphin formant sifflet. Verre de Venise incolore avec rehauts de verre
bleu et rouge et mascarons saillants rehaussés de dorure rapportés sur
la panse. — Haut., 33 cent. ; long., 21 cent.

460 — Flacon à panse sphérique à côtes, en verre incolore et col en verre
bleu garni d'ailettes et d'anneaux en verre blanc opaque. — Haut.,
22 cent.

461 — Petite bouteille à panse sphérique et col droit, en verre blanc opaque
chevronné d'aventurine. — Haut., 13 cent.

462 — Flacon formé d'un petit animal fantastique, en verre incolore et parties
de verre bleu travaillé à la pince. — Haut., 85 millim. ; long.,
14 cent.

463 — Flacon à panse circulaire aplatie sur piédouche à nœud et col évasé, en
verre incolore. Le col est garni d'un anneau d'ornements rapportés. —
Haut., 245 millim. ; diam., 135 millim.

464 — Flacon piriforme sur piédouche, en verre incolore, à bandes, godrons et
piédouche à filets d'émail blanc croisés. — Haut., 18 cent. ; diam.,
85 millim.

465 — Petite coupe surbaissée à pans, en verre opaque de Venise, garnie de deux
anses en verre incolore et bleu travaillé à la pince. — Haut., 55 millim.;
diam., 11 cent.

466 — Petite coupe à six lobes, en verre violet à filets saillants en verre jaune au
bord supérieur et pied à triple nœud en verre incolore. — Haut.,
11 cent. ; diam., 11 cent.

467 — Petite coupe ronde évasée, reposant sur trois pieds travaillés à la pince, en
verre incolore décoré au pourtour de filets et d'entrelacs rapportés en
émail bleu. — Haut., 54 cent. ; diam., 100 millim.

468 — Petit pot de forme surbaissée, à deux anses travaillées à la pince et à
couvercle bombé, en verre incolore décoré de mufles de lion et de
rosaces rapportées en relief. — Hauteur totale, 110 millim. ; diam.,
90 millim.

469 — Pot cylindrique reposant sur trois boules et à couvercle bombé surmonté
de fleurs, en verre incolore décoré de filets d'émail blanc entre-croisés
avec bulles d'air dans les entre-deux. La panse est garnie de deux anses
en S en verre incolore. — Hauteur totale, 27 cent. ; diam., 18 cent.

470 — Gobelet à bords évasés, en verre incolore, à côtes saillantes à la partie
inférieure de la pièce et à filets et mufles de lion en relief rapportés,
avec entre-deux formés de points saillants en verre bleu. — Haut.,
115 millim. ; diam., 100 millim.

471 — Curieux vase à récipient multiple, mais à un seul orifice à bec. Le
récipient inférieur se compose de trois tubes reliés entre eux par une
lame mince de verre incolore et garnis d'arêtes saillantes et découpées,
travaillées à la pince. Le récipient supérieur, de forme circulaire, a aussi
son centre formé d'une plaque de verre incolore et ses côtés sont garnis
d'ailettes en verre bleu travaillé à la pince. — Haut., 260 millim.;
diamètre du pied, 90 millim.

472 — Coupe ronde à godrons rayonnants, en verre incolore, sur pied à balustre
orné de mufles de lion et d'ornements en relief rehaussés de dorure. —
Haut., 135 millim. ; diam., 170 millim.

473 — Vase en forme de cornet évasé et sur pied à nœud, en verre bleu chevronné
d'émail blanc. — Haut., 215 millim.

474 — Vase rond et évasé à côtes horizontales superposées et à couvercle
présentant la même disposition, surmonté d'un petit vase en verre
incolore avec larges filets d'émail blanc en relief placés dans le
sens de la hauteur. — Hauteur totale, 28 cent. ; diam., 12 cent.

475 — Vase à panse sphérique, col évasé, sur piédouche à balustre gaufré à
mufles de lion et couvercle dômé orné de mufles de lion rapportés en
relief. Verre incolore décoré d'ornements gravés à la pointe et d'écussons et de couronnes d'ornements peints à froid en couleurs et or. —
Haut., 29 cent. ; diam., 11 cent.

476 — Seau en verre incolore, avec anse mobile placée à sa partie supérieure et
formée d'une torsade. — Haut., 115 millim.

477 — Gobelet rond à sa base et aplati à sa partie supérieure, en verre marbré
bleu et aventuriné de Venise. — Haut., 80. millim. ; larg., 95 millim.

478 — Coupe-attrape hémisphérique à double paroi, en verre incolore, contenant
encore du liquide rougeâtre dans l'entre-deux et sur pied à nœud
garni d'une collerette de verre bleu. — Haut., 100 millim. ; diam.,
104 millim.

479 — Très petite coupe ronde et arrondie sur pied bas, en verre blanc opaque,
marbré de bleu, de rouge et d'aventurine. Elle est garnie de deux
petites anses composées d'enroulements. — Haut., 37 millim. ; diam.,
70 millim.

480 — Gobelet évasé et à pans, en verre opale de Venise. — Haut., 94 millim. ;
diam., 80 millim.

481 — Coupe ronde, basse et évasée, en verre bleu uni, garnie de quatre anses
ornées, d'une base à moulures et d'un culot orné et découpé en cuivre
doré. Venise, xvie siècle. — Haut., 14 cent. ; diam., 26 cent.

482 — Trois vases en forme de balustre à côtes, en verre bleu uni, garnis de
montures en cuivre découpé et doré avec anses ornées de têtes de génies.
Venise, xvie siècle. — Haut., 26 cent. ; larg., 22 cent.

483 — Deux vases incomplets en verre bleu uni, à pied large, panse surbaissée
et gorge évasée, à côtes verticales et à mascarons, mufles de lion en
relief rapportés. — Haut., 22 cent. ; diam., 15 cent.

484 — Grande buire de forme antique à goulot trilobé, pied à nœud et anse
enrichie d'ornements travaillés à la pince, en verre incolore. — Haut.,
36 cent. ; diam., 14 cent.

485 — Flacon de forme sphérique et goulot droit, en verre agatisé de Venise, vert
et brun. — Diam., 15 cent.

486 — Coupe ronde et surbaissée en vert incolore, à réseau saillant et à deux
        anses en S travaillées à la pince. — Haut., 86 millim.; diam.,
        153 millim.

487 — Flacon à panse surbaissée, col droit et bouchon à recouvrement en verre
        incolore, décoré d'ornements en pâte dorée rapportés en relief. —
        Haut., 14 cent.

488 — Petit vase à panse ovoïde garnie de trois goulots surélevés et à gorge
        évasée, en verre bleu uni, décoré d'ornements gravés à la pointe.
        Venise, xvıᵉ siècle. — Haut., 165 millim.

489 — Petit plateau rond à bord évasé, en verre bleu uni. — Diam., 183 millim.

490 — Verre à boire à coupe évasée décorée de godrons et de filets saillants, en
        verre incolore, sur pied à balustre à torsade garni de deux ailettes en
        verre bleu et en verre incolore. Venise, xvıᵉ siècle. — Haut., 162 millim.;
        diam., 98 millim.

491 — Deux petits vases ovoïdes en verre bleu, garnis de montures en cuivre
        doré et argenté, avec appliques découpées ornées de têtes de chérubins
        et à anses à cariatides. Venise, xvıᵉ siècle. — Haut., 135 millim.

492 — Coupe à six lobes en verre incolore, à godrons et filets saillants, sur
        pied à balustre à côtes en spirale garni d'ailettes en verre bleu
        et incolore travaillé à la pince. — Haut., 145 millim.; diam.,
        115 millim.

493 — Coupe oblongue à panse surbaissée et ouverture évasée, en verre incolore
        imitant la glace, et montée sur pied à balustre garni de deux ailettes en
        verre bleu. Le bord supérieur est orné d'un filet jaune. — Haut.,
        130 millim.; long., 102 millim.

494 — Verre à boire à récipient profond repoussé à bossages, en verre incolore
        et à col renflé avec goulot orné d'un filet de verre bleu. — Haut.,
        185 millim.

495 — Flacon en verre bleu avec couvercle à recouvrement décoré de fleurs
        gravées à la pointe et garni de deux anses en verre incolore travaillé à
        la pince. — Haut., 14 cent.

496 — Petit vase à panse conique à côtes et à col évasé, en verre incolore,
        garni de deux petites anses en verre bleu et incolore travaillé à la pince.
        — Haut., 145 millim.

497 — Petite burette à col évasé, à goulot cintré et à anse travaillée à la pince en
verre incolore. — Haut., 12 cent.

498 — Verre à boire profond, à panse sphérique et col très évasé, garni de deux
petites anses en verre incolore. — Haut., 162 millim.

499 — Verre à boire, profond et évasé à sa partie supérieure, sur pied à balustre
à côtes en spirale, garni de deux petites anses en verre bleu et verre
incolore travaillé à la pince. — Haut., 196 millim.

500 — Petite coupe ronde et évasée en verre violet, avec bord réservé en verre
incolore et pied à balustre à côtes verticales également en verre incolore.
— Haut., 100 millim. ; diam., 90 millim.

501 — Deux coupes rondes et droites à côtes larges en spirale, en verre bleu, avec
anses ornées de mufles de lion en relief et rapportées en verre incolore.
— Haut., 70 millim. ; diam., 114 millim.

502 — Curieux vase dont la panse est formée d'un oiseau en verre incolore et
dont la tête et les ailes sont rehaussées d'émail bleu et jaune. Le corps
de l'oiseau simule une coquille à double valve. — Haut., 21 cent. ;
larg., 11 cent.

503 — Vase évasé sur pied à balustre et avec couvercle bombé, surmonté d'un
bouton en forme de vase en verre incolore. — Haut., 22 cent.

504 — Bol rond en verre rouge orangé, repoussé à bossages avec bord émaillé
blanc. — Haut., 70 millim. ; diam., 140 millim.

505 — Verre à boire à coupe évasée à douze pans, sur pied élevé à torsade, en
verre incolore. — Haut., 162 millim. ; diam., 90 millim.

506 — Seau à panse ovoïde en verre incolore, repoussé à godrons et à pointes
diamantées, avec col octogone garni de deux ailettes auxquelles se rat-
tache une anse mobile à torsade. — Haut., 16 cent. ; diam., 12 cent.

507 — Deux petits vases cylindriques sur pied à nœud et à couvercle, surmonté
d'un trèfle travaillé à la pince, en verre incolore, garnis de petites
ailettes et enrichis de petites rosaces d'émail bleu. Le trèfle manque à
un des couvercles. — Hauteur totale, 26 cent.

508 — Tonnelet en verre incolore à filets saillants au pourtour, bourrelet de

verre bleu aux goulots, et offrant à une de ses extrémités un fragment
d'armoiries émaillées en couleurs. Support en bois sculpté. — Long.,
45 cent. ; diam:, 22 cent.

509 — Petit vase à panse sphérique et col droit évasé, en verre bleu. Il est garni
de quatre anses travaillées à la pince reliant le col à la panse. — Haut.,
175 millim.

510 — Vase à panse piriforme aplatie, en verre incolore, offrant sur chacune de
ses faces une tête de Méduse en relief, avec feuilles en entre-deux. Le
col long et étroit est élargi à sa partie supérieure. Le pied manque. —
Haut., 39 cent.

511 — Vase de même forme que celui qui précède, mais en verre bleu. Le col
de celui-ci est moins long, il est évasé et garni d'un anneau d'ornements en relief. Cette pièce qui a conservé des traces de dorure à froid
a également perdu sa base, ainsi que ses anses. — Haut., 23 cent.

512 — Vase à panse sphérique et col évasé à côtes en spirale, en verre incolore,
garni d'anses et d'ornements en verre bleu et incolore travaillé à la
pince. — Haut., 32 cent.

VERRERIE ALLEMANDE

513 — Vase à boire à panse sphérique à côtes et boules en relief et col évasé, en
verre incolore, portant un écusson armorié émaillé en couleurs, entre
deux branches de laurier et daté de 1616. — Haut., 18 cent.; diam.,
9 cent.

514 — Petit pot à anse, à panse sphérique et col droit, en verre bleu, décoré
autour de la panse de fleurs arabesques émaillées en couleurs, et portant la date de 1616. — Haut., 116 millim.

515 — Gobelet conique renversé, portant le monogramme du Christ et l'inscription suivante émaillés en couleurs. *Si Lavdato Iesv Christi.* xviie siècle.
— Haut., 95 millim.

516 — Deux flacons piriformes et à côtes en spirale, en verre rubis, avec pieds,
garnitures du col et bouchons en argent doré. xviie siècle. — Haut.,
22 cent.

VITRAUX

517 — Vitrail rectangulaire de la fin du xv⁵ siècle, représentant le sujet de l'Annonciation. — Haut., 54 cent. ; larg., 69 cent.

518 — Deux vitraux représentant chacun une sainte femme debout, sous un arceau à plein cintre supporté par des colonnes et surmonté d'un fronton. Au-dessus de l'une des figures se trouve le nom de *Sancta Felicitas* et au-dessus de l'autre se lit une longue inscription latine. — Haut., 5o cent. ; larg., 3o cent.

519 — Vitrail rectangulaire en hauteur, décoré d'une figure de génie voltigeant, d'une cariatide ailée, de mascarons, de corbeilles de fruits, et portant dans un angle inférieur le nom du pape Clément VII, ainsi que la date de 1568. — Haut., 67 cent. ; larg., 38 cent.

520 — Deux vitraux ronds portant chacun en rouge orangé sur bleu le mot : *Opera.* xv⁵ siècle. — Diam., 37 cent.

521 — Vitrail suisse, de forme rectangulaire en hauteur, décoré de deux écussons armoriés sous un monument supporté par des pilastres. Dans les angles supérieurs se trouvent deux figures de genre. Dans le bas, une inscription allemande indique la date de 1600. — Haut., 35 cent. ; larg., 25 cent.

522 — Vitrail suisse analogue à celui qui précède et pouvant lui servir de pendant. Il porte également une inscription allemande et la date de 1611. — Haut., 35 cent. ; larg., 25 cent.

523 — Vitrail suisse portant deux écussons armoriés sous un monument à plein cintre, orné d'une draperie et d'un groupe de fruits. Dans les angles supérieurs, un des rois mages et la Vierge portant l'Enfant Jésus. Dans le bas, cartouche soutenu par deux génies ailés, contenant une inscription allemande ainsi que la date de 1640. — Haut., 32 cent. ; larg., 21 cent.

524 — Vitrail rond offrant au centre les armes de l'Empire, soutenues par deux lions héraldiques, ainsi que celles de la ville de Berne, deux fois répétées. Au pourtour, les armoiries des cantons. — Diam., 42 cent.

525 — Vitrail décoré dans le goût du xvi⁵ siècle et représentant un seigneur et une dame de qualité debout, près d'un écusson armorié. Travail moderne. — Haut., 34 cent. ; larg., 3o cent.

526 — Vitrail rond représentant un écusson armorié entre deux saints personnages portant chacun la tête d'un martyr. Travail moderne dans le goût du XVᵉ siècle. — Diam., 40 cent.

527 — Petit vitrail rectangulaire représentant une tête de Satyre de face, en camaïeu brun. — Haut., 16 cent. ; larg., 18 cent.

VERRERIE ORIENTALE

528 — Vase en verre incolore à panse ovoïde repoussée à godrons et à arbustes et à long col droit à menues côtes en spirale, et évasé à sa partie supérieure. Travail persan. — Haut., 42 cent.

529 — Flacon en verre vert à panse piriforme et à long goulot cambré, décoré de menues côtes en spirale et se terminant par un goulot très allongé et surélevé. Travail persan. — Haut., 36 cent.

530 — Flacon en verre bleu à panse piriforme et goulot droit évasé à sa partie supérieure, orné de menues côtes en spirale. Travail persan. — Haut., 28 cent.

531 — Flacon en verre incolore de même forme que celui qui précède, décoré sur la panse de quadrillages et de rosaces d'or à froid. Il est accompagné d'un petit coussin triangulaire en satin ponceau brodé d'or lui tenant lieu de bouchon. Travail persan. — Haut., 235 millim.

532 à 534 — Trois buires à panse sphérique, col évasé, petite anse travaillée à la pince et long goulot courbé. L'une d'elles, en verre brun, est décorée de fleurs émaillées en couleurs. La seconde, en verre bleu, est couverte de quadrillages et de rosaces d'or à froid, et la dernière, en verre verdâtre, est décorée d'ornements dorés à froid. Travail persan. — Haut., 19 et 18 cent.

535 — Pot à une anse à panse sphérique et goulot légèrement évasé à sa partie supérieure, en verre blanc opaque décoré d'ornements dorés à froid. Travail persan. — Haut., 21 cent.

536 — Vase élancé à panse piriforme et col évasé, garni de deux petites anses en verre bleu uni. — Haut., 285 millim.

537 — Buire piriforme à une anse et à goulot cintré, en verre brun, décorée de fleurs peintes à froid en couleurs, avec rehauts de dorure. — Haut., 22 cent.

538 — Deux flacons à parfum à panse sphérique et long goulot, en verre incolore. L'un d'eux a contenu un liquide rosé et l'autre un liquide brun
qui ont laissé des traces à l'intérieur. — Haut., 26 et 19 cent.

539 — Deux pièces en verre, l'une en forme de flacon en verre bleu repoussé à
bossages diamantés; l'autre en forme de vase en verre brun clair. Ces
deux pièces sont décorées à froid. — Haut., 215 et 150 millim.

SCULPTURES EN MARBRE

540 — Marbre blanc. — Buste de jeune femme, grandeur nature, vêtue d'un
corsage ouvert et reposant sur un socle ovale et droit offrant sur sa
face, à droite et à gauche d'un cartouche rectangulaire, des bas-reliefs
composés de centaures, de nymphes et d'enfants. Spécimen intéressant
de l'art florentin à la fin du xve siècle. — Haut., 47 cent.; larg., 45 cent.

541 — Marbre blanc. — Buste d'homme, grandeur nature, la tête légèrement
tournée vers la gauche, vêtu d'une tunique plissée avec épaules bouffantes. La tête a un beau caractère et une grande expression. École
florentine de la fin du xve siècle. — Haut., 41 cent.; larg., 49 cent.

542 — Marbre blanc. — Buste de femme, grandeur nature, ses cheveux retenus
par un filet. École florentine de la fin du xve siècle. — Haut., 43 cent.;
larg., 40 cent.

543 — Marbre blanc. — Le Christ assis et bénissant. Statuette des premières
années du xve siècle, munie d'une patine brune. — Haut., 51 cent.;
larg., 27 cent.

544 — Marbre blanc. — Groupe. La Vierge debout, couronnée et vêtue de long,
tient un fruit de la main droite et porte l'Enfant Jésus sur son bras
gauche. Ce dernier tient une colombe de ses deux mains. Ce groupe,
qui porte des traces de peinture, date de la fin du xve siècle et repose
sur un socle oblong à pans. — Hauteur totale, 70 cent.

545 — Marbre blanc. — Buste d'enfant, le visage riant, les cheveux bouclés sur
le front, la poitrine et les bras nus, tenant des deux mains un petit
chien nouveau-né. xvie siècle. — Haut., 35 cent.

546 — Marbre blanc. — Statue d'enfant ailé, debout, la jambe gauche infléchie,
le pied posé sur la tête d'un dauphin dont il tient la queue de la main

gauche; le bras droit levé, la main fermée. Cette jolie statue, qui
date du xviie siècle, doit avoir servi à l'ornementation d'une fontaine.—
Haut., 78 cent.

547 — MARBRE BLANC. — Deux chandeliers en forme de balustre reposant sur
une base triangulaire; ils sont décorés de guirlandes de fruits et d'une
frise de rinceaux en relief. Travail de la Renaissance. — Haut.,
60 cent.

548 — MARBRE BLANC. — Bacchus enfant debout tenant un thyrse et accompagné
d'une panthère; travail italien de style antique. — Haut., 20 cent.

549 — MARBRE BLANC. — Deux bustes, grandeur nature, représentant Septime
Sévère et Julia Domna sa femme, avec chlamydes en marbre et albâtre
oriental. Travail italien du xvie siècle. Chacun d'eux repose sur une
gaine en marbre de rapport. — Hauteur des bustes, 78 et 75 cent.;
larg., 60 et 55 cent.; hauteur des gaines, 91 cent.; larg., 37 cent.

550 — MARBRE BLANC. — Deux médaillons ovales sculptés en haut-relief et représentant chacun un buste de jeune femme la tête couverte de fleurs. Ils
reposent sur des socles ornés. Italie, xviiie siècle. — Haut., 39 cent.;
larg., 25 cent.

551 — MARBRE BLANC. — Statue de la Religion, par Saint-Martin de Naples. On
lit sur un cartouche placé au bas de la statue : *Religio mvnda et imma-
cvlata. Jacob. I. 27.* — Hauteur, sans le piédestal en marbre à figures
sculpté, 2 mètres.

552 — Tabernacle en pierre blanche de Florence, en forme de petit temple
hexagonal à coupole imbriquée. Les faces du monument sont séparées
par des pilastres à nervures et rinceaux dorés et présentent des emblèmes
eucharistiques sculptés en bas-relief. La porte est surmontée du Saint-
Esprit. La base porte la date de M.D.XXIIII. — Haut., 95 cent.

553 — Médaillon en marbre blanc. — Buste du pape Innocent XII, de profil,
tourné à droite; le bonnet et une partie du costume sont en marbre
rouge antique. Cadre octogone en ébène incrusté d'ivoire. — Hauteur,
cadre compris, 48 cent.; larg., 44 cent.

554 — ALBATRE. — Groupe composé de deux cariatides ailées et adossées, tenant
une coquille, et surmontées d'un motif d'ornements fleurdelisés. —
Haut., 22 cent.

555 — Marbre blanc. — Sept petites têtes d'empereurs romains. Travail du xvie siècle, de style antique. — Haut., 11 cent.

556 — Marbre jaune antique. — Tête-applique de Satyre sur base élevée. Mêmes travail et époque. — Haut., 31 cent.

557 — Marbre blanc. — Tête-applique de suivant de Bacchus, couronné de pampres. Travail italien de style antique. — Haut., 13 cent.

558 — Marbre rouge antique. — Tête-applique de Faune souriant. Mêmes travail et époque. — Haut., 15 cent.

559 — Marbre jaune antique. — Bas-relief d'après l'antique, représentant un lion terrassant un taureau. — Haut., 10 cent.; larg., 21 cent.

560 — Marbre blanc. — Bas-relief représentant Jupiter et Hébé. — Haut., 27 cent.; larg., 27 cent.

561 — Marbre blanc. — Bas-relief représentant la Vierge vue à mi-corps, tenant l'Enfant Jésus debout près d'elle. Dans le bas, groupe de trois têtes de chérubins. xvie siècle. — Haut., 32 cent.; larg., 20 cent.

562 — Pierre. — Tête de lion provenant de l'extrémité d'une gargouille. xvie siècle. — Haut., 22 cent.; larg., 22 cent.

563 — Pierre de Florence. — Console sculptée, provenant d'une cheminée. — Long., 65 cent.; larg., 20 cent.

564 — Marbre blanc. — Jupiter, assis sur son aigle. Une main manque. Travail du xvie siècle, de style antique. — Haut., 78 cent.

SCULPTURES EN TERRE CUITE

565 — Terre cuite. — Réduction du Neptune du chevalier Bernin, placé sur la fontaine de la place Navone. Ébauche intéressante du maître. — Haut., 80 cent.

566 — Terre cuite. — Groupe allégorique. La Renommée debout et foulant aux pieds l'Envie indique de la main droite un médaillon du roi Louis XIV que le Temps accroupi soutient au-dessus de sa tête.

Le sol est jonché d'attributs guerriers et de médaillons d'empereurs
romains. Remarquable sculpture du xviie siècle. — Hauteur du groupe,
80 cent.; larg., 60 cent.

567 — Bas-relief cintré du haut en stuc peint, et représentant la Madone et l'Enfant Jésus entourés d'anges en adoration. Cadre en bois noir. — Haut.,
75 cent.; larg., 60 cent.

568 — Terre cuite. — Buste de moine à longue barbe descendant sur la poitrine et vêtu d'une robe à pèlerine et capuchon. — Haut., 62 cent.;
larg., 60 cent.

569 — Terre cuite. — Tête de femme grandeur nature, dont les cheveux forment une coiffure très curieuse et saillante simulant un diadème. Cette
pièce porte des traces de peinture. Travail italien de la Renaissance.
— Haut. et larg., 25 cent.

570 — Terre cuite. — Tête d'homme-applique, de profil à gauche, grandeur
nature (incomplète). Italie, fin du xve siècle. — Haut., 30 cent.

571 — Maquette de Jean de Bologne pour l'édification d'une fontaine monumentale sur une place de cette ville. Elle est de forme rectangulaire et
à deux corps, assise sur un escalier à trois marches cintrées, au milieu
des deux faces principales, et à angles coupés. La partie supérieure consiste en une vasque ovale, à culot godronné, montée sur pied cannelé
et soutenue par deux Sirènes ailées, assises sur le socle couvert d'imbrications. Le piédestal ou partie inférieure est décoré sur les deux faces
principales d'un mascaron chimérique à cornes de béliers placé entre
deux guirlandes, au-dessus d'une vasque en forme de coquille reposant
sur une tablette soutenue par deux consoles. Les angles cintrés et rentrants sont flanqués de quatre figures de Tritons, les bras surélevés,
supportant des coquilles et le genou appuyé sur un dauphin. Beau spécimen de l'art italien, d'une facture magistrale et dans un bel état de
conservation. — Haut., 47 cent.; long., 59 cent.; larg., 49 cent.

SCULPTURES EN IVOIRE ET EN OS

572 — Os. — Coffret oblong, avec couvercle plat, ouvrant à coulisses, décoré
sur le dessus et au pourtour de petits bas-reliefs rectangulaires représentant chacun une figure de guerrier debout, dans diverses attitudes et
rappelant par leurs costumes l'époque consulaire. Les encadrements sont
formés de rosaces juxtaposées. Travail du xe ou du xie siècle. — Haut.,
115 millim.; long., 430 millim.; larg., 180 millim.

573 — Ivoire. — Coffret de même forme, décoré de frises sculptées en bas-relief et représentant, celle du couvercle, un combat d'athlètes, et celles du pourtour, des combats d'animaux. Comme dans celui qui précède, les encadrements sont formés de rosaces juxtaposées. Une des extrémités et le couvercle sont incomplets. Travail du x⁰ ou du xiᵉ siècle. — Haut., 110 millim.; long., 275 millim.; larg., 140 millim.

574 — Os. — Coffret oblong, à couvercle en toit, décoré d'un recouvrement d'os sculpté en bas-relief et découpé à jour, à figures d'animaux, fruits, feuillages et entrelacs. Il a conservé une partie de ses garnitures en cuivre. Travail du xiⁱᵉ siècle. — Haut., 16 cent.; long., 22 cent.; larg., 15 cent.

575 — Ivoire. — Coffret de même forme, décoré au pourtour et sur le couvercle de bas-reliefs représentant des scènes mythologiques de style antique, encadrées de mascarons, de rosaces et d'ornements. — Haut., 14 cent.; long., 23 cent.; larg., 13 cent.

576 — Ivoire. — Coffret de même forme, à décor d'animaux, d'oiseaux, d'entrelacs et d'arabesques dans des médaillons ronds et formant encadrements peints en or sur ivoire uni. Il est garni d'une serrure et de ferrures en argent. Ouvrage du xiiiᵉ siècle (?). — Haut., 16 cent.; long., 25 cent.; larg., 16 cent.

577 — Os. — Coffret oblong à couvercle bombé sculpté en bas-relief et décoré sur le couvercle et sur les deux grands côtés d'oiseaux et d'animaux fantastiques dans des entrelacs, et aux extrémités, de figures d'anges debout; le tout dans le goût des travaux du xiᵉ siècle. — Haut., 110 millim.; long., 200 millim.; larg., 94 millim.

578 — Ivoire. — Grande crosse d'évêque offrant dans la volute un groupe à double face et découpé à jour, représentant un saint évêque agenouillé, accompagné de ses deux patrons en adoration devant la Vierge et l'Enfant Jésus. Le pourtour extérieur de la volute est orné de huit fleurons renfermant chacun un buste d'apôtre. Le nœud, de forme hexagone, offre sur chacune de ses faces un bas-relief représentant un saint personnage debout sous un arceau ogival. Cette pièce, qui date du xivᵉ siècle et qui nous paraît être de travail vénitien, est rehaussée de peinture et de dorure et porte diverses inscriptions. — Hauteur totale, 37 cent.; larg., 22 cent.

579 — Ivoire. — Autre crosse vénitienne, à douille ornée d'une tête de dragon et à volute se terminant par une tête de serpent. Elle est incrustée de cabochons de corail au pourtour et porte les restes d'inscriptions latines en couleur et or. — Haut., 275 millim.; diam., 140 millim.

580 — IVOIRE. — Bas-relief rectangulaire représentant, en deux registres, des scènes du cirque. Dans le haut, deux amazones entrant dans l'arène en tenant chacune un cheval par la bride. Dans le bas, à gauche, un jongleur; à la suite, un groupe d'acrobates; à droite, un acteur tragique s'appuyant sur un enfant. Travail du ve ou du vi^e siècle. — Haut., 105 millim.; larg., 130 millim.

581 — IVOIRE. — Bas-relief représentant : à gauche, dans une auréole soutenue par quatre anges, dont deux agenouillés et deux voltigeant, le Christ debout et bénissant. Entre les anges, les symboles des évangélistes placés deux à deux. A droite, saint apôtre debout entre deux anges. Toutes les figures représentées dans ce bas-relief sont vêtues de long et nimbées et le temps a donné à la matière une patine brun foncé rappelant la nuance de l'acajou. Travail du xie siècle. — Haut., 14 cent.; larg., 33 cent.

582 — IVOIRE. — Bas-relief rectangulaire en hauteur, divisé en deux registres. Le registre inférieur représente la Crèche, et le registre supérieur, beaucoup plus important comme surface, représente le sujet de l'Adoration des bergers. Cette pièce, qui date du vi^e ou du viie siècle, porte des traces de peinture. — Haut., 22 cent.; larg., 12 cent.

583 — IVOIRE. — Bas-relief rectangulaire représentant la vision de saint Pierre. La matière est munie d'une patine brune. xie siècle. — Haut., 166 millim.; larg., 115 millim.

584 — IVOIRE. — Groupe. La Vierge debout, vêtue de long et la tête couverte d'un voile, porte l'Enfant Jésus assis sur son bras gauche. Ce dernier porte également une longue tunique. Travail byzantin du xiie siècle. — Haut., 32 cent.

585 — IVOIRE. — Peigne offrant sur chacune de ses faces un bas-relief représentant des scènes tirées d'un roman de chevalerie du xive siècle. Il est rehaussé de dorure. — Haut., 12 cent.; larg., 15 cent.

586 — IVOIRE. — Autre peigne sculpté en bas-relief. Les montants de celui-ci sont décorés de branches et de grappes de vigne, et les traverses, d'un sujet de chasse et de deux scènes ayant trait au mariage. Il est rehaussé de peinture et de dorure. — Haut., 13 cent.; larg., 14 cent.

587 — IVOIRE. — Peigne représentant, en bas-relief, diverses scènes tirées de l'Ancien Testament. Il est décoré sur chacune de ses faces d'un médaillon rond, champlevé et émaillé sur cuivre, représentant l'un, le buste du Christ bénissant, et l'autre, un buste d'ange. — Haut., 120 millim.; larg., 170 millim.

588 — Ivoire. — Capuchon de faucon simulé portant un collier et la légende :
Da · Zirifalcho · Minore. Travail du milieu du xve siècle. — Haut.,
88 cent.

589 — Ivoire. — Crosse à volute unie se terminant à l'intérieur par une tête
de dragon fantastique. xive siècle. — Haut.. 120 millim.; larg.,
115 millim.

590 — Os. — Coffret oblong à couvercle en toit et à gorge en marqueterie vénitienne, décoré au pourtour de bas-reliefs en hauteur représentant des
figures profanes groupées deux à deux. Le bord inférieur du couvercle
est décoré de figures de renommées et de feuillages. xive siècle. — Haut.,
34 cent.; larg., 16 cent.

591 — Os. — Coffret carré décoré au pourtour de bas-reliefs représentant des
sujets de chasse. Le dessus et le fond manquent. Travail vénitien du
xive siècle. — Haut., 70 millim.; long., 180 millim.; larg., 150 millim.

592 — Ivoire. — Statuette de squelette drapé et s'appuyant sur une pelle. —
Haut.. 22 cent.

593 — Ivoire. — Deux obélisques provenant d'un encrier. Travail de tour.
xviie siècle. — Haut.. 36 cent.

594 — Ivoire. — Chapelet composé de grains sculptés à feuillages. Deux d'entre
eux ont la forme d'un vase. — Long., 44 cent.

595 — Ivoire. — Vase tourné à côtes, décoré de peintures et monté sur un pied à
balustre en forme de vase. xviie siècle. — Haut., 23 cent.

SCULPTURES EN BOIS

596 — Bois. — Tau, ou partie supérieure d'un bâton pastoral, formé d'un lion
tourné vers la gauche, debout sur un cul-de-lampe, décoré d'animaux
fantastiques sculptés en bas-relief et dans lequel on a rapporté des médaillons ronds en ivoire sur lesquels ont été sculptées des armoiries.
Cette pièce, qui date du xiiie siècle, était ornée dans le principe de pierres
incrustées dont il ne reste qu'un seul spécimen. — Haut., 105 millim.;
larg., 100 millim.

597 — Bois. — Haut-relief représentant une Pieta. Le Christ mort est étendu

sur les genoux de sa mère et il est entouré de huit figures de saints personnages. xviiᵉ siècle. Le cadre, également en bois sculpté, se compose de deux anges debout, de deux génies ailés décorant la partie cintrée et d'un fronton représentant en bas-relief le Christ au jardin des Oliviers entre deux anges agenouillés. — Hauteur totale, 225 millim.; larg., 180 millim.

598 — Bois. — Groupe rehaussé de peinture et de dorure, représentant la Vierge assise sur un trône et couronnée, tenant son fils couché sur ses genoux. xviᵉ siècle. — Haut., 43 cent.

599 — Bois. — Groupe conservant des traces de peinture et représentant une Pieta. xviᵉ siècle. — Haut., 42 cent.

600 — Beau trépied italien composé de trois cariatides de femmes reliées à la partie supérieure par une traverse portant les abeilles emblématiques de la famille Barberini. Les cariatides se terminent en volutes reposant sur des griffes de lion. — Haut., 75 cent.

601 — Buste de négresse en bois peint au naturel, la tête ceinte d'une couronne, les vêtements dorés. — Haut., 50 cent.

602 — Bois sculpté et doré. — Lion ailé de Saint-Marc en ronde bosse : la griffe de la patte droite repose sur l'Évangile placé à la base d'une tour pavoisée et portant l'inscription suivante : PAX EVAN TIBI CELIS MARTA CEMEVS. — Haut., 47 cent.; larg., 80 cent.

603 — Bois sculpté. — Lion ailé de Saint-Marc; ronde bosse. On lit sur l'Évangile placé sous sa griffe : PAX TIBI MARCE EVANGELISTA MEUS. — Haut., 50 cent.; long., 50 cent.

604 — Bois sculpté. — Deux statuettes d'anges debout, drapés de long, la tête nimbée, les ailes éployées et portant des chandeliers gothiques; socles octogones à nervures en losanges. Les têtes sont peintes au naturel, le reste des statues est doré. Sculpture italienne du xvᵉ siècle. — Haut., 75 cent.

605 — Bois sculpté, peint et doré. — Groupe de six figures en haut-relief et sans fond. La Vierge, Jésus à genoux, saint Pierre et trois saintes femmes. — Sculpture italienne de la fin du xvᵉ siècle. — Haut., 65 cent.; larg., 52 cent.

SCULPTURES DIVERSES

606 — **Corne.** — Curieuse poire à poudre se terminant par une tête de chien dont le corps se développe sur le pourtour de la pièce. Sur le cou de l'animal, se trouve l'écusson de France surmonté d'une couronne, et à sa queue enroulée est suspendu un écusson armorié traversé par une arquebuse. La garniture inférieure en cuivre porte des caractères gothiques ainsi que des fleurs de lis gravées. Travail des premières années du xvi⁰ siècle. — Long., 45 cent.

607 — **Cire rouge.** — Ébauche de statuette de personnage debout, portant l'armure du xvi⁰ siècle et tenant un bâton de commandement dans la main droite. — Haut., 16 cent.

608 — **Jayet ou jais.** — Groupe représentant saint Jacques debout, accompagné de deux petites figures. xvi⁰ siècle. — Haut., 17 cent.

609 — **Cire rouge.** — Médaillon rond en plâtre sur lequel sont appliquées des figures de renommées, des trophées d'armes et un mascaron formant encadrement. Modèle de médaille par *Klagmann.* Collection Th. Sauvageot. — Diam., 22 cent.

610 — **Ambre jaune.** — Petite boite ronde couverte à l'extérieur de coquillages sculptés en relief et offrant sur le couvercle et en bas-relief un triton tenant un cheval marin monté par une nymphe. xvii⁰ siècle. — Haut., 38 millim.; diam., 68 millim.

611 — **Ambre jaune et rouge.** — Échiquier formant boite carrée et contenant un jeu de jaquet à l'intérieur. Cette pièce est décorée de bas-reliefs ornés couverts par des plaques d'ambre uni, et de bas-reliefs rapportés au pourtour en ambre opaque sculpté et repercé à jour. Les pièces du jeu d'échecs sont en ambre sculpté et tourné. — Hauteur de la boite, 72 millim.; diam., 230 millim.

612 — **Ambre et ivoire.** — Boite oblongue en ambre enrichie de petits bas-reliefs en ivoire rapportés représentant des sujets religieux et des plaques de verre décorées de dorure. Elle ouvre sur un de ses grands côtés à l'aide de deux petites portes garnies d'appliques en cuivre gravé et doré. xvii⁰ siècle. — Haut., 100 millim.; long., 20 cent.; larg., 12 cent.

613 — **Ambre rouge et jaune.** — Petite croix en ambre sculpté enrichie d'appliques en ivoire et avec crucifix en ambre opaque. xvii⁰ siècle. Dans son étui du temps. — Haut., 30 cent.; larg., 7 cent

614 — AMBRE ROUGE. — Flambeau à base carrée et tige à balustre en ambre sculpté à ornements. xviiᵉ siècle. — Haut., 24 cent.; larg., 10 cent.

615 — AMBRE JAUNE. — Lot de diverses pièces en ambre dont une cuiller à long manche, composé de petites pièces tournées.

ÉMAUX CHAMPLEVÉS

616 — Châsse en forme de maison en cuivre champlevé et émaillé sur fond bleu. Elle offre sur une de ses faces et en deux registres : 1° la marche des rois Mages à cheval; 2° l'Adoration des Rois. Les figures sont réservées en cuivre gravé et doré sur le fond d'émail bleu rehaussé de rosaces colorées, et les faces sont rapportées en relief. La face postérieure est décorée de rosaces gravées et dorées, rehaussées d'émaux de couleurs sur fond bleu. Les faces latérales présentent chacune une figure de saint personnage debout réservée en cuivre doré sur le fond émaillé. La crête, en cuivre doré, découpée à jour, est enrichie de trois rosaces émaillées rapportées. Les extrémités, ainsi qu'un montant de la face postérieure, manquent. Ouvrage très intéressant de Limoges du xiiiᵉ siècle. — Haut., 22 cent.; long., 20 cent.; larg., 9 cent.

617 — Plaque de reliure de forme rectangulaire en hauteur, en cuivre champlevé, doré et émaillé en couleurs sur fond bleu avec faces en cuivre doré rapportées en relief. Elle représente le Christ en croix entre la Madeleine et saint Jean. Dans le haut, sont deux anges vus à mi-jambes. Les figures sont réservées en cuivre gravé et doré, et le fond, émaillé bleu, est rehaussé de rosaces émaillées en couleurs. La croix ainsi que deux bandes transversales sont émaillées bleu clair. L'encadrement est formé de bandes à fond bleu foncé décorées de rinceaux dorés réservés et de quinze quadrilobes à fond bleu clair contenant chacun un buste d'ange gravé et doré avec face saillante rapportée. Beau spécimen de l'art de l'émaillerie limousine au xiiiᵉ siècle. — Haut., 30 cent.; larg., 17 cent.

618 — Réserve eucharistiale formée d'une colombe debout, en cuivre gravé et doré, avec ailes et queue en cuivre champlevé émaillé bleu et blanc et yeux d'émail. Elle repose sur une plaque ronde, décorée de rinceaux gravés réservés sur fond d'émail bleu, qui est placée au centre d'un plateau rond à bords droits, garnis de demi-tourelles crénelées, en cuivre gravé portant des traces de dorure. Pièce rare. Beau travail de Limoges du xiiiᵉ siècle. — Hauteur totale, 18 cent. ; diamètre du plateau, 19 cent.

619 — Crosse pastorale en cuivre champlevé portant des traces d'émail et formée d'un dragon enroulé formant volute et contenant un groupe représentant saint Georges terrassant le dragon. La douille, décorée de trois lézards rapportés en ronde bosse, est reliée à la crosse à l'aide d'un nœud de forme sphérique surbaissée, composé de lézards découpés à jour. Ouvrage de Limoges du xiiie siècle. — Haut., 32 cent.; largeur de la volute, 12 cent.

620 — Bassin d'autel en cuivre champlevé portant des traces d'émail. Il représente au fond, dans un médaillon rond, la Vierge debout, couronnée par deux anges. Au pourtour, dans des compartiments rayonnants, les figures de saints personnages debout dans diverses attitudes. Il est garni à l'extérieur d'un goulot court formé d'une tête d'animal fantastique. Limoges, xiiie siècle. — Diam., 24 cent.

621 — Flambeau à base triangulaire à trois pieds, têtes d'animaux chimériques, en cuivre champlevé et émaillé, décoré d'oiseaux fantastiques sur pied gravé. La tige droite est garnie de trois nœuds sphériques dont l'un porte trois groupes de quatre croix formant rosaces émaillées bleu. Limoges, xiiie siècle. — Haut., 21 cent.

622 — Châsse en forme de maison en cuivre champlevé et émaillé à fond bleu. La plaque principale représente dans trois médaillons et réservées en cuivre gravé et doré avec faces rapportées, les figures du Christ bénissant et de deux saints personnages assis. La seconde plaque qui décorait cette même face manque. La face postérieure est décorée de rosaces émaillées en couleurs sur fond bleu et ses faces latérales présentent chacune une figure debout, gravée et dorée, réservée sur un fond émaillé bleu rehaussé de rosaces. Limoges, xiiie siècle. — Haut., 155 millim.; long., 170 millim.; larg., 80 millim.

623 — Châsse de même forme que celle qui précède, surmontée d'une crête en cuivre découpé. Celle-ci est décorée sur toutes ses faces de médaillons ronds renfermant chacun un buste d'ange gravé sur fond d'émail bleu séparé par des rinceaux. Limoges, xiiie siècle. — Haut., 155 millim.; long., 165 millim.; larg., 63 millim.

624 — Custode cylindrique à couvercle conique ouvrant à charnière, en cuivre champlevé, gravé, doré et émaillé. Elle est décorée au pourtour de quatre écussons renfermant chacun une fleur de lis réservée et émaillée rouge et bleu sur fond d'émail blanc; les entre-deux sont décorés de rinceaux réservés sur fond d'émail bleu clair. Le couvercle offre trois médaillons à fond blanc renfermant une rosace à fond rouge, et les

entre-deux de cette partie de la pièce présentent des rinceaux réservés
sur fond bleu foncé. Limoges, xiiie siècle. — Haut., 70 millim.; diam.,
63 millim.

625 — Petite croix en cuivre champlevé et émaillé à rosaces sur fond bleu foncé,
avec Christ couronné rapporté en relief et en cuivre portant des traces
de dorure et dont les yeux sont en émail noir. xiiie siècle. — Haut.,
20 cent.; larg., 11 cent.

ÉMAUX PEINTS

626 — Agrafe de chape formée d'une plaque carrée peinte en émaux de couleurs
et représentant saint Jérôme en prières, montée dans un quadrilobe en
cuivre gravé et doré avec ornements rapportés en relief et appliqués en
argent repoussé. Travail italien de la fin du xve siècle. — Diam., 16 cent.

627 — Deux petites plaques rectangulaires en hauteur. — Peintures en émaux
de couleurs avec rehauts d'or par Jean II Pénicaud, représentant, l'une
la Cène, l'autre une *Pieta*. Ces plaques portent au revers le poinçon des
Pénicaud. Travail de Limoges vers 1525. — Haut., 93 millim.; larg.,
72 millim.

628 — Cinq médaillons ronds peints en émaux de couleurs sur fond bleu, avec
rehauts de points d'émail sur paillon imitant les pierres précieuses, attribués à Jean I Pénicaud. Ils représentent des saints personnages vus à
mi-jambes et des sujets tirés du Nouveau Testament. Ils sont montés
dans des cercles de cuivre. — Diam., 42 millim.

ORFÈVRERIE D'ARGENT ET DE CUIVRE

629 — Grand et très important reliquaire formé d'un édicule hexagone en cuivre
ciselé et doré, avec pilastres aux angles et corniche surmontée sur chacune de ses faces d'un arceau à plein cintre terminé par une palmette
découpée et renfermant un buste de femme. Il repose sur un piédouche
à nœud et sur un culot en cuivre repoussé à ornements. Le piédouche,
dont le bord est découpé à jour, et le nœud sont décorés chacun de six
nielles sur argent de forme ronde représentant des bustes de saints personnages. Cinq des six faces du monument sont ornées de nielles sur
argent dont quatre représentent des scènes tirées de la vie de sainte
Catherine et d'autres martyrs. La cinquième porte l'inscription suivante : Divae. Catharine. VR̄. et. Mar̄. os. Bracchii. exoriente. A.

Fratre. Simone. Dozelo. Ord. Minoᴿ. Regivm alatᵛ. Fʀ. Rᵐⁱ. P. Pᵈ
Boñ. Fʀ. Arloti. Epⁱ. Regieñ. q. xxv Octob. mccccxxxxvi. Indvlgen-
tiam. Dieʀ. xi. Perpetvo Dedit oscvlanti Tecᵃ Haᵗ A. Raphalle. Gri-
maldo. Caelatam et sacri. cvstode adyti. D. Jo Andree Capriolo exis-
tente. Au-dessous de chacun des pilastres est un petit culot à quatre
feuilles en cuivre repoussé et doré, garni d'un anneau mobile et pendant. Le dôme surélevé est surmonté d'une statuette de sainte Catherine
tenant l'instrument de son supplice, en argent repoussé doré en partie.
Pièce remarquable et des plus intéressantes. — Hauteur totale, 67 cent.;
diam., 19 cent.

630 — Reliquaire formé d'une statuette d'ange debout vêtu d'une tunique ornée,
en argent repoussé et doré, avec face peinte. Il repose sur une base
hexagone allongée et à gorge supportée par six pieds à épatements placés aux angles. L'ange tient de ses deux mains une sorte de boîte cintrée dont la face découpée à jour est décorée de pilastres gravés et dont
le dessus offre un médaillon en relief représentant l'agneau pascal. Les
deux ailes ont été refaites. Ouvrage de la fin du xvᵉ siècle. — Haut.,
46 cent.; largeur de la base, 28 cent.

631 — Beau calice en argent doré sur piédouche à nœud en argent repoussé et
doré, à ornements en relief et enrichi d'émaux de basse taille représentant des bustes de saints personnages. Travail du milieu du xvᵉ siècle.
— Haut., 225 millim.; diamètre du pied, 15 cent.

632 — Grand calice sur piédouche lobé et à pointes, avec large nœud en argent
repoussé et doré, à palmettes et ornements en relief, enrichi au culot,
sur le nœud et sur le pied, de petits médaillons ronds niellés sur argent,
représentant des sujets tirés de la vie du Christ, et des armoiries. —
Travail italien de la fin du xvᵉ siècle. — Haut., 295 millim.; diamètre
du pied, 170 millim.

633 — Coffret oblong reposant sur quatre pieds découpés et à couvercle en toit
offrant au pourtour un encadrement crénelé. Il est en argent repoussé,
doré en partie, et présente sur chacune de ses faces des ornements feuillagés en relief, ainsi que des médaillons décorés en émaux de basse taille,
et représentant sur l'un la Vierge et l'Enfant Jésus, et sur les autres des
bustes d'apôtres se détachant en émaux translucides sur fond bleu. Le
plat du couvercle est décoré de trois plaques émaillées, dont deux
représentent le Christ et la Vierge; la troisième porte l'inscription suivante en caractères gothiques réservés sur fond d'émail bleu : *Per
presvlem Jacobvm Fvit. hoc. opvs. insigne. per. attum. anno. Domini.
milleno. Quadrigenteno. Tricesimo. tertio.* Spécimen rare de l'orfèvrerie
du xvᵉ siècle. — Haut., 15 cent.; long., 19 cent.; larg., 10 cent.

634 — Reliquaire formé d'une tourelle gothique dont le corps est en cristal de
roche et dont la monture est en argent doré. Le piédouche à angles
coupés a un nœud orné de petits médaillons niellés. Les montants
d'angles sont enrichis de cabochons divers et la partie supérieure est
formée d'un clocheton découpé avec quatre tourelles dans les angles.
xvᵉ siècle. — Haut., 42 cent.

635 — Reliquaire en forme de monument gothique hexagone en cuivre doré
découpé à jour, surmonté d'un toit en pointe argenté et reposant sur un
pied à lobes à ornements en relief et médaillons armoriés rapportés en

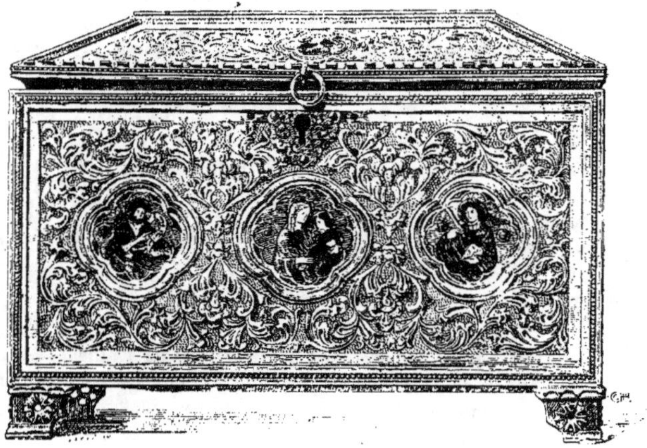

N° 633.

argent et nœud à six pans représentant des façades gothiques et à
clochetons. — Haut., 39 cent.

636 — Petite croix formant reliquaire en argent doré, décorée d'un travail de
grenetis et enrichie de pierreries et de petits médaillons niellés. Elle a
été montée sur un pied à lobes en argent gravé et doré, enrichi de
médaillons décorés en émaux de basse taille et avec nœud orné de
cabochons imitant le saphir. xvᵉ siècle. — Hauteur totale, 375 millim.

637 — Ostensoir en forme de monument gothique hexagone, en cuivre argenté
et doré, orné de colonnettes aux angles avec figurines et parties
ajourées surmontées de frontons découpés et d'un toit pointu. La base
à nœud repose sur six pieds de lion et elle est enrichie de trois petits

médaillons ronds peints sur émail et représentant le Christ, la Vierge et saint Jean vus à mi-corps. — Haut., 49 cent. ; diamètre de la base, 19 cent.

638 — Ostensoir de forme analogue sur piédouche rond à nœud formé d'un vase, en cuivre gravé et doré ; les angles de l'édicule sont formés de tourelles. Travail des premières années du xvıᵉ siècle. — Haut., 45 cent.

639 — Reliquaire formé d'un petit monument gothique à quatre faces, en argent repoussé et doré, à ornements et rosaces découpés à jour et à clochetons aux angles. Le pied carré en argent gravé et doré est enrichi d'un nœud à quatre ressauts quadrilobés décorés, ainsi que la tige carrée, d'émaux de basse taille sur argent. xvᵉ siècle. — Haut., 42 cent. ; diamètre du pied, 14 cent.

640 — Réserve eucharistale de forme hexagone, à couvercle en toit surmonté d'un petit édicule et d'une croix en argent gravé et doré. Elle porte sur une de ses faces le mot : *Ave*, gravé en caractères gothiques. Le pied à lobes et à nœud est enrichi de petits médaillons gravés rapportés. xvᵉ siècle. — Haut., 32 cent. ; diam., 12 cent.

641 — Pied de calice de la fin du xvᵉ siècle, de forme contournée, à lobes en cuivre repoussé et doré, décoré d'ornements feuillagés et de cornes d'abondance, et enrichi ainsi que le nœud de petits nielles sur argent représentant des bustes de saints personnages. — Haut., 21 cent. ; diam., 17 cent.

642 — Reliquaire formé d'un édicule gothique de forme octogone à clochetons en cuivre repoussé et doré, sur pied à lobes et à nœud orné de médaillons décorés en émaux de basse taille à têtes de chérubins. Le toit pointu est surmonté d'une croix. xvᵉ siècle. — Haut., 52 millim.

643 — Chef ou reliquaire ouvrant, en forme de tête humaine grandeur nature en argent battu, dont la chevelure est dorée et dont le col est orné de petites appliques losangées en argent repoussé. xvᵉ siècle. Cette pièce a reçu postérieurement une couronne en argent doré composée de fleurs, d'oiseaux et de rosaces découpées. — Hauteur totale, 29 cent.

644 — Chef formé d'une tête d'homme barbu grandeur nature en cuivre battu, argenté et doré. xvᵉ siècle. — Haut., 29 cent.

645 — Reliquaire formé de deux têtes accolées en argent repoussé, doré en
partie, dont l'une barbue. xvᵉ siècle. — Haut., 27 cent.

646 — Grand groupe, partie en cuivre et partie en argent battu, représentant la
Vierge assise sur un trône et tenant l'Enfant Jésus assis sur son genou
gauche. Les figures sont vêtues de long, et la Vierge a sur la poitrine
une bande d'ornements filigranés enrichie de pierreries. Travail du
xvᵉ siècle. — Haut., 75 cent.

647 — Ostensoir formant reliquaire, supporté par un ange debout en argent doré
en partie, sur une base à six pointes et à côtés cintrés et rentrants. Le
médaillon ovale qui repose sur la tête de l'ange est encadré de fleurons
découpés et renferme une croix en cristal de roche entourée d'ornements et de feuillages en argent doré. Au-dessus, est l'ostensoir circulaire en argent doré entouré d'ornements et de rinceaux. xviᵉ siècle. —
Hauteur totale. 49 cent. ; larg., 18 cent.

648 — Couronne de Vierge en argent doré, à fleurons découpés et enrichis
de médaillons en argent repoussé et émaillé à rosaces et pélicans.
xvᵉ siècle. — Diam., 14 cent.

649 — Reliquaire en forme de façade de monument en cuivre doré en partie,
décoré d'ornements gothiques en argent découpé à jour et à fronton
garni de feuilles repoussées et surmonté d'une graine feuillagée. Travail
de la fin du xvᵉ siècle. — Haut., 265 millim. ; larg., 215 millim.

650 — Coffret oblong à couvercle bombé, entièrement couvert de rosaces
et de bandes d'ornements en argent frappé et enrichi de moulures
d'encadrements et de rosaces en cuivre doré. La partie cintrée de l'une
de ses extrémités est décorée d'un médaillon, buste d'empereur romain
de profil à gauche, et l'autre d'un médaillon analogue renfermant le
buste d'un homme de qualité du xviᵉ siècle portant un large chapeau et
la tête tournée vers la droite. xviᵉ siècle. — Haut., 20 cent ; long.,
33 cent. ; larg., 19 cent.

651 — Grande croix processionnelle entièrement plaquée d'argent repoussé et
enrichie sur ses deux faces de figures et d'emblèmes en argent repoussé.
D'un côté, un crucifix et les emblèmes des évangélistes. De l'autre, le
Christ assis, bénissant et reposant sur un socle qui porte la date de
MCCCCXXX ; au-dessus de cette figure, un ange paraissant descendre
pour poser la couronne sur la tête du Sauveur. Les extrémités des trois
autres branches sont ornées de figures de saints personnages debout.
La douille et le nœud sont en cuivre argenté et ce dernier est orné de

huit médaillons ronds gravés sur argent représentant des saints personnages vus à mi-corps. — Hauteur totale, 92 cent.

652 — Autre grande croix processionnelle également plaquée d'argent repoussé
et émaillé en couleurs et avec recouvrements gothiques découpés à
jour. Elle offre sur une de ses faces la Vierge assise tenant l'Enfant
Jésus sur ses genoux et les emblèmes des évangélistes ; sur l'autre, un
crucifix ainsi que les bustes de la Madeleine, de saint Jean et de saint
Pierre. Dans le haut se voit l'agneau pascal. Le pourtour est décoré de
graines feuillagées très saillantes. Le nœud en cuivre doré, de forme
sphérique, est enrichi de six médaillons ronds décorés en émaux de
basse taille et représentant le sujet de l'Annonciation et des armoiries
dont deux fleurdelisées.
   Beau travail du premier quart du xvᵉ siècle. — Hauteur totale,
97 cent.

653 — Ostensoir circulaire sur pied à six lobes et nœud formé d'un petit monument gothique à clochetons en cuivre doré. xvᵉ siècle. — Haut.,
36 cent. ; diamètre du pied, 17 cent.

654 — Navette à encens de forme oblongue, en cuivre repoussé et argenté, sur
pied à nœud formé d'un vase. Le dessus est orné d'un buste à double
face et de deux médailles. xviᵉ siècle. — Haut., 18 cent. ; larg.,
16 cent.

655 — Autre navette à encens, de forme analogue, en cuivre portant des traces
de dorure et décorée d'ornements en relief. Le piédouche à quatre
faces est orné de branches de fleurs et de rosaces. — Haut., 120 millim. ;
long., 205 millim.

656 — Grande croix processionnelle plaquée d'argent frappé et enrichie sur ses
deux faces de figures en argent repoussé. Sur l'une, le Christ crucifié
et des bustes de saints personnages. Sur l'autre, le Christ assis et bénissant, ainsi que les emblèmes des évangélistes. Le pourtour de la croix
est garni de graines feuillagées et de boules dorées. Le nœud en cuivre
repoussé et doré présente quatre médaillons ronds en argent portant les
inscriptions suivantes :

   1ᵒ EGO. FALCONVS. DELA. VALE. INALZANO. FABRICHAVI.
   2ᵒ ANO DNI. 1485. DIE 24 DECEMBRISTA ✝ FVIT EXPLETA.
   3ᵒ EXPLETA. FVIT. ISTAM. TEMPORE. D. P. ALEXANDRI DE ALBINO.
   4ᵒ ISTA. ✝ FECERVNT. FIERI. HOMINES. DE FRATA. LONGA.
   Hauteur totale, 89 cent.

657 — Croix processionnelle, décorée sur ses deux faces d'appliques en argent
filigrané conservant des traces d'émail et de figures et de bustes,
rapportés en argent repoussé. Les extrémités des branches sont garnies
de boules en cuivre. Le nœud, de forme sphérique, en cuivre doré à
ornements en relief, est enrichi de six nielles sur argent représentant des
saints apôtres. xvᵉ siècle. — Hauteur totale, 67 cent.

658 — Petite croix en argent, décorée en émaux de basse taille et à branches
terminées par des fleurs de lis. Elle offre sur une de ses faces un petit
Christ en argent et trois cabochons de cristal. xvᵉ siècle. — Haut.,
16 cent.

659 — Croix processionnelle, avec figures et bustes en cuivre repoussé et nœud
sphérique enrichi de six médaillons en cuivre champlevé et émaillé
décorés de bustes de saints personnages. — Haut., 82 cent.

660 — Petite croix processionnelle, plaquée d'argent repoussé à rinceaux et
décorée des emblèmes des évangélistes et d'un crucifix rapportés en
cuivre doré. xvᵉ siècle. — Haut., 41 cent.

661 — Belle crosse d'évêque en cuivre ciselé et doré, à nœud sphérique godronné
servant de base à un petit édicule gothique décoré de figurines en ronde
bosse, d'où s'échappe la volute de la crosse, décorée à sa base de deux
figurines de saints personnages debout. Cette volute, qui se termine par
une tête de dragon, renferme une statuette de saint évêque debout; son
pourtour extérieur présente des feuilles en ronde bosse, et elle offre,
sur une de ses faces, l'inscription gothique suivante gravée : *B. Valvens.
Epvs. Pro. Eccla. S. Pollini. de. Valva.* xvᵉ siècle. — Haut., 30 cent.

662 — Croix avec crucifix en cuivre, ornée de quatre petits médaillons ronds
émaillés. xvᵉ siècle. — Hauteur totale, 54 cent.

663 — Petite croix processionnelle en cuivre doré, incrustée de jaspes de diverses
nuances et crucifix rapporté en argent. xviiᵉ siècle. — Hauteur totale,
48 cent.

664 — Insignes de massier en cuivre argenté, avec armoiries papales en cuivre
doré. xviiiᵉ siècle. — Long., 60 cent.

665 — Reliquaire formé d'un petit monument gothique hexagone et oblong en
cuivre doré, à clochetons aux angles et à pied découpé surmonté d'un
nœud formé d'un édicule gothique repercé à jour. xvᵉ siècle. — Haut.,
36 cent.

666 — Reliquaire formé d'un petit monument de style gothique à double face, orné de figurines; il est monté sur un pied du xve siècle en cuivre gravé et doré, avec tige cylindrique en cristal de roche. Les deux plaques carrées qui ferment le reliquaire sont également en cristal de roche. — — Haut., 39 cent.

667 — Reliquaire formé d'une lanterne hexagone en cuivre doré à colonnettes torses aux angles et surmonté d'une couronne d'ornements gothiques découpés. Le pied à lobes et le nœud sont ornés de médaillons en cuivre champlevé et émaillé à bustes de saints personnages et rosaces. — Haut., 33 cent.

668 — Reliquaire formé d'un tube à pans en cristal de roche, flanqué de deux contreforts en cuivre doré surmontés de clochetons et avec toit en pointe terminé par une figurine. Le pied porte une inscription indiquant le nom du donateur, et le nœud porte les lettres du nom Jésus réservées en cuivre sur fond d'émail rouge. xve siècle. — Haut., 38 cent.

669 — Reliquaire hexagone à colonnettes surmontées de figurines aux angles sur pied élevé à balustre. — Haut., 34 cent.

670 — Reliquaire formé d'une façade de monument à montants ornés de figurines en bronze doré sous des dais gothiques, et entre-deux à quadrillages et bandes d'ornements en cuivre doré enrichies de chatons en pierres de couleur. Dans le bas, bas-relief doré sans fond représentant la Vierge vue à mi-corps portant l'Enfant Jésus de ses deux bras. La partie supérieure se termine en pointe et est décorée d'une rosace et de feuilles découpées. La base à triple gorge est plaquée de cuivre argenté et porte un écusson armorié, ainsi que l'inscription : AN. DE. SPIRITV PRO THONOTS. — Haut., 85 cent.; larg., 36 cent.

671 — Reliquaire en cuivre doré, formé d'un dais supporté par quatre colonnettes et reposant sur un pied rectangulaire portant diverses scènes en bas-relief tirées de la vie du Christ et avec nœud hexagone formé d'un petit monument gothique. Le socle porte une longue inscription latine, ainsi que la date de 1541. — Haut., 37 cent.

672 — Grand pied de reliquaire à contours en cuivre doré, décoré de rinceaux gravés à la pointe, à tige carrée, nœud sphérique à côtes et plateau supérieur supporté par un groupe de feuillages en ronde bosse. xve siècle. — Haut., 25 cent.

673 — Autre pied de reliquaire en cuivre doré, à six pans cintrés et à longue tige droite divisée en deux parties par un nœud gothique décoré de six

quadrilobes décorés en émaux de basse taille sur argent. xv⁰ siècle. — Haut., 24 cent.

674 — Calice à coupe en vermeil et pied à lobes en cuivre doré, avec nœud sphérique décoré de six médaillons ronds décorés de bustes de saints personnages en émaux de basse taille sur argent. — Haut., 205 millim.

675 — Calice avec coupe en vermeil et pied à lobes en cuivre repoussé et doré, avec nœud orné de six petits médaillons en argent niellé. — Haut., 19 cent.

676 — Grande croix formant reliquaire, entièrement plaquée d'argent et enrichie sur ses deux faces de fleurs et d'ornements rapportés en argent en relief doré en partie et se détachant sur un fond émaillé de nuances variées. Le centre et les extrémités des branches sont formés de quadrilobes à ornements gothiques découpés à jour. xv⁰ siècle. — Haut., 50 cent.

677 — Calice en argent doré sur pied à lobes, orné d'une applique représentant le Christ en croix, entre saint Jean et Madeleine, et à nœud gothique à six losanges saillants portant chacun une des lettres qui composent le nom de Jésus. xv⁰ siècle. — Haut., 205 millim.

678 — Calice, partie en cuivre, partie en argent, avec nœud à côtes et culot portant l'inscription suivante : *Como Santese Fecit. Fiori Iovanni Desarafinv*. — Haut., 17 cent.

679 — Calice en cuivre doré, dont le pied offre une frise de rinceaux feuillagés et dont le nœud ovoïde est décoré d'imbrications. xvı⁰ siècle. — Haut., 19 cent.

680 — Calice en cuivre doré, sur pied à six lobes reliés par des échancrures cintrées et dont le pourtour est découpé à jour. xvı⁰ siècle. — Haut., 22 cent.

681 — Grand reliquaire en cuivre doré, formé d'un édicule octogone surmonté d'un dôme imbriqué et sur pied à balustre, et base hexagone repoussée à mascarons et ornements. — Haut., 48 cent.

682 — Couronne de Vierge composée de fleurs de lis en cuivre doré et enrichie de petits médaillons niellés sur argent et de chatons garnis de pierreries. xvı⁰ siècle. — Diam., 12 cent.

683 — Custode, ou réserve eucharistiale cylindrique à couvercle bombé surmonté d'une croix, en cuivre argenté repoussé à ornements et enrichie
d'appliques rapportées en cuivre doré. Elle repose sur un pied à lobes
en cuivre repoussé et doré, à compartiments de fleurs en spirale et à
nœud sphérique orné de six médaillons ronds décorés en émaux de
basse taille sur argent. xvie siècle. — Haut., 26 cent.

684 — Custode analogue à celle qui précède, mais moins riche. — Haut.,
19 cent.

685 — Custode cylindrique en cuivre gravé et doré, décorée d'arceaux à plein
cintre au pourtour et reposant sur un pied composé de six branches à
volutes. xvie siècle. — Haut., 24 cent.

686 — Custode sphérique sur pied en cuivre repoussé à fleurons et doré. —
Haut., 27 cent.

687 — Petite custode hexagone à couvercle bombé et sur piédouche élevé en
cuivre gravé et doré à ornements et inscriptions. xvie siècle. — Haut.,
18 cent.

688 — Ostensoir en cuivre, sur pied à lobes et à nœud sphérique, orné de cabochons de verre de couleur. xvie siècle. — Haut., 32 cent.

689 — Reliquaire formé d'un petit monument gothique hexagone en cuivre doré
avec toit pointu et pied à nœud sphérique. — Haut., 235 millim.

690 — Flambeau en cuivre doré, sur pied à six côtés cintrés et rentrants, tige
droite hexagone et nœud orné de six médaillons émaillés sur argent.
xve siècle. — Haut., 23 cent.

691 — Flambeau analogue à celui qui précède, mais plus petit. — Haut.,
19 cent.

692 — Coffret oblong à couvercle en toit, en cuivre repoussé et argenté à
médaillons, saints personnages et deux anges à demi couchés soutenant une couronne renfermant le Saint-Sacrement. xvie siècle. —
Haut., 16 cent.; larg., 21 cent.

693 — Simulacre d'un bonnet d'évêque, en cuivre argenté avec bandes décorées
de feuillages en cuivre argenté et chatons ornés de pierreries. xvie siècle.
— Haut., 27 cent.

694 — Encensoir en cuivre doré en partie, de forme hexagone, à dessus dômé et à compartiments d'ornements découpés à jour. xvi⁰ siècle. — Haut., 25 cent.

695 — Recouvrement de buste de prélat simulant un vêtement sacerdotal en cuivre repoussé et argenté, avec applique en cuivre gravé, doré et repercé à jour et enrichi d'ornements rapportés en relief. xvi⁰ siècle. — Haut., 3o cent. ; larg., 5o cent.

696 — Encensoir du xiii⁰ siècle en bronze, à quatre faces, décoré d'oiseaux en bas-relief et portant l'agneau pascal plusieurs fois répété. — Haut., 17 cent.

697 — Encensoir de forme sphérique en bronze, à ornements feuillagés en relief et découpés à jour. xiii⁰ siècle. — Haut., 15 cent.

698 — Deux autres encensoirs en cuivre avec dessus repercé à jour, et l'un d'eux à couvercle en pointe. xiii⁰ siècle. — Haut., 15 et 14 cent.

699 — Pied de calice, avec nœud sphérique en cuivre doré, orné de six médaillons ronds peints sur émail et représentant des bustes de saints personnages sur fond bleu. — Haut., 13 cent.

700 — Plateau ovale composé de fleurs, de feuillages et d'ornements en argent découpés à jour. xvii⁰ siècle. — Long., 41 cent. ; larg., 31 cent.

701 — Deux petites couronnes en deux dimensions en cuivre ciselé émaillé et incrusté de corail sculpté. Travail vénitien du xvi⁰ siècle. — Haut., 100 et 70 millim. ; diam., 95 et 65 millim.

702 — Petit pot en argent, de style antique, avec anse décorée d'ornements en relief et à deux têtes de cygnes. La panse est couverte d'un quadrillage losangé. — Haut., 10 cent.

703 — ARGENT.—Brûle-parfums de forme ovoïde et à couvercle ajouré, surmonté d'une figurine de l'Enfant Jésus ; la gorge du vase est ornée de cannelures alternées de fleurons et de six mascarons en ronde bosse reliés par une guirlande de fleurs rapportées. La panse est décorée de feuillages et de palmes et repose sur trois pieds à griffes de lion. Orfèvrerie italienne du xviii⁰ siècle. — Haut., 5o cent.

704 — CUIVRE REPOUSSÉ. — Vase en forme de coupe, décoré d'une frise à compar-
     timents rectangulaires contenant des trophées d'armes, et à culot et
     piédouche ornés de nervures en spirale. XVIe siècle. — Haut., 17 cent.;
     diam., 18 cent.

ANNEAUX D'INVESTITURE

705 — Gros anneau papal en bronze doré portant sur ses plats les emblèmes des
     évangélistes en relief et sur les côtés le blason de France, les armes du
     Saint-Père et l'inscription suivante gravée : *Pavlvs P. P. Secvndv.* Le
     chaton carré est formé d'une plaque de cristal, teinté rubis, à l'aide d'un
     paillon métallique.

706 — Anneau papal en bronze doré, portant les emblèmes des évangélistes,
     ainsi que la tiare et un écusson armorié avec l'inscription *PA·PA VLVS*.
     Le chaton est formé d'une plaque en cristal taillée à biseaux.

707 — Anneau analogue à celui qui précède et portant un nom à peu près sem-
     blable. Le chaton, carré et presque plat, est formé d'un cristal taillé à
     biseaux.

708 — Anneau semblable, mais avec des armoiries différentes et l'inscription :
     Papa No. Le chaton rectangulaire est formé d'une prime d'améthyste
     taillée à biseaux.

709 — Autre anneau de même modèle avec chaton formé d'une topaze taille dia-
     mantée et portant le nom gravé : *Papa Paol*.

710 — Anneau en bronze doré portant en relief les emblèmes des évangélistes,
     ainsi que les armes du pape Jules II. Cette pièce portait une inscription
     qui a été martelée. Son chaton rectangulaire est formé d'un cristal très
     saillant taillé à biseaux.

711 — Anneau papal en bronze doré, portant les emblèmes des évangélistes en
     relief et les insignes de la papauté gravés. Le chaton rectangulaire est
     formé d'un cristal de roche saillant taillé à biseaux.

712 — Anneau papal en bronze doré, portant en relief les emblèmes des évangé-
     listes et de la papauté, ainsi qu'un écusson armorié et l'inscription :
     Papa Pivs. Son chaton est formé d'un cristal rosé rectangulaire.

713 — Anneau analogue à celui qui précède, mais sans armoiries et sans inscription. Son chaton est formé d'un cristal bleu imitant le saphir.

714 — Anneau papal en bronze doré portant les emblèmes des évangélistes, la tiare, les clefs de saint Pierre, un écusson armorié et le nom : *Papa Pio*. Le chaton est formé d'un cristal taillé à culasse.

715 — Anneau pastoral en cuivre avec chaton carré formé d'une plaque de verre antique irisé.

716 — Anneau pastoral en cuivre portant des traces de dorure et chaton formé d'un cristal vert imitant l'émeraude.

717 — Anneau papal en cuivre doré portant la tiare et les clefs de saint Pierre en relief. Le chaton ovale est formé d'un cabochon de cristal de roche.

718 — Anneau papal en cuivre, très finement gravé et doré, portant la tiare, des armoiries fleurdelisées surmontées de la couronne royale et des feuillages. Le chaton carré est formé d'un cristal taillé à biseaux.

719 — Anneau en bronze doré en partie décoré de deux mascarons, têtes de femmes en relief, et d'ornements gravés. Le chaton est formé d'une intaille antique sur agate saphirine portant un dauphin et quelques lettres grecques groupées deux à deux.

720 — Anneau pastoral en bronze doré, portant un écusson armorié surmonté d'un bonnet d'évêque et avec chaton carré formé d'un cristal teinté.

721 — Anneau pastoral en cuivre gravé conservant des traces de dorure. Il est décoré au pourtour de fleurs de lis et de demi-soleils et son chaton carré est formé d'un cristal taillé à biseaux.

722 — Anneau papal en cuivre gravé et doré, portant sur le pourtour les emblèmes de la papauté. Le chaton carré est formé d'un cristal taillé à biseaux et à culasse.

723 — Anneau pastoral en cuivre doré, dont le corps offre deux motifs d'ornements en relief et dont le chaton carré est formé d'un cristal qui repose sur un paillon bleu.

724 — Anneau en cuivre ciselé et doré avec chaton rond, formé d'un grenat saillant taillé à facettes.

725 — Anneau large en cuivre doré uni, portant une croix et la lettre M gothique
        gravée en creux et deux fois répétée, avec chaton saillant garni d'un
        grenat cabochon.

BAGUES ET BIJOUX DIVERS

726 — Très belle bague en or émaillé du xvie siècle, dont le corps est formé de
        deux mascarons saillants et d'enroulements et le fond de compartiments
        décorés d'ornements réservés sur un fond d'émail gris bleuté et vert
        émeraude. Le chaton, très large, est formé d'une sorte de rosace dont le
        centre est occupé par un saphir rectangulaire et dont le pourtour, disposé
        obliquement, se compose de rubis et d'émeraudes alternant. Pièce rare
        par son travail et ses proportions exceptionnelles.

727 — Belle croix en lapis-lazuli de Perse de très belle nuance et dont les
        branches se terminent par des chapiteaux en or ciselé décorés d'entre-
        lacs, émaillés blanc, rouge et vert, et de points d'émail simulant des
        pierres précieuses. Chacun des chapiteaux supporte un cœur en lapis
        serti d'une monture en or émaillé. Travail italien du xvie siècle. —
        Haut., 155 millim.; larg., 130 millim.

728 — Bijou-pendentif, formé d'un petit cheval en ivoire garni d'une ceinture en
        or découpé et émaillé vert. Il est suspendu à un groupe de trois chaî-
        nettes d'or. xvie siècle. — Haut., 30 millim.; larg., 42 millim.

729 — Bague de mariage juive, en or filigrané à rosaces.

730 — Bague d'or portant au pourtour une inscription arabe en relief.

731 — Bague d'or large, avec chaton rond, orné d'une plaque de verre antique
        irisé. Les petits tubes qui l'entourent et qui devaient renfermer des pâtes
        colorées sont vides.

732 — Anneau mérovingien en or, incrusté de petits carrés de cornaline incrustés.

733 — Bague du xvie siècle, en or émaillé, composée d'enroulements et avec chaton
        garni d'un cristal imitant un diamant-table.

734 — Bague analogue à celle qui précède, avec chaton imitant une émeraude.

735 — Deux autres bagues du xvi⁰ siècle en or, l'une d'elles avec chaton garni
d'un cristal imitant un diamant, et l'autre tout en or.

736 — Anneau d'or émaillé à rosaces, avec chaton saillant en forme de cachet
portant une croix de Malte émaillée blanc.

737 — Bague en or émaillé du xvi⁰ siècle, avec chaton plat décoré de fleurs réservées en or sur fond d'émail noir.

738 — Deux anneaux en or ciselé à grappes de raisin sur fond d'émail blanc et
garnis de petites perles suspendues. Ils sont reliés par une chaînette
d'or également garnie de perles pendantes.

739 — Bague d'or avec chaton orné d'un diamant-table jaunâtre. xvi⁰ siècle.

740 à 742 — Six bagues d'or de diverses époques, ornées chacune d'une pierre
taillée ou cabochon.

743 — Bague Louis XIII en or émaillé, enrichie de sept diamants-tables.

744 — Deux petits anneaux antiques en or; l'un d'eux orné d'un grenat cabochon
et l'autre d'un très petit scarabée.

745 — Trois bagues, dont deux en argent et une en or; cette dernière simule une
ceinture bouclée.

746 — Bague d'or avec intaille sur cornaline portant une tête de guerrier casqué.

747 — Bague à torsade en or avec chaton orné d'une intaille sur cornaline, tête
de femme de profil à gauche.

748 — Deux bagues d'or; l'une d'elles est ornée d'une intaille sur cornaline
représentant une tête d'homme, et l'autre d'une pâte de verre.

749 — Deux bagues d'or ornées chacune d'un camée sur agate à deux couches;
l'un d'eux représente un buste d'homme barbu de profil à droite, et
l'autre une autruche.

750 — Bague en corail sculpté, dont le corps est formé des figures de saint Pierre
et de saint Paul et dont le plat présente le buste d'un pape en relief.

751 — Diverses bagues en cuivre et en argent, dont deux avec armoiries gravées.

752 — Petit médaillon rond en argent doré, portant au centre un cabochon de
jaspe et au pourtour une inscription latine gravée. xive siècle. — Diam.,
35 millim.

753 — Fermoir de livre en argent doré, composé de trois médaillons circulaires,
dont l'un porte les armes du pape Jules II et les deux autres une figure
de Mars debout sous un petit monument à colonnes. xvie siècle (?). —
Diamètre des médaillons, 43 et 41 millim.

754 — Trois petits médaillons en argent doré, ornés sur chacune de leurs faces
de médaillons niellés sur argent. xvie siècle.

755 — Médaillon rond à double face, en argent filigrané et émaillé, contenant
deux peintures églomisées sur verre représentant des bustes de saints
personnages. Les peintures sont italiennes et la monture est de travail
russe ancien. — Diam., 43 millim.

756 — Trois plaques rondes en argent, à rinceaux et rosaces se détachant sur un
fond d'émail bleu. xvie siècle. — Diam., 40 millim.

757 — Médaillon-reliquaire de forme octogone allongée, en cuivre gravé et doré.
xvie siècle. — Haut., 52 millim.; larg., 43 millim.

758 — Dix-neuf médaillons ronds pouvant servir de boutons, en argent doré,
incrustés de pierres diverses, jade vert, grenats, etc. Travail chinois. —
Diam., 29 millim.

759 — Cadran solaire contenu dans une boîte carrée en cuivre doré, gravé à
ornements et avec cadrans divers. Il porte l'inscription : *Vlrich Klieber.
Me fecit.* — Diam., 60 millim.

760 — Forte chaîne carrée composée de maillons en cuivre doré à boules saillantes. xvie siècle. — Long., 35 cent.

761 — Collier formé de chaînons à entrelacs en argent, avec plaque ornée d'un
camée du xvie siècle sur agate à deux couches, représentant un buste de
femme. — Longueur totale, 1 m. 5 cent.

BIJOUX ITALIENS

762 — Collection intéressante de bijoux, à l'usage des paysans de diverses pro-
vinces italiennes, en or, en argent, ornés de pierreries, de perles, etc.,
tels que : colliers, pendants d'oreilles, épingles de coiffures, etc., comprenant environ cinquante-cinq pièces.

BIJOUX INDIENS

763 — IMPORTANTE COLLECTION DE BIJOUX INDIENS de fabrication moderne, comprenant environ cent soixante pièces tant en or qu'en argent ou imitation, telles que : colliers, bracelets, bagues, boucles d'oreilles, etc. Cette collection avait été formée par M. Alessandro Castellani, dans le but de démontrer le rapport existant entre les produits antiques de l'Étrurie et ceux des Indes actuelles, qui ont conservé les mêmes procédés de fabrication et qui s'inspirent encore aujourd'hui du goût de leurs aînés. Cette collection pourrait convenir à un musée d'art industriel contemporain.

MATIÈRES PRÉCIEUSES

764 — CRISTAL DE ROCHE. — Plaque cintrée à sa partie supérieure, très finement gravée en creux et représentant le sujet de l'Adoration des bergers. Dans le haut, un groupe d'anges dans des nuages. Nous attribuons la gravure de cette pièce à *Valerio Belli*. — Haut., 105 millim.; larg., 70 millim.

765 — CRISTAL DE ROCHE. — Petite coupe sphéroïdale évidée et taillée à canaux creux et à rinceaux. XVIe siècle. — Haut., 36 millim.; diam., 83 millim.

766 — CRISTAL DE ROCHE. — Gobelet à couvercle, décoré d'ornements feuillagés gravés en creux et portant les bustes du roi François Ier, de Naples, et de la reine. Le bouton du couvercle est garni d'un rang de perles en or, et la pièce qui est renfermée dans une boîte d'acajou est accompagnée d'un gobelet cylindrique en jaspe de Sicile et des empreintes des bustes dont il est parlé plus haut. — Hauteur totale du gobelet en cristal de roche, 120 millim.; diam., 72 millim. — Hauteur du gobelet en jaspe, 90 millim.; diam., 76 millim.

767 — CRISTAL DE ROCHE. — Balustre en forme de vase, décoré de rinceaux gravés en creux. XVIe siècle. — Haut., 72 millim.; diam., 70 millim.

768 — CRISTAL DE ROCHE. — Collier formé d'un grand nombre de boules unies. — Longueur totale du rang, 1 mètre.

769 — CRISTAL DE ROCHE. — Cinq fragments divers. L'un d'eux, de forme arrondie, porte des caractères orientaux en relief.

770 — LAPIS-LAZULI. — Grande et belle coupe en forme de coquille bien évidée.
— Haut., 54 millim.; long., 162 millim.; larg., 120 millim.

771 — LAPIS-LAZULI. — Petit vase du xvie siècle, à panse cylindrique, très finement gravé en creux, à figures de cavaliers, vue de ville, etc., et à culot
taillé à côtes. Il est garni de deux anses à figurines d'Amours, et le couvercle plat est surmonté d'une figurine d'Amour debout, en argent doré,
de travail moderne. Le socle est en bronze et en lapis. — Hauteur totale,
140 millim.

CUIVRES & BRONZES D'ART

772 — Deux forts flambeaux à large base circulaire à trois pieds en cuivre doré,
décorés d'imbrications repoussées et gravées à fleurs, animaux et ornements, et à tige formée de pièces d'enfilage en cristal de roche avec nœud
médian de forme sphérique aplatie, en cuivre gravé et doré portant, sur
des médaillons ovales saillants, des fleurs de lis, des feuilles et des ornements variés. xve siècle. Un des bassins supérieurs a été refait. —
Haut., 31 cent.

773 — Pied de croix triangulaire en bronze doré, à pieds de lion, surmonté d'un
balustre élégant en forme de vase à trois anses dont la base est flanquée
de trois cariatides de sphinx ailés. Sur une des faces du pied se trouve
un médaillon émaillé sur argent, portant des armoiries et l'inscription
suivante : TIMENDIS PREPONIT TVTA. Une autre face porte un médaillon
analogue avec l'inscription : EX. LEGATO. D. DVLCII. ACCARINI 1541. —
Haut., 35 cent.

774 — Pied de forme analogue, en bronze doré, avec têtes de chérubin dans les
angles supérieurs et portant sur deux de ses faces des médaillons
émaillés sur argent, mais incomplets. xvie siècle. — Haut., 38 cent.

775 — Petit reliquaire formé d'un buste d'évêque en cuivre doré reposant sur
une base oblongue à moulures supportée par quatre petits lions assis;
il est enrichi de chatons ornés de pierreries. — Haut., 13 cent.; larg.,
9 cent.

776 — Cadre ovale en cuivre, entouré de palmettes et d'ornements rapportés
avec entourage émaillé bleu sur argent et pierreries. xvie siècle. —
Haut., 17 cent.; larg., 16 cent.

777 — Buste de prélat en cuivre argenté avec bande dorée, gravée à sujet religieux et reposant sur un socle rectangulaire à pieds de lion. xvi⁰ siècle.
— Haut., 34 cent.; larg., 44 cent.

778 — Très grand plat rond du xv⁰ siècle, en cuivre jaune battu, offrant au fond
des côtes saillantes en spirale et, au pourtour, des côtes dans le sens
opposé. Le marli offre une frise d'inscription et le centre est occupé
par un médaillon en argent gravé et émaillé qui porte un double
écusson d'armoiries ainsi que la date de MDLXIII et les noms de :
ANTONIVS. CLAPERONIVS. VEXILLIFER. — Diam., 60 cent.

779 — Buire et son plat en cuivre rouge repoussé, à ornements, rinceaux et
palmettes. La buire à panse ovoïde est enrichie d'un mascaron et d'une
tête de chérubin. xvi⁰ siècle. — Hauteur de la buire, 30 cent.; diamètre
du plat, 48 cent.

780 — Buire et plat de même travail et de forme analogue mais en cuivre argenté.
xvi⁰ siècle. — Hauteur de la buire, 34 cent.; diamètre du plat, 48 cent.

781 — Brasero ovale en cuivre repoussé, décoré de rinceaux et de deux blasons;
il repose sur quatre pieds à griffes et est orné, aux deux extrémités,
d'anses à têtes d'animaux chimériques et à poignées mobiles. xviⁱ⁰ siècle.
— Long., 67 cent.; larg., 48 cent.

782 — Lampe en cuivre, à récipient sphérique repoussé à godrons et garni de
six becs. Le récipient glisse sur une tige verticale posée sur un large
pied à godrons et terminée à la partie supérieure par une tête ajourée,
composée de deux chimères affrontées sous une couronne de comte.
Cette lampe provient de la collection du peintre Fortuny. — Haut., 1 m.

783 — Brûle-parfums à deux anses en cuivre rouge repoussé à godrons, supporté
par trois pieds droits à griffes et surmonté d'un couvercle en dôme,
décoré de feuillages et de rinceaux ajourés. — Haut., 50 cent.

784 — Petit groupe en cuivre doré. La Vierge debout, vêtue de long, portant
l'Enfant Jésus sur son bras gauche. xviⁱ⁰ siècle. — Haut., 81 millim.

785 — Applique en cuivre doré. La Vierge debout, drapée et la tête nimbée, porte
l'Enfant Jésus nu de ses deux bras. xvi⁰ siècle. — Haut., 128 millim.

786 — Figurine en bronze. Enfant debout, tenant un écu armorié de son bras
gauche et un glaive de sa main droite. xiiⁱ⁰ siècle. — Haut., 75 millim.

787 — Petit vase en forme de tasse à une anse en bronze, portant en relief des
     dragons ailés et des ornements. xiiie siècle. — Haut., 85 millim.; diam.,
     90 millim.

788 — Petit vase ovoïde à gorge élancée, formant couvercle, garni de deux anses
     à cariatides ailées et à tête humaine. xvie siècle. — Haut., 23 cent.

789 — Boîte oblongue en bronze à pieds de lion, décorée sur ses deux grands
     côtés de deux centaures en bas-relief sur lesquels reposent des nymphes
     et soutenant une couronne formée de deux cornes d'abondance.
     Chacune des extrémités offre une tête de Gorgone et une guirlande de
     laurier en bas-relief. Italie, xvie siècle. — Haut., 105 millim.; long.,
     230 millim.; larg., 140 millim.

790 — Belle aiguière en bronze uni de forme ovoïde, à couvercle, et montée sur
     un pied bas à moulures. Le bec, muni d'un couvercle à charnière et
     décoré d'un masque faunesque, est placé dans l'axe du vase, à hauteur
     de la gorge. Les côtés sont ornés de deux mascarons, têtes chimériques,
     placées sous une anse surélevée et arrondie.
         Cette pièce, de forme très élégante, a, dit-on, appartenu à la famille
     des Médicis. xvie siècle. — Haut., 62 cent.

791 — Petit buste, en bronze doré en partie, d'un pape dont l'orfroi porte des
     colombes alternées avec des fleurs de lis. xviie siècle. — Haut.,
     29 cent.

792 — Deux flambeaux de la Renaissance, à patine brune. La base triangulaire
     est flanquée aux angles de figurines de Satyres reposant sur des mas-
     carons reliés par une guirlande de feuilles de laurier. Sur cette base,
     trois chimères à têtes de lion supportent la tige du flambeau, dont la
     partie centrale, en forme de vasque, est ornée de trois dragons ailés; le
     haut de la tige, enveloppé de feuilles d'acanthe, se termine par un binet
     garni d'une pointe. Travail italien. — Haut., 55 cent.

793 — Encrier triangulaire à couvercle percé au centre et orné de feuillages; le
     pourtour est décoré de palmettes et de rinceaux, et de petites figurines
     d'enfants en bas-relief; les pieds sont formés d'une console détachée,
     posée sur des griffes de lion. Bronze italien du xvie siècle. — Haut.,
     11 cent.

794 — Petit flambeau sur pied triangulaire, portant sur chacune de ses faces
     l'aigle à double tête surmonté d'une couronne. Les angles, ornés de feuil-
     lages, sont renflés à la base qui repose sur des pieds à griffes de lion.
     xvie siècle. — Haut., 17 cent.

795 — Lampe en forme de sphinx. Patine brune. Bronze italien du xvie siècle.
— Haut., 12 cent.

796 — Encrier octogonal à pans ornés chacun d'un disque à ombilic. La base à
degrés est supportée par quatre pieds formés de lions. — Haut., 8 cent.

797 — Encrier en forme de vase; panse à godrons, gorge ornée de feuillages; il
repose sur trois pieds recourbés en volutes. Le couvercle est surmonté
d'un coq enlacé par un serpent. Bronze italien du xvie siècle. — Haut.,
21 cent.

798 — Heurtoir en bronze formé de deux chimères à têtes d'enfants affrontés se
tenant par les bras et à queues terminées par une tête de serpent. Le
tenon s'adapte à un mascaron, tête de faune. — Haut., 18 cent.

799 — Heurtoir semblable au précédent. — Haut., 18 cent.

800 — Main de grandeur naturelle provenant d'une statue. Fonte italienne,
patine brune. — Long., 19 cent.

801 — Support formé d'une chimère à corps de poisson et tête de faune barbu.
Bronze italien du xvie siècle. — Haut., 7 cent.; long., 17 cent.

802 — Sonnette ornée à son pourtour de guirlandes de laurier et d'écussons
armoriés alternés avec des branchages et des médailles d'empereurs
romains. En haut et en bas, bordures de palmettes. Cette pièce est surmontée d'une longue tige se terminant en pomme de pin. Bronze italien
du xvie siècle. — Haut., 20 cent.

803 — Sonnette en bronze de même époque, ornée d'une double frise à personnages soutenant des écussons, à dauphins et ornements de style antique.
— Haut., 17 cent.

804 — Sonnette présentant sur son pourtour des écussons armoriés (au nom de
IACOBUS GAMBARUS) et accostés de chimères à têtes de lion.
Bronze italien du xvie siècle. — Haut., 13 cent.

805 — Petit flambeau vénitien de forme orientale, en bronze gravé orné de rinceaux et d'écussons. — Haut., 14 cent.

806 — Quatorze coupes et vases en métal argenté, reproductions des pièces composant le Trésor de Hildesheim et faisant partie du Musée des Antiques
de Berlin.

807 — Sonnette en bronze du xvie siècle, décorée d'une frise d'écussons portant des pampres, placés entre deux figures de femmes drapées et séparés par des feuilles d'acanthe; une deuxième frise à cariatides et ornements et une bordure à fleurons et rinceaux complètent l'ornementation de la sonnette, dont la tige est feuillagée. — Haut., 15 cent.

808 — Bronze. Grand aigle aux ailes éployées reposant sur une tortue également en bronze et servant de brûle-parfums. — Haut., 94 cent.; larg., 98 cent.

809 — Buire à une anse et à ouverture trilobée en bronze, de style antique; la panse est décorée d'une frise de palmettes et d'ornements dorés. — Haut., 20 cent.

810 — Support circulaire à trois pieds en forme de cariatides ailées, à têtes de femmes et corps terminé par une griffe de lion. Bronze de style antique. — Haut., 12 cent.; diam., 24 cent.

CUIRS

811 — Très intéressante petite boîte ronde en cuir gravé rehaussé de peinture et de dorure. Elle représente, sur le dessus, le Christ vu à mi-corps et sortant du sépulcre; un ange est près de lui. Au fond, saints personnages en adoration devant la Vierge et l'Enfant Jésus. Au pourtour, rinceaux ornés et inscription en caractères gothiques : *Ave Maria*. Travail italien du xve siècle. — Haut., 35 millim.; diam., 90 millim.

812 — Dessus d'étui circulaire en cuir noir gaufré à rinceaux feuillagés et cartouche contenant des armoiries. xve siècle. — Diam., 24 cent.

813 — Coffret oblong en cuir gaufré à fleurs arabesques, rosaces et oiseau sur fond peint en rouge. Il a conservé ses ferrures du temps. xvie siècle. — Haut., 21 cent.; long., 49 cent.; larg., 28 cent.

814 — Gaine à couteaux en maroquin rouge décorée d'ornements dorés au petit fer et portant des armoiries surmontées d'un chapeau de cardinal. xviie siècle. — Long., 22 cent.

815 — Étui à flacons couvert en maroquin rouge, doré au fer et clouté de cuivre. xviie siècle. — Haut., 31 cent.; larg., 25 cent.

816 — Seau à couvercle de forme ovale en cuir gaufré et gravé, décoré de rinceaux, d'ornements feuillagés, d'oiseaux et portant des écussons

armoriés. Travail espagnol du xvie siècle. — Haut., 34 cent.; long.,
3o cent.; larg., 22 cent.

817 — Ceinture large en cuir, à ornements découpés et brodés, garnie de boucles
en cuivre ciselé. xviie siècle. — Haut., 14 cent.

COFFRETS ET BOITES

818 — Coffret oblong à couvercle en toit et à gorge, en bois peint, décoré de
figures de cavaliers et autres personnages en pâte, en relief, rehaussées
de couleurs et d'or. Cette pièce de travail vénitien et du xive siècle est
malheureusement en très mauvais état. — Haut., 22 cent.; long.,
6o cent.; larg., 17 cent.

819 — Boîte ronde, décorée au pourtour et sur le dessus d'ornements en pâte en
relief dorés, et ornée de chiens en haut-relief dans diverses attitudes,
mais en mauvais état. Venise, xive siècle. — Haut., 18 cent.; diam.,
32 cent.

820 — Boîte ronde analogue à celle qui précède. Celle-ci est décorée sur le dessus
de figurines d'Amours. Venise, xive siècle. — Haut., 19 cent.; diam.,
32 cent.

821 — Boîte ronde de même travail, mais sans décor en haut-relief. — Haut.,
17 cent.; diam., 32 cent.

822 — Grande boîte ronde et basse, décorée au pourtour d'une ronde d'Amours
peinte en couleurs sur fond doré. Le dessus était décoré de bustes et
d'ornements qui ont disparu. Venise, xve siècle. — Haut., 15 cent.;
diam., 38 cent.

823 — Châsse oblongue à couvercle en toit, décorée de bustes de saints personnages et d'anges peints en couleurs sur fond d'or. Italie, xve siècle. —
Haut., 28 cent.; long., 31 cent.; larg., 22 cent.

824 — Châsse de même forme et de même travail. Elle est décorée de sujets
religieux et de figures d'anges d'une exécution soignée. — Haut.,
18 cent.; long., 33 cent.; larg., 16 cent.

825 — Petit coffret oblong à couvercle légèrement bombé, décoré de dragons
fantastiques, de figurines ailées, de couronnes et d'ornements variés

exécutés en pâte en relief et réservés en blanc sur fond bleu et rouge. — Venise, XVIe siècle. — Haut., 12 cent.; long., 21 cent.; larg., 115 millim.

826 — Coffret oblong à couvercle bombé, couvert d'étoffe brodée à ornements en relief en argent. XVIIe siècle. — Haut., 27 cent.; long., 52 cent.; larg., 20 cent.

827 — Coffret oblong à couvercle en toit, en marqueterie vénitienne de bois et d'ivoire. XIVe siècle. — Haut., 19 cent.; long., 28 cent.; larg., 20 cent.

828 — Coffret de forme analogue et de même travail, mais plus petit. — Haut., 88 millim.; long., 130 millim.; larg., 80 millim.

829 — Boîte carrée, à couvercle surmonté d'un bouton, en bois d'ébène incrusté d'ivoire. — Haut., 13 cent.; diam., 13 cent.

830 — Étui à flacons à couvercle bombé, couvert en velours ponceau avec galons métalliques et garniture en cuivre composée de deux poignées, de quatre pieds de lion, d'une entrée de serrure et d'une figurine de Bacchus placée sur le couvercle. XVIIe siècle. — Haut., 38 cent.; long., 28 cent.; larg., 18 cent.

831 — Coffret oblong à couvercle bombé, en laque noir burgauté et décoré de feuillages et d'ornements dorés. Travail chinois. — Haut., 16 cent.; long., 22 cent.; larg., 13 cent.

832 — Coffret de même forme et de même travail que celui qui précède, mais plus grand. Celui-ci est garni en cuivre gravé. — Haut., 20 cent.; long., 34 cent.; larg., 16 cent.

833 — Coffret oblong plaqué de bandes d'os gravé à rosaces tracées au trait. Une partie des bandes est teintée en rouge. — Haut., 10 cent.; long., 31 cent.; larg., 17 cent.

834 — Étui ouvrant à charnières, en bois, couvert d'un travail de stuc blanc en relief. Travail italien du XVIe siècle.

MANUSCRITS

835 — Joli manuscrit in-8° du XVe siècle sur vélin, dont la première page porte, en miniature, les armes de Castille et de Léon surmontées d'un chapeau

de cardinal, et soutenues par deux génies ailés avec l'inscription suivante : Joannis. Francisci. Monteniaci. Protonotarii. et. scvtif. ap.
Cano. aq. — Heures de la Vierge, précédées du calendrier et enrichies
de vingt petites et onze grandes miniatures à pleine page. Chaque page
est, de plus, encadrée de bordures ornées et au bas de chacune d'elles
se trouvent des sujets de chasse et autres de très curieuse composition.

836 — Petit manuscrit sur vélin du xve siècle. — Heures de la Vierge, enrichies
de six petites miniatures, à fond d'or, et de lettres ornées. Il porte à la
dernière page l'inscription suivante :

> *Ego enim mag(iste)r Io-*
> *hannes de porcellis me-*
> *diolanensis scripsi mi-*
> *lesimo quadri(n)gentesimo*
> *vigesimo sexto.*

837 — Offices des Morts. — Petit manuscrit italien, sur vélin du xvie siècle,
enrichi de cinq miniatures à pleine page, avec encadrements ornés
d'une exécution très soignée. Reliure en maroquin rouge, dorée au fer,
avec rehauts de couleurs. Tranche dorée.

838 — Grand manuscrit in-folio sur vélin. Livre de plain-chant du xive siècle,
enrichi de grandes lettres ornées de figures. Reliure garnie en cuivre.

839 — Autre livre de plain-chant, in-folio. Manuscrit sur vélin, enrichi également de lettres majuscules ornées de miniatures. xive siècle. La reliure
est également garnie en cuivre.

840 — Livre de plain-chant. — Manuscrit in-folio sur vélin, enrichi de lettres
ornées. Reliure en veau. xve siècle.

841 — Manuscrit in-4º sur vélin, des premières années du xve siècle, contenant
la règle de saint Benoît en italien. Reliure en cuir gaufré avec garniture
en cuivre.

842 — Livre de plain-chant. — Manuscrit grand in-folio, enrichi de lettres
ornées. xive siècle.

843 — Autre livre de plain-chant. — Manuscrit grand in-folio du xive siècle,
enrichi de très belles lettres ornées. Reliure incomplète en veau et en
cuivre.

844 — Livre de plain-chant. — Manuscrit in-folio du xiv° siècle, avec lettres ornées et reliure en peau gaufrée.

845 — Huit diplômes sur vélin de diverses époques, l'un d'eux avec un sceau en plomb du pape Innocent IV.

846 — Cinq diplômes sur vélin du xviie siècle, dont plusieurs avec armoiries peintes et reliure en maroquin rouge, doré au fer. La reliure de l'un d'eux est en moire blanche, brodée en or et en couleurs.

847 — Beau manuscrit persan, grand in-4° sur vélin, enrichi de belles miniatures, avec reliure en maroquin gaufré à compartiments et rehaussé de dorure.

848 — Autre manuscrit sur vélin, contenant le quatrième volume du grand ouvrage historique de Mirkhôm.

849 — Autre manuscrit sur vélin, de travail oriental, avec miniatures représentant des ornements sur fond d'or.

850 — Dix miniatures indiennes sur vélin représentant des sujets variés.

851 — *La Merope,* opéra en trois actes par Dom Torradellas, avec partition d'orchestre. Manuscrit en trois volumes. Format italien.

852 — Deux miniatures sur vélin du xv° siècle, portant les armoiries d'*Anthoine, bastard de Bourgongne, comte de la Roche,* etc., et représentant les sujets qui devaient précéder deux volumes, par *Aubert, l'an de grâce 1469.*

853 — Long rouleau de parchemin représentant, à l'aide de miniatures et d'inscriptions latines, tout le Nouveau Testament. xv° siècle. — Larg., 85 cent.

LIVRES ET GRAVURES

854 — Heures de la Vierge. — In-8° imprimé sur vélin, par *Gillet Hardouyn, demourant au bout du pont Nostre-Dame, à l'enseigne de la Rose d'or, devant Sainct Denis de la Chartre,* et enrichi de dix planches gravées, rehaussées de couleurs et d'encadrements variés. Le calendrier est précédé d'un almanach qui commence à l'année 1515. Reliure en veau avec ornements gaufrés et écoinçons en argent doré.

855 — *Gioseffo Flavio, Historico delle antichita et guerre giudaiche*, etc., *in Venetia, Presso Alessandro Vecchi. MDCXII.* In-4° contenant un grand nombre de gravures sur bois.

856 — *Missale Romanum*, etc. *Venetiis, ex Typographia Balleoniana.* — In-4° avec planches gravées et reliure en veau doré au fer, avec rehauts de couleurs simulant la mosaïque.

857 — *Nicolas de Lyra.* — Commentaires sur les Psaumes, les Proverbes, l'Ecclésiaste, la Sagesse et les prophètes. Grand in-4° imprimé des premières années du xvi° siècle. Reliure incomplète en veau gaufré et garnie en cuivre.

858 — *Gioiello della Corona per le Nobili, et virtvose donne*, etc. *In Venetia, appresso gli heredi di Cesate Vecellio, in Metʒatia. 1608.* — Recueil de planches pour guipure et dentelle. Deux volumes.

859 — *Spechio delle virtvose donne doue si vedeno belissimi lauori di punto in aria , reticella, di maglia, et piumbini disegnati da Isabetta Catanea Parasole. In Roma, con licentia de superiori. Stampati da Antonio Facchetto, 1594.* — Reliure du temps en maroquin rouge doré au fer, portant les noms : Gieronima : Pirola.

860 — *La Vera Perfettione del Designo*, etc., *in Venetia, appresso Giouanni Ostaus. 1567.* — Recueil de dessins pour filets et guipures.

861 — *Convivio delle belle Donne,* imprimé à Venise par *Nicolo d'Aristotile detto Zoppino del mese d'Agosto. MDXXXII.*

862 — *La Gloria e l'Honore di ponti tagliati o fogliami*, etc. *In Venetia, per Mathio Pagan, in Freʒaria, all' insegna della Trade. MDLV.*

863 — *Trophées d'armes à l'italienne nouvellement inventeʒ et graveʒ par S. le Pautre. Se vendent à Paris cheʒ P. Marsitte, rue Saint-Jacques, à l'Espérance, avec Privilège du Roi.* — Recueil contenant 66 planches.

864 — *Ornements pour embellir les chapiteaux, architraves, frises et corniches, nouvellement inventeʒ et graveʒ par I. le Pautre*, etc. — Recueil de planches gravées.

865 — *Liure de Cartouche nouuellement Inventé et gravé par Jean d'Oliuar et se vend à Paris cheʒ Est. Gautrel Rue St-Jacque à l'image St-Maur.* — Recueil d'un grand nombre de planches.

866 — I Marmi del Doni, *Academico peregrino*, etc. *In Uinegia, per Francesco
      Marcolini. MDLII.* — In-8° avec planches.

867 — *The Marloborough Gems being a collection of works in Cameo and
      intaglio formed by George, third duke of Marlborough, catalogued
      with descriptions, and an Introduction, by M. H. Nevil Story-Mas-
      kelyne, M. A. F. R. S. Professor of Mineralogy, Oxford ; keeper of
      the Mineral Department, British Museum.* 1870. — Reliure en par-
      chemin.

868 — Recueil in-4° d'un grand nombre de planches gravées au trait des xvie et
      xviie siècles, et représentant des sujets variés.

869 — Recueil d'un grand nombre de planches gravées par Ant. Sal. *(Antoine
      Sallambier)*, l'une d'elles portant la date de 1532. — Exemplaire petit
      in-4°. Quelques feuilles piquées et mouillées.

870 — Recueil d'un grand nombre de portraits de personnages célèbres de l'an-
      tiquité, imprimé à Rome par *Jacobum Mazochium.* MDXVII. — Petit
      in-12 dans une enveloppe de parchemin.

871 — *Rosario de la gliosa Virgine Maria,* imprimé à Venise en 1520. — In-12
      sans reliure.

872 — *Essemplare di piv sorti lettere di M. Gio Francesco Cresci Milanese,
      scrittore della Libraria apostolica,* etc. *In Roma, per Antonio Blado
      ad Instanza di Giovan della Gatta. MDLXVI.*

873 — Dix-sept gravures sur bois d'après Albert Dürer ; sujets tirés du Nouveau
      Testament.

874 — *Praeparatio ad Missam Pontificalem. Romæ, ex Typographia Nicolai
      Angeli Tinassii. MDCLXXX.* — In-folio avec reliure en velours gro-
      seille brodé à fleurs et feuillages en or.

875 — Treize gravures allemandes représentant des sujets tirés du Nouveau
      Testament, et rehaussées d'applications d'étoffes et de broderies en soie
      et argent. xviie siècle.

876 — *Collectarivm Sac. Ord. Praedicatorvm Authoritate Apostolica reveren-
      dissimi patris Fr. Antonini Cloche,* etc. *Romae, MDCXCV.* — Im-
      primé in-4°, relié en velours ponceau.

OBJETS VARIÉS

877 — Beau tabernacle de forme monumentale, couvert d'un revêtement de plaquettes et de mosaïques florentines en jaspes divers, en agate, en lapis-lazuli, etc., etc., et orné de moulures, d'encadrements, de chapiteaux, de têtes de chérubins et d'ornements d'applique en bronze ciselé et doré. Le tabernacle proprement dit est placé sous un portique à plein cintre, orné à l'intérieur de quatre colonnes corinthiennes, et à l'extérieur de pilastres supportant de doubles arcades. La corniche et le fronton de ce monument sont surmontés de vases et de trois statuettes allégoriques de la Religion, en bronze ciselé et doré. Beau travail du XVIIe siècle. — Haut., 1 m. 60 cent.; larg., 1 mètre.

878 — Petit meuble à bijoux, d'aspect monumental, en ébène et ivoire, à six tiroirs ornés de plaquettes d'ivoire gravé représentant des sujets tirés du Nouveau Testament et placés entre deux demi-colonnes à bases et chapiteaux d'ivoire supportant un fronton cintré et coupé. Le couronnement et le soubassement de ce petit meuble forment tiroirs et sont également revêtus de plaquettes d'ivoire gravé. Travail italien du XVIIe siècle. — Haut., 32 cent.; larg., 25 cent.

879 — Coffret Renaissance en forme de temple à toiture en retrait et à pourtour décoré de colonnettes torses détachées en verre incolore, et accouplées sur les piédestaux. Ce coffret est enrichi de plaquettes en verre, taillées à biseaux, et la monture est en bois peint en noir et relevé d'ornements et d'arabesques dorés au pinceau. Travail italien du XVIe siècle. — Haut., 60 cent.; long., 75 cent.; larg., 55 cent.

880 — Petit coffret à couvercle bombé, plaqué d'écaille et garni de moulures à trèfles, d'entrée de serrure, d'une poignée et d'ornements rapportés en bronze doré; les angles sont ornés de cariatides reposant sur des griffes de lion formant les pieds du coffret. Époque Louis XIII.

881 — Petite pendule carrée en cuivre gravé et doré et à pilastres étroits et cannelés dans les angles; la façade est ornée de banderoles où on lit : *Camerini An. Dni.* 1651. — Haut., 78 cent.

882 — BRONZE. — Deux flambeaux d'une belle ornementation de style Renaissance, tiges à feuilles d'acanthe et imbrications, pieds ronds à gorges décorées de mascarons, de faunes et de rinceaux. — Haut., 18 cent.

883 — ÉTAIN. — Assiette ornée de médaillons représentant des princes allemands à cheval; un au centre, et six sur le marli. — Diam., 19 cent.

884 — Reliquaire en bois d'ébène avec plaquettes en lapis, surmonté d'un obélisque en bronze ajouré. Les angles sont ornés de colonnettes; la base est à tiroir. — Haut., 42 cent.

885 — Brasero de forme hexagonale et à moulures saillantes; le pourtour vertical est décoré de figures de combattants, de cariatides, d'animaux et de rinceaux feuillagés en bas-relief. Toute l'ornementation est exécutée en stuc revêtu de feuilles d'argent. Bassin en cuivre avec bord godronné. Italie, xvıe siècle. — Haut., 22 cent.; larg., 50 cent.

886 — Casque vénitien de parade, garni en velours rouge et décoré d'ornements d'applique en bronze doré; la visière est formée d'une large feuille d'acanthe; les parties latérales présentent un mufle de lion dans un rinceau de lierre; sur le timbre se dresse la partie supérieure d'un lion héraldique en bronze ciselé et doré. Venise, xvıe siècle. — Haut., 50 cent.

887 — Curieux écusson en forme de targe, décoré de fleurs et de feuilles en fer et en cuir dorés, et portant au centre le blason de la famille de l'amiral *Acton*, placé sous un casque à cimier surmonté d'un coq dans une torsade. Pièce rare et très intéressante. — Haut., 65 cent.; larg., 60 cent.

888 — Écusson en bois sculpté à blason partie d'une roue et d'une fleur de lis, entre deux rinceaux feuillagés et surmonté d'un casque couronné que domine un aigle aux ailes éployées. — Haut., 75 cent.; larg., 58 cent.

889 — Cadre italien à fronton en bois sculpté et rehaussé de dorure. xvıe siècle. — Haut., 66 cent.; largeur de la corniche, 44 cent.

890 — Rouet du xvııe siècle, en noyer tourné avec incrustations. — Haut., 77 cent.

891 — Sphère terrestre et sphère céleste avec monture en bronze gravé. Travail flamand du xvııe siècle. — Haut., 37 cent.

892 — Panneau en cuir peint et doré au fer; il représente une princesse couronnée suivie de quatre dames de sa cour et implorant un guerrier qui sort de sa tente. A droite et à gauche, groupes de guerriers costumés à l'antique. Ce sujet est entouré de riches motifs d'encadrements à arabesques et entrelacs dorés, au milieu desquels sont rapportés des médaillons peints à l'huile et représentant des bustes de femmes et d'hommes coiffés de turbans. Travail de l'époque Louis XIII. — Haut., 57 cent.; larg., 1 m. 14 cent.

893 — Panier à anse surélevée entièrement recouvert de cuir et garni de franges
et d'ornements tracés par des têtes de clou en cuivre doré. Il porte les
armoiries d'un pape de la famille Rospigliosi. — Haut., 48 cent.; larg.,
62 cent.

894 — Deux statues d'anges agenouillés, en regard, portant un chandelier; pâte
peinte au naturel, les cheveux et les vêtements dorés. XVIe siècle.
— Hauteur, socle compris : 85 cent.

895 — Cadre italien en bois sculpté à cariatides, guirlandes, mascarons et ornements découpés à jour. Fin du XVIe siècle. — Haut., 55 cent.; largeur,
45 cent.

896 — Bénitier en bois sculpté, composé d'une coquille placée au milieu de
feuillages. XVIIe siècle. — Haut., 50 cent.; larg., 40 cent.

897 — Aigle en bois sculpté et peint, appuyant l'une de ses serres sur un écusson
armorié en bois doré. — Haut., 80 cent.

898 — Console d'applique en bois peint et doré; la tablette à pans coupés
surmonte un mascaron placé dans un cartouche à draperie. — Haut.,
25 cent.; larg., 60 cent.

899 — Trépied en fer forgé avec bassin en cuivre repoussé à bossages et godrons,
seau, fontaine et deux autres pièces de cuivre. — Hauteur totale, 1 m.
50 cent.

900 — Veilleuse de suspension en cuivre à ornements ajourés. — Haut., 30 cent.

901 — Lanterne à couvercle en cuivre découpé à jour. — Diam., 28 cent.

902 — Console d'applique en bois sculpté et doré. — Haut., 35 cent.

903 — Deux consoles en bois sculpté à feuille d'acanthe sur la face, rosace et
rinceaux sur les côtés. — Haut., 23 cent.

904 — Cadre italien d'aspect monumental; l'ouverture a la forme d'un arceau
à plein cintre; les montants sont décorés de demi-colonnes cannelées
en spirale et supportant l'entablement couvert d'une frise à rinceaux.
— Haut., 68 cent.; larg., 48 cent.

905 — Peinture églomisée sur verre, représentant six saints personnages en
adoration devant la Vierge et l'Enfant Jésus. xviie siècle. — Haut.,
23 cent.; larg., 20 cent.

906 — Peinture églomisée sur verre, représentant la Vierge couronnée par des
anges et entourée de nuages. xviie siècle. — Haut., 22 cent.; larg.,
17 cent.

907 — Petit monument à pilastres et fronton, formant cadre, en bois noir
rehaussé de dorure et incrusté de lapis et d'agate. Le fond cintré est
formé d'une plaque de jaspe vert. xvie siècle. — Haut., 23 cent.; larg.,
16 cent.

908 — Lot d'objets variés en cuivre et autres, tels que: fibules, agrafes, appliques, etc., ayant été trouvés sur le champ de bataille de Bénévent.

909 — Deux grandes fibules mérovingiennes en cuivre, dont l'une est incrustée
de deux grenats sertis en or.

910 — Deux autres grandes fibules incomplètes, de même travail et portant des
traces de dorure.

911 — Deux fibules en argent, l'une d'elles incomplète.

912 — Fibule en cuivre doré de l'époque mérovingienne, incrustée de petits
cabochons imitant des grenats.

913 — Deux boucles en cuivre dont l'une porte le mot *Ave* deux fois répété et
l'autre l'inscription suivante: *Felice. chi. Hisura Oni. Sopasso.*

914 — Langue de bœuf de style Renaissance, à large lame gravée et dorée, et
manche en cuivre doré incrusté de lapis et de jaspes de diverses
nuances.

915 — Autre langue de bœuf de même style, à manche d'ivoire.

916 — Couteau de chasse à manche en peau, garni en cuivre doré ciselé à mascarons et ornements.

917 — Sabre japonais à fourreau en laque et poignée garnie en bronze ciselé et
à fleurs et fruits en relief. Il est accompagné de son petit couteau.

918 — Très petit pistolet à pierre, avec monture en bois incrusté de cuivre gravé.
     XVIIe siècle.

919 — Dague à lame à double tranchant et manche en fer doré incrusté de nacre,
     avec garde à enroulements portant le mot : VLTOR et surmonté d'un petit
     vase ovoïde à godrons. XVIe siècle.

920 — Deux autres dagues à manches en fer dans le style du XVIe siècle.

921 — Corbeille de rapière en fer composée d'entrelacs à jour. XVIe siècle.

922 — Pommeau d'épée en cuivre doré de forme aplatie, décoré sur chacune
     de ses faces d'un bas-relief dont l'un représente Mutius Scevola devant
     Porsenna et l'autre une scène de bacchanale aux initiales : IO. F. F.
     XVIe siècle.

923 — Bas-relief-applique en bronze portant des traces de dorure et d'émail,
     représentant dans un cartouche soutenu par deux guerriers un sujet tiré
     de l'histoire romaine. XVIe siècle.

924 — Médaillon en bronze : *Franciscvs. D. G. Francor. Rex. Christianissim.*
     Tête de profil à droite.

925 — Médaille en bronze : *Ubertinvs de Charraria Tercivs. D. Padvae.* Tête de
     profil à gauche. ℟ Armoiries. Obiit ann. MCCCXLV. Die XXVIIII.
     MARTII.

926 — Huit plaquettes en bronze de diverses époques et représentant des sujets
     variés.

927 — Horloge carrée en fer à ornements peints réservés sur fond d'or et portant
     sur un de ses côtés les armes de la famille della Rovere. Une tête de lion
     à gueule mobile en bois sculpté décore la face de la pièce. XVIe siècle. —
     Haut., 42 cent.

928 — Médaillon rond en plomb, portant en relief les armes du pape Paul II,
     ainsi qu'une inscription latine et la date de MCCCCLXVII. — Diam.,
     36 cent.

929 — Petit triptyque gréco-russe en bois peint à sujets religieux sur fond d'or.
     — Haut., 19 cent.; largeur totale, 20 cent.

930 — Deux balais à main avec poignées en maroquin rouge doré au fer.
XVIIe siècle. — Haut., 34 et 19 cent.

931 — Boîte ronde en bois gravé et peint. Le dessus est orné d'un médaillon en
cuivre représentant la figure du Temps. — Haut., 83 millim.; diam.,
150 millim.

932 — Lot de cariatides-appliques, têtes de chérubins et panneaux en bois sculpté
en bas-relief du XVIe siècle; provenant de meubles.

933 — Deux bras-appliques à une lumière, composés d'enroulements et de feuilles
en fer forgé. XVIIe siècle.

934 — Sept fragments de colonnes en marbre serancolin et bleu turquin, l'un
d'eux mesurant 2 mètres de long sur 50 cent. de diamètre.

CUIVRES DE L'ORIENT

935 — Bronze à patine brune niellé d'argent. Animal chimérique posant une
patte sur une boule de cuivre revêtue d'une enveloppe ajourée et
argentée. Travail japonais. — Haut., 16 cent.

936 — Vase, forme bouteille, en métal noir décoré de grecques, ornements et
palmes en application de feuilles d'argent. Travail indien. — Haut.,
22 cent.

937 — Bouteille analogue décorée d'ornements imbriqués et de rinceaux en spirale, forme indienne. — Haut., 24 cent.

938 — Petite bouteille sphérique à col évasé, bronze noir décoré en applications
de feuilles d'argent. — Haut., 18 cent.

939 — Crachoir en métal noir décoré de rinceaux et incrustations d'argent. —
Haut., 75 millim.

940 — Coupe ayant la forme de deux cloches réunies par le sommet. Métal noir
couvert d'ornements en applications de feuilles d'argent. — Haut.,
16 cent.

941 — Deux flambeaux de mosquée en cuivre gravé et couvert d'ornements en
applications de feuilles d'or et d'argent; la tige cylindrique repose sur

une large base campanulée, décorée d'inscriptions en caractères arabes
et de rosaces ajourées. — Haut., 27 cent.

942 — Beau flambeau de mosquée de même forme, en cuivre gravé et chargé
d'ornements enlacés d'une grande délicatesse. La base présente une
inscription en caractères arabes se détachant sur des rinceaux feuillagés;
une partie de l'ornementation est exécutée par des feuilles d'argent
rapportées. — Haut., 29 cent.

943 — Boîte demi-sphérique et à couvercle plat en cuivre gravé et couvert de
rosaces et d'entrelacs relevés de feuilles d'or et d'argent rapportées.
Ancien travail persan. — Diamètre du couvercle, 15 cent.

944 — Boîte en forme de bassin à pans et à dessus plat ouvrant par une petite
porte à charnières. L'ornementation consiste en petites rosaces chargées
d'inscriptions et placées au milieu d'entrelacs et d'ornements variés
avec applications de feuilles d'or et d'argent. Très ancien travail persan.
— Hauteur de la boîte, 9 cent.; diam., 18 cent.

945 — Chauffe-mains sphérique en cuivre gravé et percé de petits trous. Il est
orné d'entrelacs gravés au trait et de feuilles d'argent rapportées. Il contient un petit réchaud. Travail persan. — Diam., 12 cent.

946 — Vase de forme sphérique à col bas évasé en cuivre rouge gravé avec applications de feuilles d'argent. Il est orné sur le col de bordures d'ornements et sur la panse de fleurettes à quatre pétales inscrites dans un
treillis gravé en creux. — Haut., 16 cent.

947 — Coupe ronde et basse en cuivre battu à bossages et doré, enrichie de
rosaces rapportées émaillées en couleurs. Travail oriental. — Diam.,
143 millim.

948 — Grand bassin rond en cuivre gravé de la Perse, à rosaces, cavaliers, ornements et inscriptions. — Diam., 60 cent.

949 — Coupe orientale en cuivre gravé, à pourtour décoré d'une inscription
coupée par quatre médaillons à personnages. — Haut., 10 cent.; diam.,
21 cent.

950 — Coupe en cuivre gravé et entièrement recouverte d'inscriptions en caractères orientaux. — Diam., 18 cent.

PORCELAINE DES MÉDICIS

951 — Beau vase ovoïde et à gorge, en ancienne porcelaine dite des Médicis, offrant dans sa partie inférieure un rang de godrons et à sa partie supérieure des feuilles en relief. Les deux anses sont formées chacune d'un mascaron ailé et saillant et d'une poignée surélevée arrondie. En entre-deux et sur chacune de ses faces est un goulot court et élégant entouré de petits godrons. Décor en camaïeu bleu à fleurs et ornements. Cette pièce importante porte au fond la marque habituelle de la fabrique des Médicis, et qui consiste dans la représentation en bleu du dôme de la célèbre cathédrale de Florence : *Santa Maria dei Fiori*, avec la lettre initiale F au-dessous. — Haut., 29 cent.; diam., 25 cent.

952 — Grande et belle cuvette ronde à côtes au pourtour, en ancienne porcelaine des Médicis à décor bleu. Au fond, saint Marc assis et écrivant, ayant près de lui le lion emblématique; ce dernier pose sa patte sur un livre dont le plat porte les initiales P. G. de l'artiste. Les côtes sont rehaussées de bleu et le bord supérieur plat est décoré de fleurs et d'ornements. Le pourtour extérieur présente un décor analogue. Comme celle qui précède, cette pièce porte comme marque le dôme de *Santa Maria dei Fiori* à Florence, ainsi que la lettre F. — Haut., 10 cent.; diam., 40 cent.

953 — Petit plat rond à bord plat en ancienne porcelaine des Médicis, décoré au centre et au bord d'un bouquet et d'une couronne de fleurs en bleu sur blanc. Il offre à l'extérieur un décor analogue et porte au fond comme marque de fabrique le dôme de *Santa Maria dei Fiori* à Florence et la lettre initiale F. — Diam., 25 cent.

PORCELAINES DE CHINE ET AUTRES

954 — Porcelaine de Chine. — Vase cylindrique s'évasant légèrement du haut et à col étroit. Décor bleu sur fond blanc à arbustes, rochers, oiseaux et fleurs. — Haut., 45 cent.

955 — Chine. — Bol en ancienne porcelaine de Chine de la famille rose, décoré extérieurement de sujets familiers en émaux de couleurs, et à l'intérieur d'une bordure quadrillée rose interrompue par quatre motifs d'ustensiles chinois; au fond du bol, une femme accroupie. — Diam., 29 cent.

956 — Chine. — Beau plat creux en ancienne porcelaine de la famille rose,
décoré au centre d'un cerf, de divers ustensiles et de grosses fleurs, et
sur les bords d'une large bordure de fleurs et d'ornements formant lambrequin. Émaux de couleurs relevés de dorure. — Diam., 39 cent.

957 — Chine. — Beau plat rond en ancienne porcelaine de la famille rose, décoré
d'un sujet à trois personnages tiré d'un roman et entouré d'une bordure
rose. Le marli est orné de quatre sujets familiers. — Diam., 44 cent.

958 — Chine. — Petite bouteille à panse sphérique et à long col. Décor bleu à
sujet familier, animaux, branchages et frise d'ornements. — Haut.,
22 cent.

959 — Chine. — Deux coqs en regard. Ancienne porcelaine décorée en émaux
de couleurs très vifs; les plumes de la queue sont émaillées noir. —
Haut., 37 cent.

960 — Chine. — Aigle sur un rocher. Décor en émaux de couleurs. — Haut.,
37 cent.

961 — Chine. — Perroquet à plumage, décoré en émaux de couleurs rehaussés
de dorures. — Haut., 33 cent.

962 — Chine. — Deux chimères en regard, chiens de Fô, en porcelaine émaillée
bleu turquoise, avec parties en émail violet. Ancienne qualité. — Haut.,
38 cent.

963 — Chine. — Aiguière de forme persane, à panse légèrement aplatie, décorée
en bleu sur blanc de deux personnages dans des médaillons en forme
de feuille. — Haut., 24 cent.

964 — Chine. — Belle potiche, de forme élégante et à couvercle, en ancienne
porcelaine de la famille rose. Elle est décorée, en émaux de couleur, de
vases et ustensiles divers, d'oiseaux et de fleurs, inscrits dans des compartiments de formes variées, en réserve sur un fond d'émail noir semé
de marguerites et décoré de rinceaux. — Hauteur, couvercle compris,
45 cent.

965 — Chine. — Groupe en vieux blanc de la Chine représentant une divinité
figurée par une femme assise sur un rocher au pied duquel se tord un
dragon. Elle tient un enfant sur ses genoux; deux autres enfants sont à
ses côtés, debout sur le socle. — Haut., 23 cent.

966 — JAPON. — Fontaine décorée en bleu, rouge et vert, et rehauts d'or. Elle repose sur trois pieds formés de figurines et est décorée d'oiseaux et de branchages en relief. — Haut., 36 cent.

967 — CHINE. — Vase forme bouteille, décor bleu à fleurs et feuillages; il est garni d'un couvercle en bronze gravé. — Haut., 28 cent.

968 — CHINE. — Crapaud en terre brune, couvert de pointes d'émail blanc. Les yeux sont émaillés noir. — Haut., 15 cent.; long., 21 cent.

969 — CHINE. — Chimère de nuance roussâtre, à dents, griffes, et en émail blanc. — Haut., 27 cent.

970 — CHINE. — Figurine de mendiant debout, en terre émaillée vert. — Haut., 28 cent.

971 — JAPON. — Coupe à bord dentelé et pied bombé, décor bleu à filets rouges. — Haut., 14 cent.; diam., 25 cent.

972 — CHINE. — Vase en forme d'éléphant, portant une tour; harnachement et caparaçon figurés par un décor en bleu. — Haut., 20 cent.

973 — NAPLES. — Deux seaux en porcelaine de Naples, petites anses formées de mascarons, têtes de femmes, décor à filets dorés et bordure à rinceaux rouges et verts. — Haut., 17 cent.

974 — FRANKENTHAL. — Deux seaux à anses, décor à fleurs et bordures d'ornements en bleu et or. — Haut., 17 cent.

975 — CHINE. — Aiguière de forme persane, décor bleu à rinceaux. — Haut., 26 cent.

976 — CHINE. — Figurine de mendiant accroupi; terre émaillée. — Haut., 15 cent.

977 — CHINE. — Potiche à couvercle, décorée en émaux verts de sujets champêtres à nombreux personnages. — Hauteur, couvercle compris, 51 cent.

978 — NAPLES. — Deux petits flambeaux à tiges cylindriques sur pieds quadrangulaires, décorés de fleurettes en camaïeu rose. — Haut., 16 cent.

GRÈS ET FAIENCES DIVERSES

979 — Faïence italienne. — Deux petits vases, en forme d'amphore, décorés de guirlandes et d'ornements Louis XVI. — Haut., 21 cent.

980 — Grès d'Allemagne. — Cruche en grès gris et à parties d'émail bleu, décorée au centre de la panse d'une frise représentant des groupes de personnages sous des arceaux surmontés d'une inscription. Anse et couvercle en étain. — Hauteur avec couvercle, 40 cent.

981 — Grès d'Allemagne. — Cruche à bière à une anse, panse décorée de rosaces réservées en grès sur fond d'émail bleu avec masque chimérique sur le col. — Haut., 32 cent.

982 — Cruche de même forme et de décor analogue. — Haut., 24 cent.

983 — Cruche à fond gris vermiculé d'émail brun et à panse décorée de trois blasons. — Haut., 25 cent.

984 — Cruche à fond gris ; panse décorée de six médaillons à fleurs émaillées bleu. — Haut., 23 cent.

985 — Deux cruches à panse sphérique ornées de têtes de clous en relief sous couverte d'émail bleu. Monture en étain. — Haut., 20 cent.

986 — Petite cruche décorée de rosaces et d'ornements dentelés, émaillés bleu et brun. — Haut., 19 cent.

987 — Autre à fleurons réservés en gris sur fond d'émail bleu ; couvercle en étain. — Haut., 19 cent.

988 — Pot à deux anses, décoré de deux rosaces et de deux cerfs en émail bleu sur fond gris. — Haut., 27 cent.

989 — Statuette équestre du pape Pie VI, en faïence peinte à froid avec rehauts de bordures. — Hauteur sous le socle, 35 cent. ; larg., 29 cent.

990 — Un lot de poteries mexicaines, vases, plateaux, etc.

BRONZES D'AMEUBLEMENT

991 — Jolie pendule du temps de Louis XVI, à cadrans horizontaux, en bronze ciselé et doré et marbre blanc. Le mouvement et les deux cercles tournants émaillés, l'un pour les heures, l'autre pour les minutes, sont contenus dans une cage cylindrique ajourée dont le couronnement en marbre décoré de guirlandes et d'un bouquet en bronze est supporté par des pilastres en forme de lyres. La base de la pendule simule une coupe que soutiennent de chaque côté deux figurines d'Amours en bronze doré debout sur un socle quadrilobé en marbre blanc, orné à son pourtour de mufles de lion et de frises de rinceaux en bronze rapporté. Cette pièce est placée dans une cage vitrée à monture de l'époque en cuivre ciselé et bois doré. — Haut., 42 cent. ; larg., 28 cent.

992 — Pendule, borne, du temps de Louis XVI, en marbre blanc garnie d'ornements rapportés en bronze ciselé et doré, fleurons, rinceaux, moulures, rosaces et perles. Le cadran est surmonté d'un vase-cassolette d'où s'échappent deux guirlandes de pampres qui descendent sur les côtés de la pièce. — Haut., 36 cent. ; larg., 25 cent.

993 — Pendule à cadrans tournants de style Louis XVI, en bronze doré et porcelaine pâte tendre, décorée de médaillons à fleurs et à personnages réservés sur fond bleu de roi. Elle est formée d'un vase à couvercle dont les anses consistent en doubles serpents s'échappant d'un bouquet de plantes. Deux petits Amours, debout sur le socle, soutiennent le vase de leurs bras surélevés. — Haut., 48 cent. ; larg., 23 cent.

994 — Grande pendule de style Louis XVI, en bronze ciselé et doré, modèle à consoles feuillagées sur les côtés et cassolette à têtes de béliers pour couronnement. Le socle en marbre blanc est garni de moulures à feuilles d'eau, de perles et de rinceaux rapportés en bronze doré. — Haut., 60 cent. ; larg., 50 cent.

995 — Deux girandoles de même style, à six branches porte-lumières supportées par une colonne triangulaire en marbre blanc, garnie d'ornements d'applique en bronze doré.

996 — Deux petites torchères composées de statuettes d'enfants ailés, en bronze argenté, et placées sur des piédestaux quadrangulaires à contours et pieds en volutes en bronze ciselé et doré. Bon travail italien du xviie siècle.

MEUBLES

997 — Petit meuble-cabinet à abattant, recouvert de panneaux en broderie d'or
et d'argent et en tapisserie de soies de couleur au petit point. L'abattant
offre une figure de Lucrèce, vue à mi-corps, au milieu de rinceaux et
de fleurs brodés sur fond d'or ; le dessus, une corbeille de fruits, et les
côtés, des bouquets de fleurs. xviie siècle. — Haut., 38 cent. ; long.,
45 cent. ; larg., 28 cent.

998 — Table en bois sculpté de style Renaissance, avec pieds à consoles et à
griffes reliés par une large traverse. La tablette est en ancienne mosaïque de pierres dures de Florence. — Long., 1 m. 35 cent. ; larg.,
72 cent.

999 — Table en bois sculpté de style Renaissance et de même disposition que la
précédente. La tablette, en ancienne mosaïque de pierres dures de
Florence, présente au centre un large médaillon ovale dans un motif
d'encadrement avec bordure fleurdelisée aux angles. — Long.,
1 m. 35 cent. ; larg., 95 cent.

1000 — Coffre à couvercle cintré, garni en velours rouge et revêtu de bandes
d'ornements en fer estampé à rosaces et imbrications avec garniture
de clous à têtes côtelées. — Long., 1 m. 32 cent. ; larg., 44 cent. ;
haut., 64 cent.

1001 — Devant de coffre à décor en pâte gaufrée en relief, peinte et dorée et
consistant en trois losanges contenant des sujets à personnages et
réservés sur un fond semé de chimères à têtes humaines inscrites dans
des nervures en losange passant dans des couronnes. Italie. xve siècle.
— Haut., 58 cent. ; larg., 1 m. 54 cent.

1002 — Coffre droit, cassone, enrichi d'un riche décor d'arabesques et de dessins
courants en relief et dorés. La frise principale de la façade est encadrée
d'une bordure de rinceaux dorés au pinceau sur fond noir. Les angles
sont flanqués de pilastres. Travail italien du xvie siècle. — Long.,
1 m. 70 cent. ; larg., 60 cent. ; haut., 85 cent.

1003 — Très curieux devant de coffre représentant une passe d'armes composée
de nombreuses figures de chevaliers combattant à cheval et se détachant en bas-relief sur un fond gravé à la pointe. Encadrement
consistant en un feston de feuilles de chêne. — Haut., 53 cent. ; larg.,
1 m. 67 cent.

1004 — Orgue en bois peint et fermant à volets et enrichi à l'intérieur de sculp-
tures rehaussées de dorure. xviie siècle.

1005 — Coffre en bois de noyer sculpté à pourtour légèrement cintré et rétréci
vers la base qui porte sur quatre griffes de lion reposant sur un
socle. Il est décoré d'un cartouche armorié au milieu de la face
principale et de larges cannelures à nervures courbées en volutes ; le
couvercle est entouré d'une moulure imbriquée. Fin du xvie siècle. —
Long., 1 m., 75 cent. ; larg., 60 cent. ; haut., 70 cent.

1006 — Coffre en bois de noyer semblable au précédent. — Long., 1 m. 75 cent. ;
larg., 60 cent. ; haut., 70 cent.

1007 — Petit coffre oblong décoré d'une frise sculptée à vase, dragons et
rinceaux feuillagés, et monté sur quatre pieds à griffes. xviie siècle. —
Long., 65 cent. ; larg., 22 cent. ; haut., 30 cent.

1008 — Très beau cabinet italien en ébène enrichi de placages d'ivoire très
finement gravé à la pointe et représentant des sujets tirés de la fable
et des scènes de chasse. Il s'ouvre à deux vantaux richement décorés
sur les deux faces. La façade intérieure, d'aspect monumental, est
ornée de quatre colonnettes d'ivoire, à chapiteaux corinthiens, chargées
de gravures représentant des cariatides, des corbeilles de fruits, des
rinceaux. Ces colonnettes surmontées de cariatides aussi en ivoire
encadrent les tiroirs et la porte centrale que couronne une galerie à
balustres et un fronton coupé. La porte, décorée du sujet de Diane au
bain, laisse voir en s'ouvrant une petite chambre à douze tiroirs
plaqués d'ivoire et offrant des sujets analogues à ceux de la façade. Le
tiroir du soubassement recouvre un clavier d'orgue dont les tuyaux
sont dans l'intérieur du meuble. Beau travail de la fin du xvie siècle.
— Haut., 65 cent. ; long., 84 cent. ; larg., 44 cent.

1009 — Cabinet italien en ébène et ivoire, à deux vantaux ornés d'étoiles à
multiples rayons et de reflets incrustés. L'intérieur est garni de tiroirs
et de réduits de décor analogue et avec moulures d'encadrements. —
Haut., 77 cent. ; long., 1 m. 7 cent. ; larg., 40 cent.

1010 — Meuble-chiffonnier en noyer, à cinq tiroirs superposés et ornés de plaques
en faïence de Castelli, représentant des sujets tirés de l'Ancien Testament. — Haut., 85 cent. ; largeur, 57 cent.

1011 — Deux supports en bois sculpté ou pilastres. Les chapiteaux sont sup-
portés par des Termes cannelés à têtes de femmes et à pieds à griffes de
lion reposant sur la base. xviie siècle. — Haut., 1 m. 95 cent.

1012 — Petit miroir à cadre d'ébène, surmonté au centre et sur les côtés de trois
frontons. — Haut., 52 cent.; larg., 45 cent.

1013 — Cabinet italien en bois noir, à porte centrale, décoré de colonnes et
tiroirs ornés de plaquettes d'ivoire et encadrés de moulures guillochées.
Époque Louis XIII. — Haut., 49 cent.; larg., 90 cent.

1014 — Table sur pieds en forme de tréteaux, en ébène incrusté d'ivoire. Le dessus présente des plaquettes d'ivoire gravé, dont une, au centre, est
ornée d'un écusson fleurdelisé. Époque Louis XIII. — Long., 1 m.
30 cent.; larg., 65 cent.

1015 — Petit cabinet carré en ivoire uni, ouvrant à deux vantaux, et à tiroir
dans le socle. Italie, xviie siècle. — Haut., 32 cent.; larg., 28 cent.

1016 — Miroir Louis XIII, cadre plaqué d'ébène, à fronton coupé. — Haut.,
1 m. 5 cent.; larg., 64 cent.

1017 — Deux torchères en bois peint, à parties dorées, formées de colonnes
torses enlacées de lierre avec base à trois pieds recourbés en volutes.
— Haut., 1 m. 22 cent.

1018 — Coffre en noyer sculpté avec soubassement arrondi et saillant, décoré de
godrons et reposant sur quatre pieds formés de têtes de dauphins.
La façade principale est ornée d'une frise offrant un cartouche dans
une couronne de feuillage placée entre deux centaures se terminant
en rinceaux entremêlés de figurines d'enfants, d'oiseaux et d'animaux
chimériques. Les angles sont garnis de feuilles d'acanthe. Travail italien de la fin du xvie siècle. — Long., 1 m. 80 cent.; haut., 75 cent.;
larg., 60 cent.

1019 — Grande pendule italienne du commencement du xviiie siècle, en bois noir
et bois de placage, garnie d'ornements en cuivre estampé, découpé et
doré. Elle est surmontée d'un aigle en bronze reposant sur une sphère.
Le cadran est signé : *Dominicus Onori Roma 1726 fecit.* — Haut.,
85 cent.; larg., 45 cent.

1020 — Grande pendule italienne de même époque, en bois noir et bois de placage, garnie d'ornements en bronze rapportés. Elle est surmontée de
petits balustres et d'un aigle. Signée et datée 1731. — Haut., 85 cent.;
larg., 45 cent.

1021 — Console en bois sculpté et doré, à cinq pieds contournés formés de chimères ailées à têtes de lionne et pieds de biche. Dessus en marbre vert

de mer. Travail italien. xviiᵉ siècle. — Haut., 92 cent.; larg., 1 m.
35 cent.

1022 — Grande glace avec encadrement doré, orné d'épis, de figurines d'Amours
en ronde bosse, et surmontée par un fronton à guirlandes, colombes et
nœuds de rubans. — Haut., 2 m. 90 cent.; long., 1 m. 80 cent.

1023 — Coffre Louis XIII à couvercle cintré, revêtu de cuir et orné de rangées
de clous, rosaces, en cuivre. Ce meuble est posé sur un support à
pieds tournés. — Long., 1 m.; haut., 58 cent.

1024 — Table formant bureau, en bois de noyer, avec pieds-tréteaux reliés par
une tige de fer. — Long., 90 cent.; larg., 58 cent.

1025 — Meuble italien à deux corps, formant cabinet, à montants et corniche
décorés de statuettes d'enfants sculptés en haut-relief. La partie supérieure s'ouvre au moyen d'un abattant qui repose sur deux traverses
horizontales, coulissées et ornées à leur extrémité d'enfants tritons en
ronde bosse. L'intérieur est garni de tiroirs et de portes à frontons et
figurines d'aspect monumental. La partie inférieure du meuble est à
deux vantaux pleins. xviiᵉ siècle.—Haut., 1 m. 75 cent.; larg., 95 cent.;
profondeur, 50 cent.

1026 — Meuble, formant cabinet, analogue au précédent et de même époque.
La partie inférieure, reposant sur des pieds à têtes d'animaux, ouvre
au moyen d'un vantail décoré d'ornements sculptés en bas-relief. —
Haut., 1 m. 65 cent.; larg., 80 cent.; profondeur, 42 cent.

1027 — Bois sculpté. — Deux vases ovoïdes à col hexagonal relié à la panse par
des anses formées de cariatides, et décorés de mascarons, guirlandes
et feuillages en relief. Bois sculpté, à parties dorées et argentées. Ces
vases sont placés sur deux supports de décoration analogue. Italie,
xviiᵉ siècle. — Haut., 1 m. 2 cent.

1028 — Grand coffre en noyer sculpté à dessus plat et reposant sur quatre pieds
griffes de lion. La façade présente trois panneaux unis, encadrés de
perles et séparés par deux montants saillants à feuilles d'acanthe et
repliés en volutes. La base est bombée et garnie d'une bordure de
feuilles d'eau et d'un rang de godrons en creux. xviiᵉ siècle. — Haut.,
95 cent.; long., 2 m. 6 cent.

1029 — Petit cabinet à trois tiroirs, ornés chacun de quatre médaillons à l'aqua-
relle représentant des figures de style antique. Ces tiroirs sont placés

entre deux cariatides de femmes. xviie siècle. — Haut., 5o cent.; larg.,
65 cent.

1o3o — Table de jeu de forme carrée et à angles arrondis ; elle est plaquée en
racine de noyer et ornée de plaquettes incrustées en lapis et autres
marbres de diverses nuances. xviiie siècle. — Haut., 78 cent.; larg.,
87 cent.

1o31 — Prie-Dieu en bois de noyer sculpté, à cariatides et ornements feuillagés.
xviie siècle. — Haut., 87 cent.; larg., 55 cent.

1o32 — Coffret oblong en bois sculpté, enrichi de nombreuses moulures d'encadrements et de chimères en relief sur les angles. — Haut., 38 cent.;
long., 52 cent.

1o33 — Grand meuble de style Renaissance en bois sculpté, formant armoire, à
deux portes ornées de six panneaux du xvie siècle, sculptés en haut-
relief et d'un travail des plus remarquables. Les panneaux supérieurs
représentent deux enfants tritons montés sur des animaux fantastiques ;
les panneaux médians, une scène de guerriers combattant et deux personnages offrant des présents à un prince assis sur un trône. Les panneaux inférieurs représentent chacun trois esclaves enchaînés et divers
emblèmes guerriers. La façade du meuble est ornée sur les côtés de
deux colonnes corinthiennes cannelées supportant un entablement à
rinceaux et mascarons et posées sur des piédestaux reliés par un soubassement à rinceaux feuillagés. — Haut., 1 m. 5o cent.; larg., 2 m.
2o cent.; profondeur, 8o cent.

1o34 — Beau coffre, en bois sculpté, décoré de cartouches, d'hippocampes, de
figures d'enfants et d'animaux chimériques sculptés en haut-relief; les
angles sont ornés de cariatides. Travail italien de la fin du xvie siècle.
Long., 1 m. 75 cent.; larg., 65 cent.; haut., 8o cent.

1o35 — Coffret oblong en bois sculpté reposant sur quatre pieds à griffes et couvert d'ornements simulant un tressage de vannerie. Le couvercle est
couronné par une pyramide. L'intérieur est garni de casiers à couvercles décorés de rinceaux. xviie siècle. — Long., 78 cent.; larg.,
65 cent.; haut., 45 cent.

1o36 — Coffre en bois de noyer sculpté et à couvercle plat, incrusté de mosaïque
d'ivoire (*certosina*). La façade offre deux médaillons aussi en mosaïque
encadrés de dauphins et de rinceaux en relief; les montants sont ornés
de cariatides; les faces latérales de rosaces incrustées. xviie siècle. —
Long., 1 m. 65 cent.; larg., 52 cent.; haut., 68 cent.

1037 — Coffre, à couvercle légèrement bombé, décoré sur la façade de six compartiments en hauteur représentant des animaux héraldiques, surmontés de banderoles à inscriptions. Ces compartiments sont séparés par
des montants d'architecture ogivale présentant à leur partie médiane
un masque en haut-relief; leur encadrement se complète par deux
frises horizontales décorées de figures nues ailées, alternées de rosaces.
Toute l'ornementation est exécutée en stuc gaufré, gravé, doré et à
parties peintes. Travail italien. XIVe siècle. — Long., 1 m. 48 cent.;
larg., 55 cent.; haut., 68 cent.

1038 — Devant de coffre décoré de nombreuses figures de femmes en costume
du moyen âge, se détachant en relief sur un fond gravé et doré, et portant des banderoles à inscriptions. A gauche, l'ange saint Michel
appuyé sur son bouclier. — Long., 70 cent.; haut., 50 cent.

1039 — Table formant bureau, à plusieurs tiroirs et pieds-tréteaux, de forme contournée, reliés par une traverse posée en chevron. — Long., 1 m.
5 cent.; larg., 65 cent.

1040 — Table-support hispano-moresque à six pieds : deux piliers à cannelures
en spirales et quatre colonnettes cannelées. Les piliers sont reliés par
une galerie à balustres tournés supportant des arcades. XVe siècle. —
Long., 95 cent.; larg., 45 cent.

1041 — Guéridon en noyer sculpté, à dessus octogonal, supporté par un balustre
à godrons verticaux et flanqué de quatre consoles reposant sur quatre
pieds à griffes. — Diam., 42 cent.

1042 — Tablette rectangulaire en marbre vert de mer, et montée à pivot sur un
pied en bronze de style gothique. Ce pied, en forme de Terme, repose
sur un socle à quatre pieds griffes de lion. Sur ce socle est placée une
statuette de Victoire ailée, drapée de long, debout sur une sphère et
portant un trophée d'armes. Reproduction de la célèbre Victoire du
musée de Naples. — Long., 65 cent.; larg., 40 cent.

1043 — Deux torchères en bois sculpté et doré, composées d'un vase à trois anses
posé sur une base triangulaire à pieds mufles de lion, et surmonté
d'un balustre cannelé à feuilles d'acanthe. Ces torchères sont ornées
de mascarons têtes d'enfants en haut-relief. Travail italien de la fin
du XVIe siècle. — Haut., 1 m. 32 cent.

1044 — Table rectangulaire à dessus de marbre vert, supporté par quatre
pieds en bronze de style antique. Ces pieds sont formés de cariatides

d'enfants nus tenant un lapin et dont le corps se termine en jambe
d'animal à pieds griffes de lion ; ils sont reliés par des traverses en X.
— Long., 1 m.; larg., 60 cent.

1045 — Meuble formant étagère, sans porte, en bois sculpté. Le soubassement
est orné d'un bas-relief du XVIe siècle représentant Vénus et l'Amour,
dans un cartouche, entre deux rinceaux à cariatides; aux extrémités,
deux mascarons à guirlandes de fleurs. Les montants du meuble supportant un entablement, à oves et à rosaces quadrilobées, sont décorés
de figurines en haut-relief placées entre des colonnettes torses détachées. Les parties latérales s'ouvrent à deux vantaux garnis de mascarons. — Haut., 1 m. 75 cent.; larg., 1 m. 70 cent.; profondeur,
55 cent.

1046 — Meuble de même disposition et d'ornementation analogue.

1047 — Panneau en bois plaqué d'ébène et incrusté de filets et de rosaces en
ivoire. — Long., 1 m. 5 cent.; larg., 65 cent.

1048 — Meuble-support de forme hexagone à hauteur d'appui, décoré aux angles
de colonnes torses et sur chacune de ses faces de trois rosaces
gothiques. — Haut., 1 m. 20 cent.; diam., 95 cent.

1049 — Petite armoire à portes pleines, ornées de moulures d'encadrements et à
montants garnis de cariatides sculptées. — Haut., 1 m. 40 cent.; larg.,
1 m. 4 cent.

1050 — Corps supérieur d'un cabinet à abattant, avec montants ornés de figurines
en haut-relief et frise à mascarons. — Haut., 77 cent.; larg., 82 cent.

1051 — Cabinet italien en ébène enrichi de rinceaux et de filets d'ivoire
incrustés, porte centrale à quatre demi-colonnes surmontées d'une
galerie à balustres et tiroirs de chaque côté. Époque Louis XIII. —
Haut., 43 cent.; long., 84 cent.

1052 — Cabinet italien de même époque; les tiroirs, décorés de plaquettes d'ivoire
incrustées d'arabesques en ébène, sont encadrés de moulures guillochées; la porte centrale est ornée de deux colonnettes détachées en
bronze supportant un fronton à figurines également en bronze. Ce
petit meuble se ferme au moyen de deux vantaux à incrustations
d'ivoire. — Haut., 55 cent.; long., 40 cent.

1053 — Petit meuble à bijoux en forme de cabinet à deux vantaux, décoré extérieurement et intérieurement de plaquettes d'ivoire gravé, incrusté de rinceaux et d'entrelacs en ébène. xvII^e siècle. — Haut., 42 cent.; long., 40 cent.

1054 — Coffre à façade ouvrant à deux vantaux et orné aux angles de statuettes d'esclaves debout costumés à l'antique. — Haut., 55 cent.; long., 1 m. 60 cent.; larg., 52 cent.

1055 — Coffre à couvercle plat et à pourtour légèrement bombé, recouvert d'ornements, partie en bois sculpté et partie en pâte dorée. xvI^e siècle. — Haut., 54 cent.; long., 1 m. 68 cent.; larg., 50 cent.

1056 — Torchère en bois sculpté et doré du xvI^e siècle; la base triangulaire est flanquée aux angles de trois sphinx surmontés de têtes chimériques ailées. La tige a la forme d'un vase, à mascarons enguirlandés, qui supporte un balustre cannelé chargé d'ornements et de rangs de perles. — Haut., 1 m. 30 cent.

1057 — Lutrin en bois sculpté rehaussé de dorures. Les montants, croisés en X et couverts d'ornements sculptés, sont reliés à la base par deux traverses. xvII^e siècle. — Haut., 1 m. 38 cent.

1058 — Coffre italien à couvercle légèrement bombé, présentant sur sa façade une frise composée de cinq arcades d'architecture ogivale, gaufrées en relief et dorées, dans lesquelles sont peints trois sujets tirés du Nouveau Testament et deux figures d'hommes d'armes appuyés sur des écussons héraldiques. xvI^e siècle. — Haut., 80 cent.; long., 1 m. 65 cent.

1059 — Reliquaire gothique en bois sculpté, doré et décoré de peintures : figures de saints et Jésus au tombeau; il est surmonté de clochetons et repose sur un pied hexagonal à côtés inégaux. xvI^e siècle. — Haut., 1 m. 50 cent.; larg., 58 cent.

1060 — Cadre de forme monumentale en bois peint et à parties dorées. Les pilastres qui forment les côtés et qui supportent l'architrave surmontée d'un fronton sont décorés d'ornements en grisaille sur fond noir. Le soubassement à arabesques aussi en grisaille présente trois médaillons : le Christ, la Vierge et l'ange Gabriel. — Haut., 1 m. 35 cent.; larg., 1 m. 25 cent.

1061 — Coffre à dessus plat couvert d'ornements sculptés et rehaussés de dorure. Il repose sur quatre pieds formés de griffes. — Long., 48 cent.; larg., 34 cent.

1062 — Lutrin à base triangulaire ornée de rinceaux et d'oiseaux sculptés en relief; le reste du meuble est en bois marqueté. XVIIe siècle. — Hauteur du pied, 1 m. 10 cent.

1063 — Miroir italien avec encadrement en bois sculpté à cariatides sur les montants, et à fronton décoré d'un mascaron entre deux guirlandes de fleurs et de fruits. Fin du XVIe siècle. — Haut., 1 m. 60 cent.; larg., 1 m. 40 cent.

1064 — Six tabourets à pieds tournés et couverts en tapisserie au petit point, en soie de couleur du XVIIe siècle.

1065 — Table en bois sculpté à blason et enroulements.

VITRINES

1066 — Grande vitrine en bois noir fermant à quatre portes, côtés et dessus vitrés de fabrication anglaise. Le fond est garni de satinette rouge plissée. — Haut., 2 m. 45 cent.; long., 3 m. 35 cent.; profond., 60 cent.

1067 — Vitrine semblable à la précédente. — Haut., 2 m. 46 cent.; long., 3 m. 35 cent.; profond., 60 cent.

1068 — Autre pareille. — Haut., 2 m. 46 cent.; long., 3 m. 35 cent.; profond., 60 cent.

1069 — Vitrine en bois noir, à deux corps et à angles coupés, fermant à six portes et à côtés vitrés. L'intérieur est garni en velours grenat. — Haut., 2 m. 30 cent.; long., 3 m. 8 cent.; profond., 58 cent.

1070 — Vitrine semblable à celle qui précède. — Haut., 2 m. 30 cent.; long., 3 m. 8 cent.; profond., 58 cent.

1071 — Vitrine de milieu de forme oblongue, arrondie à ses extrémités, complètement vitrée; elle ouvre à deux portes sur l'un des grands côtés. Soubassement en bois noir. Intérieur garni en velours grenat, fabrication anglaise. — Haut., 92 cent.; long., 2 m. 25 cent.; larg., 60 cent.

1072 — Vitrine analogue à celle qui précède. Monture à cage et soubassement en bois noir. — Haut., 96 cent.; long., 3 m.; larg., 65 cent.

1073 — Grande vitrine en bois noir à deux corps, fermant chacun par quatre
portes et séparés par une partie ouvrante à cylindre. Intérieur garni
en velours grenat. — Haut., 2 m. 30 cent.; long., 3 m. 10 cent.
Larg. du corps inférieur, 70 cent.; larg. du corps supérieur,
38 cent.

1074-1075. — Deux vitrines carrées, monture à cage en bois noir. — Haut.,
91 cent.; larg., 61 cent.

1076-1077 — Deux vitrines carrées; monture à cage en bois noir. — Haut.,
91 cent., larg., 60 cent.

1078 — Petite vitrine; monture à cage en bois noir, fond plein. — Haut.,
46 cent.; long., 48 cent.; larg., 36 cent.

1079 — Vitrine de milieu très étroite; monture à cage à angles arrondis et repo-
sant sur un soubassement plein.
Hauteur totale, 2 m. 30 cent.
Longueur du soubassement, 1 m. 20 cent.; larg., 45 cent.
Longueur de la vitrine, 96 cent.; larg., 20 cent.

1080 — Petite vitrine carrée, monture à cage en bois noir. — Haut., 61 cent.;
larg., 30 cent.

1081-1082 — Deux vitrines plates à dessus arrondi en cylindre; monture à cage
en bois noir de fabrication anglaise. — Haut., 17 cent.; long., 70 cent.;
larg., 32 cent.

1083 à 1085 — Trois vitrines plates, de même forme que les précédentes, mais
plus petites. — Haut., 15 cent.; long., 45 cent.; larg., 30 cent.

TABLEAUX

POLLAJOLO

(ANTONIO)

École florentine, xve siècle.

1086 — *La Vierge et l'Enfant Jésus.*

Marie est debout derrière un mur bas, en marbre, qui lui cache les jambes. La tête couverte d'une voilette en gaze et d'une étoffe grise galonnée d'or retombant sur les épaules, elle est vêtue d'une robe rouge et d'un manteau bleu fixé sur la poitrine par une agrafe d'or, enrichie de perles et de pierreries. Ses regards s'abaissent sur un livre de prières qu'elle feuillette de la main gauche ; de l'autre main, elle soutient son divin Fils vu de face, debout sur l'appui du mur, portant un collier de corail et une écharpe de couleur changeante nouée autour des reins. L'Enfant a la main droite levée pour bénir ; le bras gauche pend au long du corps. A l'index est noué un fil blanc dont l'autre extrémité est attachée à la patte d'un chardonneret posé sur le mur. — Fond de paysage boisé avec collines dans l'éloignement. En haut, derrière la tête de la Vierge, retombent une guirlande de dahlias blancs et rouges et deux rideaux de pourpre tissés d'or et bordés de fourrure. — Les nimbes sont pointillés d'or.

Tableau très précieux et de tout premier ordre pour la finesse de l'exécution, la suavité du coloris, la douceur et la naïveté des expressions et aussi pour son état parfait de conservation.

Cadre italien d'aspect monumental à colonnes détachées.

Panneau. Haut., 61 cent.; larg., 41 cent.

PINTURICCHIO

(BERNARDINO BETTI, dit le)

École romaine, 1454-1513.

1087 — *Les Fiançailles.*

La cérémonie des fiançailles a lieu au bord de la mer, dans un petit temple de forme octogonale, à coupole flanquée de statues dorées et supportée par huit pilastres doubles. L'époux, le casque en tête, revêtu d'une armure à parties dorées, donne la main à sa fiancée, sous les auspices d'Apollon, dont la statue surmonte une colonne en marbre. Derrière lui, au milieu de divers personnages et de dignitaires, se tient Hercule, personnifiant sa force et sa valeur. A la suite de la fiancée, sous le temple et se prolongeant au dehors, est un cortège de jeunes filles et de jeunes gens dont plusieurs portent, dans les broderies de leurs costumes, le mot : *Amore*.

A gauche de la composition, l'artiste a représenté divers épisodes ayant trait à l'arrivée du jeune guerrier, entre autres son débarquement d'une galère pavoisée d'étendards à ses armes ; au premier plan est un nain jouant avec un chien blanc.

A droite, plusieurs scènes relatives au départ et à l'embarquement sur la même galère. On remarque encore le nain suivi de son chien.

Cette très curieuse et très remarquable peinture, qui semble avoir formé la façade principale d'un coffre de mariage, *Cassone,* rappelle par son style et le caractère du dessin les œuvres du Pérugin, à qui elle a été aussi attribuée.

Panneau. Haut., 82 cent.; larg., 1 m. 61 cent.

RAPHAEL

(École de)

1088 — *Saint Michel debout, armé de toutes pièces.*

Peinture en camaïeu brun présentant tous les caractères des premières œuvres de *Raphael.*

Dans un cadre en bois doré orné de miniatures sur vélin dont l'une porte les armes des Médicis.

Hauteur sans cadre, 23 cent.; larg., 12 cent.

BOTTICELLI

(SANDRO)

École florentine, 1447-1515.

1089 — *La Nativité.*

Marie, à genoux, les mains jointes, drapée dans un ample manteau bleu à galons d'or, est en adoration. L'Enfant Jésus, vêtu d'une chemisette en gaze, repose, la tête appuyée sur un coussin, les mains croisées sur la poitrine, étendu à terre sur un pan du manteau de saint Joseph. Celui-ci, assis sur le sol, s'est aussi endormi, la tête appuyée sur sa main gauche et tenant un bâton dans la main droite.

A droite, devant l'étable, s'approchent deux bergers dont l'un porte un agneau. A gauche, dans la campagne, l'artiste a représenté le sujet de la fuite en Égypte.

D'un beau coloris, cette œuvre captive par le sentiment de candeur et d'adorable naïveté dont elle est empreinte.

Cadre en bois sculpté peint en noir et relevé de dorures. Il est orné d'une guirlande de fruits et de feuillages dans le style des della Robbia.

Panneau de forme circulaire. Diam., 1 m. 16 cent.

BOTTICELLI

(École de Sandro)

1090 — *La Madone et l'Enfant Jésus.*

Assise dans la campagne, la Vierge Marie presse dans ses bras l'Enfant Jésus qui lui enlace le cou des deux mains. A gauche, le petit saint Jean-Baptiste s'approche avec respect.

Cadre doré orné d'une couronne de fruits et de feuillages.

Panneau de forme circulaire. Diam., 85 cent.

FRANCESCA

(Attribué à Pietro della)

xve siècle.

1091 — *Cortège des rois Mages.*

Les rois, dont l'un porte un vase d'or enveloppé d'une gaze, sont montés sur des chevaux richement caparaçonnés. Ils sont précédés de cavaliers et de dignitaires à pied, accompagnés de piqueurs et de fauconniers et suivis d'une nombreuse escorte. Le cortège défile dans un site accidenté. Au sommet des montagnes se dressent des forteresses. Des animaux sauvages et domestiques sont disséminés sur tous les plans du paysage.

Les costumes du xve siècle, très intéressants, sont relevés de dorures. Ce tableau semble n'être qu'un fragment d'une plus grande composition.

Panneau. Haut., 65 cent.; larg., 67 cent.

CRIVELLI

(CARLO)

École vénitienne, xve siècle.

1092 — *Sainte Catherine d'Alexandrie.*

La tête nimbée et couronnée, la sainte est vêtue d'une robe et d'un manteau en brocart. Elle a dans la main gauche un livre de piété richement relié; la main droite, tenant la palme, s'appuie sur la roue, instrument de son supplice. Figure à mi-jambes.

Tous les détails de ce somptueux costume, la reliure du livre, les ornements du fond, gravés au pointillé et gaufrés en relief, sont dorés et dans un bel état de conservation.

Panneau cintré du haut. Haut., 72 cent.; larg., 40 cent.

CREDI

(LORENZO DI)

École florentine, 1459-1537.

1093 — *Portrait de Andrea Verrocchio.*

L'artiste est représenté en buste, presque de face : il est coiffé d'un toquet noir garni de plumes blanches; son vêtement est en soie foncée. Une médaille, fleurdelisée et portant le nom de *Lorenzo di Credi* appendu à une chaîne d'or, retombe sur sa poitrine. Ses mains s'appuient sur une table, la gauche sur la droite qui tient un feuillet roulé et un porte-crayon.

Au fond de la pièce, on aperçoit une statue ; à gauche, une fenêtre laisse voir la campagne.

Beau portrait d'un grand caractère. Répétition, avec de nombreuses variantes, du célèbre tableau qui figure à la galerie des Uffizzi, à Florence.

Cadre en bois noir guilloché.

Bois. Haut., 45 cent.; larg., 38 cent.

BELLINI

(École des)

Venise, xve siècle.

1094 — *Portrait d'homme.*

En buste, de trois quarts, tourné vers la droite, visage imberbe. Il porte un bonnet carré de couleur brune, un surplis blanc et un manteau foncé. Les deux mains sont posées sur l'appui en marbre d'un balcon; il tient de la droite un feuillet roulé de parchemin. Les fonds représentent un parc où circulent des hommes d'armes, des cavaliers...

Cadre en bois noir guilloché.

Bois. Haut., 63 cent.; larg., 48 cent.

MORO

(Attribué à ANTONIO)

École hollandaise, 1512-1581.

1095 — *Portrait de femme.*

De trois quarts, tournée vers la gauche, coiffe en dentelle, fraise tuyautée et bordée de guipure, robe de soie noire, chaînes d'or et bijoux sur la poitrine.

Cadre en bois noir.

Toile. Haut., 58 cent.; larg., 48 cent.

BRONZINO

(École de Angiolo)

Florence, xvie siècle.

1096 — *Portrait de femme.*

En buste, de trois quarts, robe rose brodée d'or, avec réseau aux épaules, la main droite sur la poitrine.

Cadre en bois noir guilloché.

Bois. Haut., 18 cent.; larg., 15 cent.

BRONZINO

(École de Angiolo)

1097 — *Portrait de Giovanni (delle bandi nere).*

En buste, de trois quarts, tête nue, portant l'armure.

Cadre en noyer sculpté de la Renaissance.

Bois. Haut., 51 cent.; larg., 42 cent.

PONTORMO

(CARRUCCI JACOPO, dit le)

École florentine, xvie siècle.

1098 — *Le Mariage mystique de sainte Catherine.*

La Vierge a sur les genoux l'Enfant Jésus qui passe au doigt de sainte Catherine l'anneau symbolique. Derrière ce groupe, saint Joseph debout, les deux mains appuyées sur un bâton.

Haut., 66 cent.; larg., 54 cent.

TIBALDI

(PELEGRINO)

École bolonaise, xvie siècle.

1099 — *La Sainte Famille.*

Marie, saint Joseph, un roi mage, un ange et le petit saint Jean sont groupés derrière l'Enfant Jésus qui repose, la tête appuyée sur un coussin.

Panneau. Haut., 66 cent ; larg., 55 cent.

CIMABUE

(École de Giovanni)

Florence, xiiie siècle.

1100 — *La Vierge et l'Enfant Jésus.*

Ces deux figures se détachent sur un fond gravé et doré. Le panneau est entouré d'une moulure d'encadrement et se termine en pointe à sa partie supérieure.

Haut., 57 cent.; larg., 21 cent.

POURBUS

(Attribué à FRANÇOIS)

École flamande, xvie siècle.

1101 — *Portrait de femme.*

Représentée à mi-corps, de trois quarts, tournée vers la gauche ; cheveux châtains frisés en petites boucles, avec rubans dans la coiffure.

Une fraise en guipure à quatre rangées encadre son visage et se détache sur une robe de soie noire à manches bouffantes. Elle est parée de pendants d'oreilles et de bracelets en perles, d'une magnifique plaque de corsage en pierreries et d'un collier d'or et de perles qu'elle soulève de la main droite.

Large bordure en bois noir à moulures guillochées.

Toile. Haut., 74 cent.; larg., 57 cent.

ORLEY

(Attribué à BERNARD VAN)

École flamande, 1471-1541.

1102 — *La Salutation angélique.*

A droite, la Vierge Marie agenouillée devant une table basse sur laquelle est ouvert un livre de piété. Sur sa tête, une banderole portant ces mots : ECCE ANCILLA DOMINI. A gauche, l'ange Gabriel debout tenant un sceptre d'or et vêtu d'une tunique et d'une chape maintenue au cou par une agrafe trilobée. Au-dessus de lui, une banderole avec l'inscription : AVE GRACIA PLENA DOMENIS TECUM.

Panneau. Haut., 38 cent.; larg., 25 cent.

CARAVAGE

(AMERIGHI, dit le)

École romaine, xvie siècle.

1103 — *Portrait d'un musicien.*

Jeune homme représenté en pied, assis, et jouant de la mandoline. A terre, une flûte et un tambour de basque.

Toile. Haut., 1 m. 24 cent.; larg., 88 cent.

MIGNARD

(École de)

École française, xviie siècle.

1104 — *Portrait de femme.*

De trois quarts, tournée vers la gauche, en buste, longs cheveux bouclés, collier et tour de corsage en perles, robe décolletée.

Cadre noir guilloché.

Toile. Haut., 50 cent.; larg., 42 cent.

1105 — *Portrait de femme.*

Tournée de trois quarts vers la droite, cheveux noirs, robe décolletée, collier de perles.

Pendant du tableau précédent.

Cadre noir guilloché.

Toile. Haut., 5o cent.; larg., 42 cent.

ÉCOLE FLORENTINE

Commencement du xvᵉ siècle.

1106 — *La Vierge glorieuse.*

Au centre de la composition, la Vierge, vue de face, assise sur un trône, est entourée d'anges jouant de divers instruments. De chaque côté, deux saints personnages en adoration.

Le fond est doré et la partie supérieure est ornée d'arceaux gothiques en relief.

Panneau. Haut., 1 m. 35 cent.; larg., 1 m. 80 cent.

ÉCOLE FLORENTINE

xvᵉ siècle.

1107 — *Sujet tiré d'un roman de chevalerie.*

Un prince, la tête ceinte d'une couronne et entièrement vêtu de rouge, prend la main d'une jeune femme couverte d'un manteau d'or et agenouillée à ses pieds. Deux autres femmes également à genoux semblent implorer sa clémence. Un guerrier revêtu de l'armure et appuyé sur une masse d'armes accompagne le prince. A gauche, à l'entrée d'un palais, se tient un page armé d'une pique. Au loin, s'étend la campagne arrosée par un fleuve que traverse un pont.

Cadre italien à partie peinte en noir et rehaussée d'arabesques dorées.

Panneau. Haut., 69 cent.; larg., 88 cent.

ÉCOLE FLORENTINE

xvᵉ siècle.

1108 — *Portrait de femme.*

En buste, de profil, tournée à droite, portant une coiffe de lin ornée de liserés, vêtue d'une robe à manches rouges lacée sur la poitrine. Le cou

entouré d'un ruban de velours noir. Elle est représentée sous une arcade
d'architecture Renaissance. On lit au bas : ALDABELLA.
Peinture en détrempe sur panneau.

Haut., 47 cent.; larg., 41 cent.

ÉCOLE MILANAISE

xvie siècle.

1109 — *Portrait de Septima Settala.*

Vue en buste, ses longs cheveux blonds descendant sur le cou, la tête
couverte d'une cape brune, vêtue d'une guimpe et d'une robe noire. Les
plaquettes du collier et le galon bordant la guimpe sont ornés du chiffre 7
trois fois répété.

Cadre de style Renaissance, couleur chêne et relevé de dorures.

Panneau. Haut., 46 cent.; larg., 38 cent.

ÉCOLE MILANAISE

xvie siècle.

1110 — *La Madone et l'Enfant Jésus.*

La Vierge, tenant son fils sur ses genoux, est adossée contre une grande
fenêtre ayant vue sur une campagne verdoyante.

Panneau. Diam., 72 cent.

ÉCOLE VÉNITIENNE

Fin du xve siècle.

1111 — *La Vierge, l'Enfant Jésus et sainte Catherine.*

Ce groupe se détache sur un mur où sont peintes, dans de nombreux
compartiments, des figures d'apôtres. En bas de la composition, à droite et
à gauche, des donateurs agenouillés.

Peinture en détrempe sur panneau.

Haut., 93 cent ; larg., 55 cent.

ÉCOLE PRIMITIVE D'ITALIE
xive siècle ?

1112 — Huit sujets ayant trait à l'histoire d'un Prince converti au christianisme et représentés par de nombreux personnages en costume du moyen âge. Nimbes, ornements et fonds dorés.

> Ce curieux et intéressant retable se compose de huit tableaux, disposés sur deux rangs et encadrés chacun d'un motif d'architecture gothique consistant en deux colonnettes torses qui supportent une arcade à plein cintre.

> Hauteur totale du retable, encadrement compris : 1 m. 60 cent.
> Largeur totale du retable, encadrement compris : 2 m. 15 cent.

ÉCOLE PRIMITIVE D'ITALIE
xive siècle.

1113 — *Le Couronnement de la Vierge.*

> Assis sur un trône flanqué de clochetons, le Christ place une couronne sur la tête de la Vierge. Tout autour du trône, des anges jouent de divers instruments. En premier plan sont représentés, saint Jean-Baptiste à gauche, et un saint Évangéliste à droite. Les nimbes et les fonds sont gravés et dorés.

> Un motif d'architecture ogivale, à colonnettes torses géminées supportant un arceau garni de choux, forme l'encadrement du tableau.

> Panneau. Haut., cadre compris, 86 cent.; larg., 60 cent.

ÉCOLE DE SIENNE
xive siècle.

1114 — *La Mort de la Vierge.*

> Les apôtres et des anges tenant des cierges entourent le corps de la Vierge. Toutes les têtes sont entourées de nimbes gaufrés et dorés.

> Bois. Haut., 1 mètre; larg., 90 cent.

ÉCOLE DE SIENNE

xɪvᵉ siècle.

1115 — *Deux sujets de sainteté en pendants.*

L'un représente la vision d'une sainte femme endormie sur les marches d'un autel.

L'autre, le martyre de la sainte, conduite au supplice et traînée par des bœufs.

Encadrement gothique formé de moulures dorées et en relief.

Panneau. Haut., 25 cent.; larg., 38 cent.

ÉCOLE ITALIENNE

Commencement du xvᵉ siècle.

1116 — *Deux petits panneaux en pendants.*

L'un représente la chaste Suzanne conduite au supplice; l'autre des estropiés et une femme possédée du démon prosternés devant un tombeau.

Bois. Haut., 40 cent.; larg., 37 cent.

ÉCOLE ITALIENNE

Commencement du xvıᵉ siècle.

1117 — *Grand retable ou tableau de maître-autel.*

Toutes les peintures composant ce retable sont encastrées dans une remarquable boiserie du commencement du xvıᵉ siècle, d'aspect monumental, à pilastres, demi-colonnes, arceaux, frises et entablements couverts de motifs d'ornements d'une grande élégance, le tout en bois sculpté et doré, avec parties des fonds peintes en bleu.

Le tableau principal, au centre de la boiserie, représente l'Annonciation ; il était surmonté d'une peinture qui a disparu.

Sur chaque côté, sont peintes, sous des arceaux, quatre figures de saints et, dans un médaillon, un évêque.

Le soubassement offre une suite de petits médaillons représentant les apôtres.

Haut., 4 mètres; larg., 3 m. 80 cent.

ÉCOLE ITALIENNE

Fin du xviᵉ siècle.

1118 — *Sujet de piété.*

Au premier plan, plusieurs évêques entourent un saint personnage et lui offrent la mitre. Au second plan, on aperçoit une grande place au centre de laquelle est planté un étendard du Christ.

Toile. Haut., 80 cent.; larg., 30 cent.

ÉCOLE ITALIENNE

xviᵉ siècle.

1119 — *Portrait de femme.*

Représentée à mi-corps, coiffée d'une cornette blanche ornée de pierreries et vêtue d'une robe rose brodée de rosaces noires.

Sur le fond, à gauche, une inscription et la date 1541.

Cadre en chêne sculpté.

Bois. Haut.. 95 cent.; larg., 70 cent.

DESSINS

1120 — *Persée vainqueur de la Gorgone.*

Dessin à la plume, attribué à Benvenuto Cellini.

1121 — *Les Noces de Cana* et *la Multiplication des pains.*

Deux dessins à la sépia, attribués à Paul Véronèse.

1122 — Quatre dessins à la sépia, représentant des études de cavaliers, attribués à Vittorio Bigari.

1123 — *Les Douze Mois de l'année.*

Miniatures sur vélin du xvᵉ siècle. Études pour un manuscrit.

1124 — Deux dessins à la sépia, rehaussés de blanc. Études de nu et de draperies. École florentine.

1125 — *Portrait de femme.*

Au crayon noir, attribué à Léonard de Vinci.

1126 — *Sujet historique.*

Un guerrier, portant un casque doré et un manteau de pourpre, est entouré de six hommes d'armes en curieux costumes du xvᵉ siècle et armés de piques, d'épées et de boucliers. A droite, au second plan, un moine monté sur un rocher semble bénir un jeune homme qui se tient à l'entrée d'une habitation souterraine.

Gouache intéressante, dans le style florentin du xvᵉ siècle.

Haut., 36 cent.; larg., 24 cent.

1127 — Plusieurs dessins anciens seront vendus sous ce numéro.

TAPISSERIES

1128 — Tapisserie flamande du xviie siècle, couverte de plantes aquatiques à larges feuilles dentelées et à fleurettes de nuances claires, où voltigent des oiseaux et des papillons. Bordure composée de motifs de fleurs et de fruits sur fond orangé. — Haut., 3 m. 25 cent.; larg., 3 m. 70 cent.

1129 — Tapisserie représentant une cavalcade composée de douze personnages : Dames et seigneurs en costumes du xvie siècle. En haut, un lambrequin de feuillages et de grelots appendus à des chaînettes et se détachant sur le bleu du ciel. Bordure ornée d'un feston de fleurs sur fond noir. — Haut., 2 m. 8 cent.; larg., 4 m. 70 cent.

1130 — Tapisserie flamande du xviie siècle, représentant des oiseaux au brillant plumage perchés sur une balustrade, des plantes aux longues feuilles et des tiges de fleurs se détachant sur un fond bleu. Riche encadrement composé d'un motif architectural de couleur jaune, en partie caché par des fruits groupés et des touffes de fleurs et de feuillages. De chaque côté est un écusson armorié. — Haut., 2 m. 62 cent.; larg., 2 m. 67 cent.

1131 — Tapisserie de la même suite et de décoration analogue. — Haut., 2 m. 62 cent.; larg., 3 m. 35 cent.

1132 — Tapisserie de la même suite et de décoration analogue. — Haut., 2 m. 65 cent.; larg., 3 m. 95 cent.

1133 à 1136 — Suite de quatre tapisseries du xvie siècle, représentant des campagnes boisées et animées de nombreuses figures de petite dimension, chasseurs, cavaliers, paysans occupés aux travaux des champs, etc. Des plantes de toute sorte garnissent les premiers plans. Ces tapisseries sont ornées sur les côtés de bordures rapportées à compartiments représentant des femmes jouant de divers instruments, des guirlandes, des bouquets et divers animaux.

    1. Haut., 2 m. 50 cent.; larg., 3 m. 50 cent.
    2. Haut., 2 m. 50 cent.; larg., 4 m.
    3. Haut., 2 m. 50 cent.; larg., 2 m. 95 cent.
    4. Haut., 2 m. 50 cent.; larg., 2 m. 95 cent.

1137 — Tapisserie de la fin du xvie siècle, représentant une chasse au cerf dans un bois. Bordure à fond jaune décorée de figures allégoriques, de guirlandes de fruits, de perroquets et de moulures ornées. — Haut., 2 m. 55 cent.; larg., 2 m. 55 cent.

1138 — Fragment de tapisserie, verdure à personnages. — Haut., 1 m. 15 cent., larg., 2 m. 15 cent.

1139 — Panneau en tissu de fil peint représentant le sujet de la Salutation angélique dans un encadrement de rocailles et d'ornements variés. — Haut., 1 m. 70 cent.; larg., 1 m. 50 cent.

1140 — Autre panneau de même travail et représentant le sujet de la Visitation. — Haut., 1 m. 70 cent.; larg., 1 m. 50 cent.

1141 — Fragment d'ancienne tapisserie, verdure et personnages. — Haut., 1 m. 65 cent.; larg., 80 cent.

1142 — Grande tapisserie flamande *(verdure)* représentant un paysage boisé. Bordure composée d'une guirlande de fleurs sur fond bleu. — Haut., 3 m. 15 cent.; larg., 4 m. 45 cent.

1143 — Tapisserie italienne représentant un cartouche armorié placé entre deux figures allégoriques : la Justice et la Charité. Sur les côtés, deux cariatides se terminant en gaines et supportant des corbeilles de fruits. — Haut., 1 m. 80 cent.; larg., 2 m. 50 cent.

1144 — Tapisserie du xvie siècle tissée or et argent, représentant un tigre dans une forêt et des paons perchés sur les arbres. Sur les côtés, bordures de rinceaux à fond rouge. — Haut., 2 m. 60 cent.; larg., 2 m. 40 cent.

1145 — Panneau en peluche peinte, représentant un motif de fleurs sous un blason avec fond d'architecture. — Bordure composée de rinceaux entremêlés d'animaux et d'oiseaux. — Haut., 2 m. 40 cent.; larg., 2 m. 25 cent.

1146 — Panneau de la même suite. — Haut., 2 m. 40 cent.; larg., 1 m. 85 cent.

1147 — Deux petits tableaux en tapisserie italienne représentant chacun deux figures de style antique. Fond bleu à ornements et guirlande de roses. xvie siècle. — Haut., 60 cent.; larg., 50 cent.

1148 — Grande tapisserie du xvie siècle : Sujet de chasse dans un parc. — Haut., 2 m.; larg., 3 m. 80 cent.

1149 — Fragment de tapisserie, verdure à personnages et animaux. xvie siècle. — Haut., 1 m. 82 cent.; larg., 1 m. 15 cent.

1150 — Petit tableau en tapisserie italienne du xvie siècle, représentant un
groupe de sept figures, dont les deux principales personnifient la Force
et la Fécondité. Ce groupe est placé dans un encadrement composé d'un
motif architectural en camaïeu bleu relevé de parties tissées d'or. —
Haut., 64 cent.; larg., 80 cent.

TAPIS D'ORIENT

1151 — Beau et très grand tapis d'un riche décor en vert, bleu et jaune sur fond
rouge avec triple bordure couverte d'ornements. — Long., 5 m.
40 cent.; larg., 2 m. 85 cent.

1152 — Beau et très grand tapis velouté à fond rouge couvert d'arabesques en
vert et offrant au centre une large rosace à fond bleu foncé. Bordure
de fleurs et feuillages sur fond de même nuance. — Long., 5 m. 20 cent.;
larg., 2 m. 55 cent.

1153 — Très grand tapis de Smyrne décoré au centre d'une large rosace à
détails jaunes sur fond mi-partie bleu foncé et rouge. Le champ, de
couleur amarante, est orné de rinceaux verts. Triple bordure à fleurs,
feuillages et ornements variés. — Long., 5 m. 50 cent.; larg., 3 m.
70 cent.

1154 — Beau tapis velouté de la Perse, du plus riche décor à fleurs et fines arabesques de toutes nuances sur fond amarante. Triple bordure couverte
de rosaces, de médaillons, d'entrelacs et de rinceaux fleuris. — Long.,
2 m. 20 cent.; larg., 2 m. 52 cent.

1155 — Grand et très ancien tapis avec bordure à fond blanc jaunâtre, couvert
d'ornements simulant un oiseau fantastique, et de rosaces fleuronnées
en bleu et rouge. — Long., 4 m. 60 cent.; larg., 2 m. 20 cent.

1156 — Grand et très curieux tapis ancien à fond rouge, entièrement couvert
d'ornements très fins et à détails multiples en manière de mosaïque.
Triple bordure décorée de quadrillages, de médaillons alternés, ronds
et ovales, et de dessins variés de nuances et où le vert domine. — Long.,
4 m. 65 cent.; larg., 2 m. 75 cent.

1157 — Grand tapis persan à fond rouge, orné de rosaces irrégulières contenant
des ornements jaunes sur fond bleu. Bordure à dessins courants et
lambrequin. — Long., 3 m. 85 cent.; larg., 1 m. 95 cent.

1158 — Tapis persan à fond rouge, ornementé de losanges et d'étoiles en vert et bleu. Large bordure à fond bleu. — Long., 2 m. 85 cent.; larg., 2 mètres.

1159 — Tapis d'ornementation analogue. — Long., 2 m. 40 cent.; larg., 1 m. 40 cent.

1160 — Petit tapis à ornements rouges et jaunes et bordure à fond bleu. — Long., 1 m. 50 cent.; larg., 1 m. 5 cent.

1161 — Tapis de la Perse, vert et rouge, à quadrillage, fleurons et bordure ornementale. — Long., 1 m. 80 cent.; larg., 1 m. 25 cent.

1162 — Petit tapis à dessins jaunes entrelacés sur fond rouge avec bordure aux deux extrémités. — Long., 1 m. 50 cent.; larg., 90 cent.

1163 — Tapis à entrelacs jaunes, parsemés de carrés bleus irréguliers sur fond rouge avec bordure. — Long., 1 m. 90 cent.; larg., 1 m. 16 cent.

1164 — Tapis à ornements jaunes sur fond rouge avec bordure à fond jaune. — Long., 1 m. 60 cent.; larg., 1 m. 2 cent.

1165 — Magnifique tapis persan en velours tissé d'argent, du plus riche décor à fleurs, palmes, oiseaux, enlacés de fines arabesques et se détachant en couleurs variées sur un fond rouge. Bordure sur trois côtés, composée de rinceaux et de fleurs, sur fond bleu. xve siècle. — Long., 1 m. 90 cent.; larg., 1 m. 75 cent.

1166 — Petit tapis à fond rouge, orné en vert et jaune au centre et dans les angles. Bordure à fond jaune. — Long., 1 m. 55 cent.; larg., 1 m. 5 cent.

1167 — Tapis à fond rouge couvert d'ornements en jaune, bleu et vert. Bordure composée de grecques. — Long., 1 m. 60 cent.; larg., 1 m. 5 cent.

1168 — Tapis à fond rouge et dessins jaunes. — Long., 1 m. 10 cent.; larg., 72 cent.

1169 — Tapis à décor de vases et de branchages sur fond rouge avec rosaces dans les angles qui sont à fond bleu. Bordure composée de médaillons ornés à fonds rouge et blanc alternés. — Long., 1 m. 60 cent.; larg., 1 m. 10 cent.

1170 — Tapis velouté à rosace centrale et angles ornés sur fond rouge. Belle bordure d'ornements verts, bleus et blancs sur fond bleu. — Long., 1 m. 54 cent.; larg., 1 m. 14 cent.

1171 — Tapis à décor d'ornements jaunes et bleus sur fond rouge, avec bordure composée d'un rang de rosaces en diverses nuances. — Long., 1 m. 60 cent.; larg., 1 m. 20 cent.

1172 — Tapis à fond rouge décoré au centre d'une grosse rosace et aux angles de quarts de ronds à fond bleu. Bordure formée de rinceaux et de grenades. — Long., 1 m. 90 cent.; larg., 1 m. 85 cent.

1173 — Beau tapis à fond rouge. Décor à rosace de fleurs, arabesques fleuries et motifs variés d'encadrements. Haute laine. — Long., 1 m. 75 cent.; larg., 1 m. 20 cent.

1174 — Tapis à entrelacs en jaune sur ton rouge avec bordure à fond bleu ornée d'une guirlande de fleurs. — Long., 1 m. 75 cent.; larg., 1 m. 18 cent.

1175 — Beau tapis velouté, fond rouge à grande rosace octogonale au centre et rosaces plus petites, de même forme, dans les angles. Bordure composée de médaillons ovales et ronds alternés et d'ornements courants sur fond vert. — Long., 2 mètres; larg., 1 m. 48 cent.

1176 — Beau tapis à grande rosace dentelée et fleurons entre-croisés sur fond rouge tacheté de noir. Bordure à fond bleu. — Long., 2 m. 25 cent.; larg., 1 m. 45 cent.

1177 — Grand tapis à fond rouge couvert de dessins jaunes entre-croisés. Bordure ornementée à fond bleu. — Long., 2 m. 60 cent.; larg., 1 m. 65 cent.

1178 — Grand tapis décoré sur fond rouge de trois losanges ornés de quatre motifs à dentelures sur fond bleu. Double bordure d'encadrement. — Long., 3 m. 35 cent.; larg., 1 m. 85 cent.

1179 — Grand tapis décoré au centre d'une grande rosace et de quatre motifs d'ornements symétriques dans les angles. Fond rouge. Bordure à fleurs. — Long., 4 mètres; larg., 2 m. 20 cent.

1180 — Très grand et beau tapis à fond rouge, semé de rinceaux verts et décoré d'une grosse rosace centrale et d'ornements à dessins jaunes sur fond bleu. Double bordure d'une riche ornementation. — Long., 5 m. 25 cent.; larg., 2 m. 75.

ÉTOFFES EUROPÉENNES ET ORIENTALES

1181 — Grand tapis en velours de soie ponceau avec large bordure à rinceaux
feuillagés et fleuris en applications de soie et broderies. Époque
Louis XIII. — Long., 2 m. 75 cent.; larg., 2 mètres.

1182 — Tapis en velours vert, offrant au centre un médaillon ovale représentant
des fruits et aux angles quatre branchages fleuris en tapisserie au petit
point. — Belle bordure également en tapisserie de soie au point,
composée d'entrelacs en couleurs variées sur fond blanc. Entourage de
franges. Époque Louis XIII. — Long., 2 m. 5o cent.; larg., 1 m.
75 cent.

1183 — Jolie portière composée de deux lés en broderie de soies de couleurs sur
fond blanc : larges rinceaux garnis de fleurs et de feuillages. Entourage
en franges. xviie siècle. — Long., 2 mètres; larg., 95 cent.

1184 — Tapis orné au centre d'une large rosace à fleurs et dans les angles de
quatre bouquets en broderies de soie de couleurs sur fond en soie
bleu de ciel moirée. — Double bordure à fleurs et entrelacs brodés sur
tulle foncé. xviie siècle. — Long., 2 m. 45 cent.; larg., 1 m. 70 cent.

1185 — Beau tapis portugais en broderies de soie de couleurs sur satin gros bleu.
L'ornementation consiste en un cartouche placé au milieu de rinceaux
à feuillages entremêlés de belles fleurs ; large bordure de même décor
placée entre une triple bande d'ornements courants. Entourage en
franges avec glands aux angles. — Long., 2 m. 75 cent.; larg., 1 m.
92 cent.

1186 — Lambrequin composé d'une bande en tapisserie au petit point, à fleurons
et rinceaux de couleurs sur fond jaune, entourée de damas rouge. La
partie inférieure est garnie d'une frange de soie à grilles de nuances
variées. — Haut., 70 cent.; larg., 2 m. 60 cent.

1187 — Coupe de vieux velours de Gênes, composée de deux lés à larges motifs
de fleurs et d'ornements veloutés, en rouge sur fond de soie blanche
unie. — Longueur totale des lés, 2 m. 70 cent.

1188 — Portière composée de trois lés en vieux velours de Gênes, offrant des
couronnes au milieu de guirlandes et d'ornements, en rouge sur fond
de soie jaune. Entourage en franges. — Longueur des lés, 6 m.
90 cent.

1189 — Pente en broderies de soie de nuances claires sur filet. Fleurs et rinceaux avec bordure. — Haut., 60 cent.; larg., 1 m. 85 cent.

1190 — Petit carré en ancien damas de soie vert semé de fleurs tissées or et argent. — 77 cent. sur 77 cent.

1191 — Carré en soie brochée et lamée or et argent du xviiie siècle; festons de fleurs sur fond gris. — 90 cent. sur 80 cent.

1192 — Portière en broderie de laine de couleurs, point de Hongrie, représentant des fleurons au milieu de carreaux hexagones et de nuances variées. Bordure analogue. — Haut., 2 m. 30; larg., 1 m. 35.

1193 — Parement d'autel en vieux velours semé de fleurons jaunes sur fond violet. Il est garni de galons en dentelle d'argent. — Haut., 95 cent.; larg., 2 m.

1194 — Petit panneau en cannetille d'or et d'argent sur soie verte; au centre, une couronne; les ornements de la bordure sont appliqués sur réseau imitant la dentelle. — Haut., 1 m. 30 cent.; larg., 85 cent.

1195 — Pente en ancienne soie bouton d'or, ornée au centre d'un tableau exécuté en tapisserie au petit point et broderies de soie, représentant un écusson armorié avec encadrement de fleurs et d'ornements. Ce tableau est surmonté d'un lambrequin de travail analogue représentant une corbeille de fruits placée entre deux rinceaux fleuris. xviiie siècle. — Hauteur de la pente, 97 cent.; larg., 2 m. 10 cent.

1196 — Beau tapis en broderies de soie de toutes couleurs sur filet noir. Au centre, au milieu d'un fouillis de fleurs, est un blason. La bordure se compose de larges rinceaux, d'oiseaux, d'écureuils, etc. Pièce d'une riche ornementation. xviiie siècle. — Haut., 2 m. 35 cent.; larg., 1 m. 70 cent.

1197 — Tapis en soie rouge unie avec bordure en broderies de soies de couleurs sur tulle. — Long., 1 m. 60 cent.; larg., 1 m. 10 cent.

1198 — Tapis en soie rouge avec entre-deux en filet italien et entourage en guipure à bords festonnés. — Long., 1 m. 80 cent.; larg., 1 m. 35 cent.

1199 — Carré pour coussin en broderie de soies de couleurs à ornements sur fond blanc. — 60 cent. sur 60 cent.

1200 — Coussin en broderie à rinceaux en couleurs sur fond jaune. — 1 m.
5 cent. sur 60 cent.

1201 — Tapis soie cerise garni d'une bordure en guipure Louis XIII, de 9 cent.
de large. — 1 m. 65 cent. sur 1 m.

1202 — Coupe en velours de Venise du xv⁰ siècle, à palmes et ornements sur
fond rouge, dans le style oriental. — Deux lés mesurant ensemble
2 m. 5 cent.

1203 — Rideau en soie légère garni d'une bordure à rinceaux en broderie de
soies de couleur sur tulle noir. — Haut., 1 m. 90 cent.; larg., 92 cent.

1204 — Coupe à dessins représentant les attributs de la Passion, velours noir en
relief sur fond lamé d'or. — Haut., 80 cent.; larg., 50 cent.

1205 — Coussin en vieux velours italien à fleurs, entrelacs et rinceaux, grenat et
cannetillé d'or, en relief sur tissu de soie blanche. Bordure, sur trois
côtés, à arabesques brodées or et argent sur velours grenat. — Long.,
61 cent.; larg., 55 cent.

1206 — Pente en velours à plusieurs tons, bouquets de fleurs en relief sur fond
de soie blanche unie. Entourage de franges rouges. — Haut., 1 m.
15 cent.; larg., 1 m. 55 cent.

1207 — Deux lés à palmettes et entrelacs, tissés or et argent, sur fond de soie
bleue. — Longueur totale, 2 m. 55 cent.

1208 — Rideau en filet bleu brodé en fils de couleurs. Travail italien du
xviiᵉ siècle. — Haut., 2 m. 60 cent.; larg., 1 m. 45 cent.

1209 — Tapis en soie rose à double entourage, entre-deux et bordure dentelée
en broderie de soies de couleur sur tulle noir, décorée de fleurs et de
rinceaux. — Long., 1 m. 65 cent.; larg., 1 m. 15 cent.

1210 — Pente en velours grenat à inscription et ornements en soutaches de soie
blanche. — Larg., 2 m. 90 cent.; haut., 28 cent.

1211 — Deux coussins en tissu de lin brodé en soie rouge. — Long., 45 cent.;
larg., 35 cent.

1212 — Six coussins en toile brodée en soies de couleur. — Long., 50 cent.;
larg., 42 cent.

1213 — Fragment d'une pente en velours grenat à rinceaux d'or et fleurs soutachées et un rabat de chape en vieux lampas.

1214 — Pente en tissu de soie damassé à ornements ton sur ton. — Larg., 1 m. 65 cent.; haut., 52 cent.

1215 — Deux coupons de brocatelle à larges dessins. — 60 cent. sur 45 cent.

1216 — Napperon en toile imprimée en noir, la Vierge et les Apôtres dans un encadrement simulant la dentelle. — 45 cent. sur 45 cent.

1217 — Couvre-calice en soie verte à rosace et bordure soutachées en lacet et fil d'or. — 65 cent. sur 60 cent.

1218 — Portière en velours uni brodé de rinceaux à la partie inférieure et entourée sur trois côtés d'une bordure en broderie de soie. — Haut., 2 m. 35 cent.; larg., 1 m. 70 cent.

1219 — Couvre-lit en velours grenat uni, bordé sur deux côtés de bandes en velours frappé de Gênes, à dessins bleus sur fond blanc. — Longueur des bandes en velours, 4 m.

1220 — Deux rideaux en ancien damas rouge à vases, couronnes et larges dessins; l'un de ces rideaux est garni à sa partie inférieure d'une frange à grille de même nuance. — Longueur approximative des lés : 15 m.

1221 — Petite pente composée de fragments de velours marron du xve siècle, à entrelacs se détachant sur un fond plus foncé, et de style oriental. — 50 cent. sur 1 m. 15 cent.

1222 — Deux rideaux en soie légère, ton cerise. — Longueur des lés, environ 17 m. 60 cent.

1223 — Sept petites pièces, échantillons de vieux velours de Gênes de diverses nuances.

1224 — Coupe de quatre lés en soie verte brochée ornée de grenades. — Longueur des lés, 7 m.

1225 — Deux coussins, feuillages et arabesques brodés et soutachés sur tissu rouge. — 55 cent. sur 38 cent.

1226 — Bande en velours grenat ornementé de feuillages et d'entrelacs en
broderie d'or et d'argent et application. — Long., 1 m. 5 cent.; larg.,
20 cent.

1227 — Un lé en soie cerise à dessins lamés or. — Long., 2 m.

1228 — Deux longs rideaux en filet italien brodé en fils de couleurs. — Haut.,
3 m. 30 cent.; larg., 95 cent.

1229 — Parement d'autel en broderies de soies de couleurs sur toile, composé de
quatre petits panneaux représentant la Salutation angélique, la Nativité,
l'Adoration des Mages et la Visitation; bordures à rinceaux chargés de
fleurs et d'oiseaux. — Haut., 87 cent.; larg., 1 m. 25 cent.

1230 — Bannière offrant un écusson armorié au milieu de fleurs et de rinceaux
en broderie d'or et d'argent et de soies de couleurs sur satin blanc.
Bordure en dentelle or et argent avec franges. — Haut., 1 m. 30 cent.;
larg., 1 m. 20 cent.

1231 — Couvre-lit en damas du XVIIᵉ siècle, rosaces fleuries et feuillages en rouge
sur fond jaune. Entourage en franges. — 2 m. 80 cent. sur 2 m.
75 cent.

1232 — Deux lambrequins en velours bleu brodé de larges rinceaux de soie jaune
avec bord inférieur festonné et garni de franges. — Longueur des deux
lambrequins, 3 m. 45 cent.; haut., 40 cent.

1233 — Couvre-lit en damas à dessins jaunes sur fond rouge; il est composé de
cinq lés. Entourage de franges. — Longueur des lés, 11 m. 25 cent.

1234 — Deux bandes verticales en tissu fond lamé d'argent et broché à bouquets
en soies de couleur et bordures d'ornements courants. — Haut., 2 m.
80 cent.; larg., 50 cent.

1235 — Huit bandes verticales en étoffe lamée argent, même tissu, ornements
analogues sur fond jaune. — Hauteur approximative, 2 m. 60 cent.;
larg., 50 cent.

1236 — Deux autres en même étoffe lamée or et argent et d'ornementation
analogue. — Haut., 2 m. 80 cent.; larg., 50 cent.

1237 — Petit tapis en satin violet offrant au centre un motif d'ornements : ancres

inscrites dans un double carré fleurdelisé, en applications de galons
de velours frappé. — 1 m. 40 cent. sur 90 cent.

1238 — Vingt-deux petits panneaux en tissu de soie à emblèmes religieux brochés
blanc et jaune sur fond satiné rouge, avec encadrements. — Hauteur
de chaque panneau, 90 cent.; larg., 75 cent.

1239 — Petit carré en soie rouge brodée à fleurs en soie de couleurs et rinceaux
en argent. — 70 cent. sur 60 cent.

1240 — Tapis en velours de soie grenat, avec bordure en satin bleu broché à
rosaces jaunes. — Haut., 1 m. 20 sur 1 m. 90 cent.

1241 — Trois lés en velours de soie grenat frappé, d'une riche ornementation
et garnis de franges. — Longueur totale, environ 9 m. 60 cent.

1242 — Coupon en velours de soie de Venise, à ornements en plusieurs tons sur
fond grenat. Très curieux spécimen de la fabrication vénitienne au
xve siècle. — Haut., 1 m. 10 cent. sur 75 cent.

1243 — Coupon en velours de soie grenat frappé, de même époque et de même
origine. — Haut., 1 m. 45 cent. sur 1 m.

1244 — Panneau de tenture en ancien damas de soie, à rinceaux, crosses, mitres
d'évêques et divers emblèmes religieux brochés en rouge sur ton jaune
d'or. — Haut., 2 m.; larg., 1 m. 85 cent.

1245 — Panneau de tenture composé de six lés en lampas du xviie siècle, à
larges dessins de fleurs et d'ornements en vert sur fond jaune d'or. —
Longueur totale des lés, 15 m. 90 cent.

1246 — Panneau composé de cinq lés en tissu de soie broché à dessins bleus
sur fond jaune, d'un riche décor. — Longueur totale des lés, 12 m.
50 cent.

1247 — Tapis en ancien damas jaune avec bordure composée d'entrelacs à
feuillages et damiers brochés bleu sur ton jaune d'or. — Long., 1 m.
60 cent.; larg., 1 m.

1248 — Deux panneaux de croisée avec coussins d'appui en ancien damas vert
d'eau à fleurs au milieu d'encadrements. Très belle étoffe. — Hauteur,
environ 4 m.

1249 — Magnifique garniture de lit, composée de huit pièces en broderie de
       soies de couleurs et soutaches sur fond de soie jaune; l'ornementation
       consiste en bouquets de fleurs surmontés de couronne et encadrés de
       galons entrelacés. Des ours, emblème de la famille des princes *Orsini*,
       sont brodés sur toutes les pièces composant cette très intéressante et
       très belle tenture.

1250 — Couvre-lit en ancien damas de soie broché à larges dessins verts sur
       ton jaune d'or. — Haut., 2 m. 10 cent. sur 1 m. 70 cent.

1251 — Tapis en ancien damas de soie vert d'eau, à fleurs et palmettes avec
       bordure d'entre-deux en velours vert foncé et double entourage de
       franges courtes. — Haut., 2 m. 60 cent. sur 1 m. 90 cent.

1252 — Tapis en vieux damas jaune, entouré d'une magnifique bordure à rin-
       ceaux de velours vert foncé en relief sur fond de soie bouton d'or. —
       Haut., 2 m. 40 cent. sur 2 m. 5 cent.

1253 — Panneau composé de cinq lés en damas de soie broché ornementé de
       grosses fleurs et de festons de feuillages en vert sur fond jaune d'or.
       — Longueur totale, environ 14 m. 75 cent.

1254 — Portière en damas de soie cerise avec galons et franges d'or. — Haut.,
       2 m. 25 cent.; larg., 1 m. 25 cent.

1255 — Trois lés en damas de soie cerise broché à larges ornements. — Lon-
       gueur totale des lés, 12 mètres.

1256 — Bande en broderie de soies de couleur, oiseaux, fleurs et rinceaux sur
       fond blanc. — Haut., 1 m. 60 cent.; larg., 40 cent.

1257 — Tapis en damas à larges dessins de fleurs et de rinceaux, en rouge sur
       fond jaune d'or. — Haut., 1 m. 30 cent. sur 1 m. 35 cent.

1258 — Panneau de quatre lés en ancien tissu de soie et de fil à fleurs et orne-
       ments jaunes sur fond rouge et deux petits tapis de même étoffe. —
       Environ 12 mètres.

1259 — Panneau de deux lés en damas de soie cerise. — Longueur totale des
       lés, 4 m. 60 cent.

1260 — Tapis en damas à dessins rouges sur fond jaune, rosaces fleuries au

milieu de feuillages chevronnés. — Haut., 1 m. 20 cent. sur
1 m. 5 cent.

1261 — Parement d'autel en velours bleu semé de fleurons se détachant sur un
fond blanc en canevas. — Haut., 90 cent.; larg., 2 m.

1262 — Petit coupon de velours vénitien du xv⁰ siècle, à palmettes et fleurons
en vert, blanc et rouge sur fond jaune. — Haut., 80 cent. sur 40 cent.

1263 — Trois lambrequins dentelés à fleurettes rouges sur fond tissé or avec
entourage en franges et glands assortis. — Longueur des trois pièces :
5 m. 90 cent.

1264 — Lambrequin en velours ponceau, bordé de franges blanches. — Long.,
6 m.; haut., 45 cent.

1265 — Grand lambrequin cintré en damas de soie cerise garni de galons et de
franges d'or. Le cintre mesure environ 6 mètres.

1266 — Deux portières de deux lés chacune, en damas de laine et soie à dessins
vert d'eau sur fond jaune. — Longueur totale des lés : 8 mètres.

1267 — Tapis en damas de soie cerise, bordé d'un galon d'or. — Haut., 1 m.
30 cent. sur 1 m. 20 cent.

1268 — Quatre coupons en velours de soie vert uni, provenant d'une jupe de
femme.

1269 — Pente en velours uni de soie émeraude, bordée d'une frange d'argent. —
Long., 1 m. 65 cent.; haut., 50 cent.

1270 — Tapis en velours de soie ponceau uni, offrant au centre un blason
armorié de cardinal, en broderie d'argent. — Haut., 1 m. sur 1 m.

1271 — Carré en velours noir gaufré, avec blason de cardinal brodé en fin. —
Haut., 75 cent. sur 80 cent.

1272 — Trois pentes et un lambrequin étroit en velours grenat, garnis de galon
et de franges d'or. — Hauteur des pentes, 65 cent.; larg., 1 m.
10 cent.

1273 — Deux lambrequins dentelés en damas de soie cerise garnis de galons et

de franges d'or. — Longueur des deux pièces : 5 m. 40 cent.; haut.,
40 cent.

1274 — Coupe de damas de soie cerise brochée à larges dessins. — Long., 5 m.

1275 — Coupe de damas de soie cerise. — Long., 2 m.

1276 — Coupon de damas à dessins verts sur fond jaune. — Long., 1 m. 10;
larg., 60 cent.

1277 — Pente de velours rouge uni. — Larg., 2 m.; haut., 60 cent.

1278 — Carré de damas à dessins verts sur fond jaune. — 1 m. 10 cent. sur
1 m. 20 cent.

1279 — Panneau de deux lés de damas de soie cerise à rinceaux feuillagés. —
Long. des deux lés : 4 m. 50 cent.

1280 — Fragment d'une bordure à ornements de velours rouge et de soie blanche
en application. — Long., 1 m. 24 cent.; haut., 45 cent.

1281 — Housse de siège en point de Hongrie à rayures ondulées de diverses
nuances, et bordé de franges à grilles vertes et jaunes. — Haut.,
75 cent. sur 1 m. 5 cent.

1282 — Galon en ancien tissu de fil et de soie orné d'un motif qui se reproduit
dans toute la longueur et consiste en un petit édifice accosté de lions.
— Long., 2 m. 40 cent.; larg., 8 cent.

1283 — Bande de soie cerise ornée de rinceaux soutachés en soie jaune et soie
blanche et bordée d'un cordonnet en fil d'argent. xviie siècle. — Long.,
2 m. 30 cent.; larg., 24 cent.

1284 — Pente de velours cramoisi décoré en broderie et soutache de soie, de
quatre compartiments contenant des rosaces rayonnantes et encadrés
par des frises de rinceaux. — Long., 1 m. 55 cent.; larg., 55 cent.

1285 — Beau panneau en satin bleu brodé en soies de couleurs et orné de trois
rameaux fleuris à tiges d'or. Belle bordure à rinceaux feuillagés en
broderie d'or; sur trois côtés. — Haut., 1 m.; larg., 2 m. 27 cent.

1286 — Grand lambrequin en velours cramoisi orné de vases de fruits, d'oiseaux,
de fleurs et de feuillages en application. Bord inférieur dentelé et
brodé. — Longueur approximative : 22 mètres.

1287 — Tapis composé de plusieurs coupons d'ancien damas de nuances variées et entouré de franges. — Long., 2 m. 65 cent.; larg., 60 cent.

1288 — Un grand panneau à ornements veloutés de style oriental. — Hauteur approximative, 3 m. 55 cent.; larg., 2 m. 50 cent.

1289 — Panneau en étoffe soutachée décoré d'un cartouche au milieu de rinceaux feuillagés. Bordure sur trois côtés. — Haut., 1 m. 85 cent.; larg., 1 m. 55 cent.

1290 — Pente en damas de soie cerise à fleurs. — Haut., 50 cent.; larg., 1 m. 75 cent.

1291 — Coupon en damas de soie cerise. — Long., 2 m.; larg., 85 cent.

1292 — Petit tapis en soie damassée, fond vert à dessins bleutés, bordé de galons d'or. — Long., 1 m.; larg., 50 cent.

1293 — Tapis en soie verte légère, orné aux angles d'oiseaux et de bouquets en broderie de soie avec bordure de rinceaux et de fleurs. Entourage en guipure dentelée. — Long., 2 m.; larg., 1 m. 5 cent.

1294 — Petit tableau en broderie de soie de couleur, d'or et d'argent, représentant une figure d'apôtre, la tête nimbée, debout sous un arceau de style ogival. — Haut., 38 cent.; larg., 16 cent.

1295 — Beau panneau de tenture en broderie de soie de couleurs au point sur canevas de la plus riche ornementation ; le fond est couvert de vases et de cartouches superposés, d'entrelacs, de rinceaux et de feuillages entremêlés d'oiseaux et d'animaux. XVIIe siècle. — Haut., 2 m. 60 cent.; larg., 1 m. 80 cent.

1296 — Couvre-lit en soie verte moirée avec large encadrement composé de rinceaux, de fleurs et d'oiseaux brodés en soies de toutes nuances. Beau travail de broderie de l'époque Louis XIII. — Haut., 2 mètres; larg., 1 m. 80 cent.

1297 — Coussin en broderie de soie de couleurs, ornements variés disposés en zones obliques. Travail persan. — 55 cent. sur 40 cent.

1298 — Coupon carré en broderie de soie sur toile à fleurs rouges et feuillages verts relevés d'or. Travail persan. — 60 cent. sur 65 cent.

1299 — Coussin persan en toile très finement brodée, orné de petits compartiments chargés d'inscriptions en clair sur fond bleu et d'un quadrillé
d'entrelacs en soie rouge. — 65 cent. sur 52 cent.

1300 — Coupon carré en broderie de la Perse, rosaces et ornements irréguliers
en couleur sur fond blanc. — 65 cent. sur 65 cent.

1301 — Petit tapis carré orné d'un semis de fleurs en soie de couleur brochées
sur fond rouge; bordure formée d'un galon en soie très finement tissé
et représentant des animaux courant au milieu de rinceaux fleuris. —
40 cent. sur 40 cent.

1302 — Tapis carré en broderies de soie et d'or offrant au centre une étoile
d'or d'où rayonnent des branches de fleurs se détachant sur un fond
de satin vert tendre. Bordure de rinceaux fleuris sur fond de soie
rouge avec entourage en galons dentelés. Travail oriental. — 72 cent.
sur 72 cent.

1303 — Tapis carré en broderie d'or et de soie sur satin ponceau offrant une
rosace au milieu de fleurs et d'arabesques, avec bordure de même
ornementation. — 76 cent. sur 76 cent.

1304 — Tapis carré à rosace centrale, fleurs et arabesques en broderie d'or et de
soie sur fond de satin vert. Encadrement de rinceaux fleuris brodés
sur satin rouge avec double galon d'argent. — 62 cent. sur 62 cent.

1305 — Coupon carré en tissu oriental orné de fleurettes en couleur sur fond
d'or. — 70 cent. sur 70 cent.

1306 — Coussin carré en tissu oriental, dessin *Cachemyre*, à palmes rouges sur
fond d'or. — 60 cent. sur 60 cent.

1307 — Coussin d'ornementation analogue à dessins brochés or sur tissu
verdâtre. — 60 cent. sur 60 cent.

1308 — Coupon carré en tissu de soie de couleurs, dessin *Cachemyre*, broché
sur fond d'or. — 80 cent. sur 80 cent.

1309 — Autre d'ornementation analogue, sur fond d'or. — 60 cent. sur 60 cent.

1310 — Beau tapis en damas de soie rouge broché argent à fleurs et ornements
de style oriental avec bordure en dentelle d'argent. — 1 m. sur
1 mètre.

1311 — Un lé d'étoffe tissée de soie et d'argent, fond bleu à dessin *Cachemyre.*
— Long., 1 m. 70 cent.

1312 — Tapis carré à bordure de rosaces formant l'encadrement d'une grande
rosace centrale ; tous les ornements sont formés par le tissu de nuance
jaunâtre et se découpent sur un fond de velours ponceau en relief. —
75 cent. sur 62 cent.

1313 — Belle bande verticale représentant des vases, des pommes de pin et des
œillets ; velours en relief sur fond jaune lamé or ; ornementation de
style oriental d'un grand caractère. — Haut., 1 m. 65 cent. ; larg.,
30 cent.

1314 — Autre bande décorée de grenades, pommes de pin et ornements divers
en velours vert et rouge formant relief sur le fond, qui est de nuance
jaune. A chaque extrémité de cette bande sont placés trois écussons
chargés d'œillets et de feuillages. — Long., 1 m. 28 cent. ; larg.,
32 cent.

1315 — Coussin en velours bleu sur fond jaune, orné au centre d'une rosace
renfermant une étoile ; bordure d'œillets alternés avec des rosaces
rayonnantes. — 90 cent. sur 60 cent.

1316 — Coussin à motif ornementé en losange avec bordure, à dessin velouté
vert et rouge sur fond jaune. — 1 m. 10 sur 62 cent.

1317 — Coussin à dessins en velours vert et rouge sur fond jaune, d'une
belle ornementation dans le caractère persan. — 1 m. 10 cent. sur
65 cent.

1318 — Tapis d'ornementation analogue à dessins de velours vert et rouge sur
fond jaune tissé d'or, avec bordure aux deux extrémités. — 1 m. 58 cent.
sur 65 cent.

1319 — Belle bande à décor de palmes blanches épanouies en éventail, et de
feuillages tissés d'or à contours bleus se détachant sur un fond de
velours ponceau. — 1 m. 70 cent. sur 62 cent.

1320 — Petit tapis de décor analogue, à palmes tissées argent et feuillages
tissés or. Contours verts et champ ponceau. Aux deux extrémités,
bordure d'écussons à branchages sur fonds or et argent alternés. —
1 m. 12 cent. sur 62 cent.

1321 — Bande d'ancien tissu oriental tissé argent à couronnes et feuillages
enlacés sur fond de velours cramoisi. — 1 m. 40 cent. sur 54 cent.

1322 — Petit tapis en velours de soie, décor à rosace centrale, fleurons et
festons de fleurs en vert et rouge sur fond jaune tissé or. Bordure
composée d'œillets au milieu de rinceaux sur soie blanche. Aux deux
extrémités, bande d'écussons chargés de feuillages. — 1 m. 32 cent.
sur 65 cent.

1323 — Lé d'ancien velours décoré de larges dessins de caractère persan, fruits
à imbrications entre deux grandes feuilles dentelées ; fond de velours
grenat. — 1 m. 55 cent. sur 62 cent.

1324 — Lé d'ancien velours de caractère oriental à larges ornements et feuillages
en vert d'eau et rouge sur fond jaune tissé d'or. — 1 m. 6 cent. sur
64 cent.

1325 — Coupon d'ancien tissu de soie, à fond nuance d'argent décoré de palmes
et de feuillages dessinés par un cordonnet d'or rapporté. — 1 m. 5 cent.
sur 58 cent.

1326 — Bande d'ancien velours grenat décoré de tulipes en réserve sur fond tissé
d'argent. — 1 m. 12 cent. sur 62 cent.

1327 — Tapis à décor oriental, consistant en tulipes inscrites dans des rosaces
reliées par des entrelacs, velours rouge et velours jaune sur fond lamé
d'argent dit drap d'or velouté. — 1 m. 34 cent. sur 64 cent.

1328 — Lé de très ancienne étoffe à fond velouté et tissé d'or, décoré d'entrelacs
et de festons fleuris en vert, bleu et rouge. — 1 m. 70 cent. sur
65 cent.

1329 — Lé de velours de soie décoré de palmes en éventail tissées or et en
réserve sur le champ de couleur cramoisie. — 1 m. 25 cent. sur
64 cent.

1330 — Tapis décoré d'une couronne de fleurs, de bouquets et de guirlandes de
feuillages avec bordure en velours rose, grenat et vert sur fond jaune.
— 1 m. 45 cent. sur 62 cent.

1331 — Lé décoré de feuillages blancs et de palmettes dentelées, tissées d'or
sur fond velouté grenat. Franges sur un côté. — 3 m. 30 cent. sur
64 cent.

1332 — Petit tapis décoré de deux rangs de tulipes et fleurs ornementales reliées par la tige, tissées or et argent sur fond de velours grenat. Bordure de fleurettes et d'entrelacs. Aux deux extrémités, frise d'écussons fleuris. — 1 m. 32 cent. sur 65 cent.

1333 — Lé de velours décoré de fleurettes placées sur de larges feuilles dentelées, se détachant en clair sur un champ ponceau. — 1 m. 50 cent. sur 62 cent.

1334 — Petit tapis orné de palmes arrondies en éventail, tissées or et chargées de fleurettes ; aux deux extrémités, bordure d'écussons décorés de feuillages, fond de velours cramoisi. — 1 m. 25 cent. sur 64 cent.

1335 — Petit tapis de velours grenat et velours bleu, décoré de rosaces, d'étoiles et de bandes d'écussons aux extrémités. — 1 m. 10 cent. sur 64 cent.

1336 — Petit tapis décoré de cinq palmes chargées de fleurs sur fond de velours grenat. Aux extrémités, bandes d'écussons à rosaces. — 1 m. 20 cent. sur 64 cent.

1337 — Lé à décor de palmes tissées argent et feuillages tissés or sur fond de velours grenat. — 1 m. 30 cent. sur 62 cent.

1338 — Petit tapis orné de palmes se détachant sur velours grenat et encadrées d'entrelacs à guirlandes de fleurettes. Aux extrémités, bordure d'écussons décorés d'œillets. — 1 m. 10 cent. sur 64 cent.

1339 — Beau tapis en velours grenat tissé d'or, à bordure de fleurs encadrant le motif principal d'une riche ornementation orientale. Aux extrémités, bande d'écussons feuillagés. — 1 m. 40 cent. sur 64 cent.

COUSSINS

1340 — Coussin en broderie de soies, à fleurs en couleurs variées sur fond blanc, travail du xviie siècle. Aux angles, quatre glands de l'époque.

1341 — Deux coussins en velours grenat, orné de fleurons et de rinceaux en application. Époque Louis XIII.

1342 — Trois coussins en brocart, à fleurs et couronnes tissées or sur satin blanc. xviie siècle.

1343 — Deux coussins en étoffe brodée en soie de couleurs à fleurs sur fond blanc.

1344 — Deux coussins ornés de fleurs en broderie de soie et de feuillages en velours grenat sur tissu de soie blanche.

1345 — Deux coussins en velours vert frappé à dessins de fleurs de lis, couronnes, grappes de raisins et feuillages.

1346 — Deux coussins, velours vert frappé à dessins en relief sur fond jaune.

1347 — Deux coussins, l'un en ancien damas de soie violet, l'autre en tissu de soie à ornements lamés or sur fond bleu.

1348 — Trois coussins à dessins de velours bleu en relief sur fond jaune.

1349 — Coussin en velours grenat à dessin en relief, couronne, fruits et feuillages.

1350 — Coussin en étoffe brodée à rosace et fleurs en soie de couleurs et branchages en relief.

1351 — Deux coussins de velours uni, l'un vert, l'autre violet, avec galons d'or.

1352 — Deux coussins de velours grenat orné de bandes de rinceaux en broderie.

1353 — Deux coussins en broderie de soie de couleurs, à ornements imbriqués.

1354 — Trois coussins en satin rouge brodé d'or avec bordure et écusson armorié au centre.

1355 — Deux coussins en damas de soie rouge.

1356 — Deux coussins en velours du XVe siècle.

1357 — Trois coussins, deux de velours vert frappé, l'autre de damas lamé or.

1358 — Un coussin en velours grenat brodé d'or et orné d'anneaux entrelacés au milieu d'un quadrillage à fleurons en cannetille.

COSTUMES SACERDOTAUX & VÊTEMENTS DIVERS

1359 — Croix de chasuble entièrement couverte de broderies en soie de couleurs,
en or et en argent représentant le Couronnement de la Vierge, la
Salutation angélique, les apôtres et autres figures de saints personnages. Travail de broderie d'une exécution précieuse et de la plus
grande finesse, d'origine italienne et du xvıᵉ siècle. La croix est appli-
quée sur un fond de velours grenat.

1360 — Croix de chasuble en broderies de soies de couleur du xvᵉ siècle, à six
compartiments, représentant des figures d'apôtres et l'ange Gabriel.
Encadrements à nervures et galons tressés.

1361 — Chasuble en brocart, damas rouge tissé d'or, orné d'abeilles, emblèmes
de la famille des Barberini.

1362 — Partie postérieure d'une chasuble en drap d'or velouté, dessins noirs en
relief sur fond jaune.

1363 — Belle chasuble en velours de soie rouge, tissée argent, ornementation de
style oriental. — Venise, xvᵉ siècle.

1364 — Chasuble ornée de tiges de fleurs en application de soie jaune sur fond
bleu de ciel. La croix, décorée d'ornements Renaissance, est à fond
rouge. xvıᵉ siècle.

1365 — Chape en damas de soie vert broché.

1366 — Chasuble en velours bleu frappé et bouclé, à ornementation consistant
en losanges irréguliers.

1367 — Deux dalmatiques et une chasuble en tissu de soie vert à palmes, fruits
et ornements brochés en blanc et rose.

1368 — Belle et intéressante chasuble en drap d'or velouté de Venise, à larges
dessins sur fond de velours rouge bouclé. Les orfrais exécutés en fils
d'or et d'argent représentent des motifs d'architecture, dans lesquels
sont placées des figures d'apôtres en broderies de soies de couleurs.
Pièce d'une grande rareté. xvᵉ siècle.

1369 — Chasuble en velours vert frappé à fond lamé d'or et ornée d'un écusson
rapporté en broderie.

1370 — Partie antérieure d'une chasuble d'une très belle ornementation à fleurons, rosaces et entrelacs en velours rouge en relief, et fils d'or bouclés sur fond de soie blanche. — Fabrication italienne du xv⁰ siècle.

1371 — Une chasuble et une dalmatique en soie verte brochée et offrant à leur partie inférieure un blason en broderie d'argent.

1372 — Chasuble en velours vert frappé, ornementation à cases de damiers contenant des carreaux octogones.

1373 — Chasuble d'ancien tissu de soie brochée en plusieurs tons. La croix est ornée d'un médaillon plusieurs fois reproduit et représentant le Christ au tombeau.

1374 — Une chasuble et deux dalmatiques ornées de couronnes et de vases de fleurs en tissu broché jaune et vert sur fond blanc.

1375 — Chasuble en damas vert ondé, semé de fleurs en velours bleu et rouge. Croix en soie brochée jaune et vert.

1376 — Deux dalmatiques en velours grenat uni à parements et carrés en velours vert frappé sur fond jaune d'or.

1377 — Deux dalmatiques en velours ponceau uni à parements et carrés en étoffe damassée à dessins jaunes sur fond cerise.

1378 — Deux dalmatiques en velours noir frappé à ornements quadrillés, rinceaux et couronnes.

1379 — Deux dalmatiques ornées de tiges de fleurs entrelacées en application de soie jaune sur fond bleu de ciel. Parements d'ornements Renaissance sur fond rouge.

1380 — Chasuble en velours de soie ponceau uni, orné de bandes de rinceaux en broderie d'or.

1381 — Devant de chasuble en tissu broché en plusieurs tons sur fond jaune. Ornementation consistant en médaillons au chiffre de Jésus-Christ alternés avec des têtes de chérubins.
Fabrication italienne du xvi⁰ siècle.

1382 — Deux dalmatiques en velours de soie ponceau uni, avec parements en vieux damas à fleurs et arabesques sur fond jaune.

1383 — Chasuble en velours grenat frappé, orné de palmettes, de fleurons et de quadrillés, ton sur ton.

1384 — Chasuble à ornements violets en velours frappé; fond jaune lamé d'or.

1385 — Voile de calice en satin blanc brodé en soies de couleur et en fin; au centre, le monogramme de Jésus; autour, une belle bordure de fleurs et de rinceaux.

1386 — Devant de chasuble en velours de soie ponceau à dessins de caractère oriental. Fabrication vénitienne du xvie siècle.

1387 — Chape en ancien damas de soie vert à rosaces et entrelacs, avec ses galons d'argent. Elle porte à la partie inférieure des orfrois les écussons armoriés d'un cardinal.

1388 — Chape en velours vert frappé et orné de petites flammèches de soie. Très curieux spécimen de fabrication italienne du xvie siècle. Parement en damas.

1389 — Très belle chape en velours de soie vert émeraude à dessins de caractère oriental. Fabrication vénitienne du xvie siècle. Parement et rabat en velours bleu.

1390 — Dalmatique en tissu de soie vert broché à petits fleurons, garnie de galons et de franges et portant le blason des Médicis.

1391 — Chape en velours de soie uni ponceau.

1392 — Robe en velours grenat uni.

1393 — Cotte d'évêque en toile de lin plissée à mille raies en zigzag et bordée de guipure.

1394 — Robe de femme en soie blanche à raies et feuillages jaunes, volant en tulle bordé de feuilles en soie blanche découpée.

1395 — Costume complet de cardinal, en drap écarlate.

1396 — Paire de jambières en tissu d'or, d'argent et de soie rouge.

1397 — Costume d'homme, habit, gilet et culotte en satin uni, nuance orangée.

1398 — Orfroi en broderie de soies de couleur et de fil d'or, décoré de médaillons quadrilobés représentant des saints personnages avec encadrements de fleurs. xive siècle.

1399 — Couvre-selle en velours cramoisi bordé de galons assortis.

1400 — Rabat de chape en velours brodé et offrant le sujet de saint Georges terrassant le Dragon, et un coupon d'ancien velours orné de fleurettes et de zigzags dessinés en fil d'or.

1401 — Manteau en drap écarlate.

1402 — Deux petits napperons en batiste à ornements en broderie de soie blanche et à fils étirés.

1403 — Deux pièces en velours ponceau tissé d'or : corporal et voile de calice.

1404 — Petit tapis en soie blanche à dessins imprimés.

1405 — Coupe de velours ponceau provenant d'une jupe.

1406 — Deux coussins en damas vert à larges dessins.

1407 — Plusieurs coupons en vieux damas.

1408 — Coussin en velours cramoisi à dessins tissés or.

1409 — Étole, manipule et corporal, décorés de fleurs et de rinceaux brodés en fin sur soie violette.

1410 — Étole, manipule et corporal, richement brodés en fin sur fond de soie blanche.

1411 — Étole et corporal à décor de rinceaux et de feuillages brodés en fin sur soie écarlate.

1412 — Corporal très ancien en broderie d'or et d'argent sur tissu de soie rouge, offrant au centre un médaillon représentant saint Pierre et l'Ange. Bordure à inscription interrompue aux angles par quatre médaillons contenant les symboles des évangélistes.

1413 — Manteau de la Vierge en velours vert à figures d'anges en adoration, exécutées en broderies de soie; le col à bords dentelés présente des chérubins également en broderie. xve siècle.

1414 — Manchon de l'époque Louis XIV, en satin blanc brodé or et argent à fleurs et rinceaux, encadrant une figure de femme peinte sur le tissu et à costume relevé de fils d'argent.

1415 — Escarcelle en soie rose brodée en soie verte à fleurs et ornements. xviiie siècle.

1416 — Coupe de franges de soie rouge à grilles. — 5 m. 15 cent.

1417 — Galon de velours de soie rouge. — 18 mètres en plusieurs coupes de même espèce.

1418 — Franges anciennes de plusieurs nuances. — Plusieurs lots seront vendus sous ce numéro.

1419 — Étoles, manipules, etc., en velours tissé or et argent, en velours frappé, en brocart, en damas, etc., de diverses époques. Seront vendus par lots et séparément sous ce numéro.

1420 — Lot de gants, mitaines, chaussures, etc.

TABLE

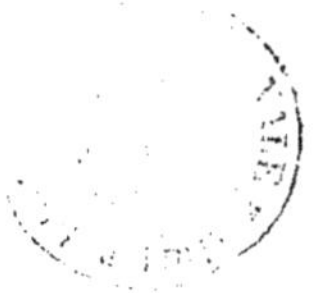

Paris. — Imprimerie de l'Art, J. Rouam, imprimeur-éditeur, 41, rue de la Victoire

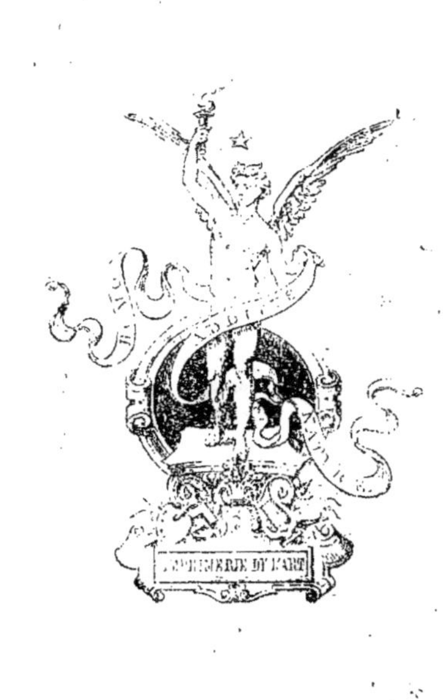
IMPRIMERIE DE L'ART

9 782329 007298